簡又文談

太平天國

簡又文 原著
蔡登山 主編

前言：為蔡登山先生作書引言

簡幼文

我的父親是簡又文、宗譜名永真、號馭繁（取自前人句執簡馭繁）筆名大華烈士（俄文意同志），承蔡登山先生的誠意，邀請我為他精心收集家父一生著作文史資料所編成的書籍寫點引言，盛情難卻。我大半生的專業是藥物研究的科學家和臨床療病的醫生，雖然有自知之明，又從沒有寫過新書序文，對文史的領域不但是外行，更因居美六十年所導致文筆生疏，不過只有硬著頭皮寫一點我對父親生平的見解和結交蔡先生的緣分。

首先我要提出我和蔡先生認識的機遇——是緣分也是他運作追尋文史獨有的技巧。半年前我們彼此東西各處一方，全不認識，但經多方轉折，最後他透過名滿香港的共識朋友許禮平先生和我聯絡上。雖然至今和他沒有直接見面，但在電腦上已多次聯繫、通話和電郵。我的名字簡幼文和父親的名同音，這並非筆誤。一開始蔡先生便送我一份寶貴的禮物，那是我父親遺失了多年，有關於我出生命名的書信印本——我以前根本不知道這信本存在。舉一反三，可知他治學的深度。上網一查，真不愧他歷年在文史界獨享有拾遺專家的盛譽。

說來慚愧，我成長在國家動亂時代，早年的學生生活，大部分是在離家住宿的校園裡過，自一九五九年後來美國學業深造至父親去世又間隔二十年，因此父子兩人面對面交流，比一般家庭較少；我在家時，他日夜忙著寫作，所以交談時間大部分是在飯桌上，內容主要是家常閒話、特別見聞、際遇和有趣的人物故事，從不提有關政治、財務或他個人著作成就，更沒有負面評論他人的話題。因此我對他在社會和學術界的事跡，大部分是從他身故後留給我的檔案、著作、每年記下的私人要事錄（可說是「年記」），和外界已發表有關他的文章，領會過來的。正因為這些片段的掌故式文章任由後人反覆抄作，不少已失去了正確性。例如最近朋友寄我一篇有關梁羽生（筆名——原名陳文統）的文章，提及抗日戰爭時家父「前」學生梁羽生為報師恩，收容我一家從桂林避難到蒙山他家中，直到戰事結束。事實上，當事人是梁的堂兄陳文奇，他是我父親在戰前任「今是學校」校長時的學生，而作家梁羽生是我家搬到蒙山後才拜家父為師的。此文作者不但犯了人物錯誤毛病，更是本末倒置。因此，蔡先生現時能對我父親一生的著作，重新用他嚴密處理文史資料的手法編成一系列書籍傳世，顯得特別珍貴。

父親一生做了很多事，也曾以不同的身分任職多種領域。我認為留下來最重要的是他對太平天國歷史學術的貢獻。他在美國芝加哥大學神學院碩士論文的主題，便是基督信徒天王洪秀全的事跡，此後凡四十餘年，斷斷續續收集了很多有關太平天國的文物資料，並為此作書，自己笑稱一生吃太平飯。又曾特別赴洪起義的基地金田村訪問鄉民遺老，以便收集資料，不遺餘力。父親曾談及他治學的原則是科學方式，始於美國教育的影響。簡單點來說，就是先盡力收集可靠的一手資料，分析後再作考證。如有差異或無法肯定的記載，不作主觀或偏見，史實和史評應該分開論斷。我認為中國歷朝史官原則上亦有相似之處，後朝寫前朝事，連皇帝行事正負兩面也實報在內，以保全客觀的史實形式。

我不禁回憶起父親私人生活中的言行和思想，他一生不求富貴和權勢；自美國學成回家後他所有參及的事，都是針對社會或文化有正面影響的，直至現在還沒有看到他人對他公開的負面評論。正如我前文提及，我們父子之間關係不是很接近，因此對他在世之時，有不少事情不大了解，如今反而對他增加了新的認識。我很敬佩蔡先生費了非常大的精力研究我父親一生的作品和事跡，在現在社會環境中真是難能可貴。他對家父的深度認識，可想而知，必然比我更詳盡。他依據純學術的動機，快要出版研究的成果了，家父在天之靈若得知有蔡先生這位知音，又兼有共同治學的精神，肯定十分欣慰。我亦有幸，感恩活到晚年還能結交蔡先生這樣出類拔萃的文史學者。

寫在美國加州二〇二〇年一月

導讀：《太平天國史》權威簡又文談太平天國

蔡登山

簡又文（一八九六—一九七八）一生多采多姿，跨足政、軍、學三大領域，詳情可見新編《簡又文回憶錄》，在此就不再贅述。其中最為人所稱道的是他用力甚勤，終身不懈於太平天國的研究，以一人之力完成了《太平天國全史》與《太平天國典制通考》兩部大書，從縱橫兩個方面收羅了有關太平天國的絕大部分史料，而其所發議論亦有不少獨到之處，被學界公認為當代太平天國史權威。

洪秀全於一八五一年一月十一日（道光三十年十二月初十）在廣西金田起義，定國號為「太平天國」，自太平軍起義後，瞬即獲得各地人民響應，不久席捲不少省分，定都南京。其後因為其中諸王內鬨，及清朝獲得列強的支援，太平天國終在一八六四年被滅亡，歷時十四年之久。在晚清數十年中，太平天國的史蹟和史料被視之為禁忌，焚毀破壞得蕩然無存，許多重要的文獻、文物甚至被外國人帶到他們的博物館中。例如上世紀三十年代，學者蕭一山從英國大不列顛博物館帶回多種太平天國印書及有關文獻，而學者王重民在英國劍橋大學發見太平天國官書十種，這些都成為日後研究太平天國極重要的史料。

研究太平天國史的鼻祖，首當推巴色會（即今日崇真會）教士韓山文牧師（Rev. Theodore Hamberg），他早在一八五四年就據干王洪仁玕（洪秀全族弟）述辭寫出《洪秀全之異夢及廣西亂事之始原》（*The Visions of Hung-Siu-Tshuen and Origin of the Kwang-si Incurrection*）出版，這書是研究太平天國初期歷史最重要的史料，最為可信。簡又文說他曾搜尋此書十餘年而未得，直至八十年後（一九三四）他在燕京大學任教時的同事洪業（煨蓮）教授以英文原本交其翻譯，他改題為《太平天國起義記》，於一九三五年出版。其後他將譯文及以前譯著有關太平史料之作九篇，彙編為《太平天國雜記》，這是他研究太平天國史的第一本著作。其實簡又文研究太平天國的起因，始於他在美國芝加哥大學讀神學的時候，得著老師的指導和提點，以致終身以研究太平天國為職志，並且採用「聖經批評學」的方法去研究太平天國史，所以在史學方法應用上較為新穎和突出。

簡又文自一九三九年起立志撰述太平天國全史，一九四四年出版的《太平軍廣西首義史》即為全史寫作計畫中的第一部。《首義史》出版後十八年，《太平天國全史》印行。太平一朝之始末和大事，於此得有系統之陳述。他的另一巨著《太平天國典制通考》，內容更加豐富精詳，對太平朝典章制度思想政策之考證研究，允稱賅備，對太平天國宗教的研究，尤為深入，該書史學價值更出《全史》之上。一九六五年他則綜合《全史》和《典制通考》以英文寫成《太平天國革命運動史》（*The Taiping Revolutionary Movement*）一書，一九七三年由耶魯大學出版社發行，該書在英語世界影響極大，一九七五年並榮獲美國歷史學會費正清獎（The John

K. Fairbank Prize）。

簡又文是首先利用西文資料以研究太平天國的中國學者。他從太平天國時期出版的英文報紙雜誌，如《華北先驅周刊》（*North China Herald*）和其他出版物中蒐集了許多資料，加以翻譯利用，大大開闊了史學界對太平天國的認識。他反對用階級鬥爭觀點研究太平天國，否認太平天國的農民革命性質。他對太平天國極抱同情態度，認為太平天國是民族革命運動，兼有宗教革命和政治革命的意義，其目標是要改革一切傳統的舊制度，並認為這樣的大計畫不特為中國歷史所未見，即在世界歷史中亦佔重要而光榮之一章。

簡又文在太平天國研究除了有中英文專書多部外，還有論文數十篇，而晚年諸多文章散見於《大陸雜誌》、《思想與時代》等刊物，並未結集成書。其中僅《太平天國與中國文化》小冊於一九六八年由香港南天書業印行過，但市面上亦是難尋。而〈五十年來太平天國史之研究〉七萬言，原載於一九六四年《香港大學五十周年論文集》中，是有關太平天國研究的研究，誠如他所說：「茲篇之作，是要將數十年來海內外學人辛勤努力研究太平天國史之成績，分期摘要舉列出來，試作一次總結算。因篇幅關係，不能一一作詳細之述評，惟其有特殊貢獻或比較重要者，則為之表彰或敘述出來。此是一種『文獻學』（或『歷史學』），亦可作此一專門歷史的歷史讀也。」

他如，因為太平天國忠王李秀成的親筆供辭手稿本的影印出版，簡又文特別寫了〈忠王親筆供辭考誤〉、〈忠王親筆供辭之初步研究〉、〈關於忠王親筆供辭〉、〈也談李秀成——李秀成伏誅之謎讀後〉幾篇相當重要的文章，有很多精彩的新發現，甚至推翻前人的說法。當年曾國藩之殺李秀成事先並沒有得到清廷的同意，曾氏兄弟為了某些私下的顧忌，擅自處決了李秀成。曾國藩為了平息當時外界各種不利於己的謠諑，將李秀成的親筆供辭刪定並找人繕寫。《曾文正公日記》七月初七日謂：「將李秀成之供，分作八九人繕寫，共寫一百三十葉，每葉二百一十六字，裝成一本，點句畫段，並用紅紙簽分段落，封送軍機處備查。」，此稱為《李秀成自述》「摺進本」。同時在七月十一日，也就是李秀成被殺後的第五日，曾國藩以「摺進本」寄往安慶，著其子曾紀澤立即刊刻發行，此稱為《李秀成自述》「安慶本」。李鴻章在同年八月十七日在蘇州已得見「安慶本」。它與「摺進本」是否全同，抑又有所刪改，學者楊家駱認為以「摺進本」至今尚未在故宮檔案中發現，因此無從懸揣。但「安慶本」有曾國藩的批記曰：「以上皆李秀成在囚籠中親筆所寫，自六月二十七日至七月初六日，每日約寫七千字。其別字改之，其諛頌楚軍者刪之，閒言重複者刪之，其宛轉求生乞貸一命，請招降江西、湖北各賊以贖罪，言招降事宜有十要，言洪逆敗亡有十誤，亦均刪之，其餘雖文理不通，事實不符，概不刪改，以存其真。兩江總督曾批記。」曾國藩雖然把李秀成的手稿本請人謄寫後又刪改並刊刻了，但仍難杜眾人悠悠之口，各種謠言和揣測仍然不脛而走，人們並不相信他所刪去的僅僅是這些，而認為一定有某些不利於曾國藩及其所統湘軍的重要供證，被刪去了。於是陸陸續續出現了多達二十種不同的《李秀成自述》版本，其中亂刪妄增，任意竄改之處則更多。當年清史研究專家孟森（1868～1938）就曾經表示過：希望曾國藩後人「善彰世德」，把《李秀成自述》手稿本真跡公諸於世。但曾氏的後人並沒有接受此建議，而這份《李秀成自述》手稿本就轉入家府富厚堂藏書樓密藏，後來它被帶至臺灣，在曾國藩逝世九十週年的一九六二年，其曾孫曾約農才把這冊珍藏將近百年的手稿本拿出來，交與世界書局影印問世。

簡又文認為《李秀成自述》手稿本是中西史學界研究太平天國史之最重要的第一手史料，但其中並不是字字句句無訛，也不是人人事事真實的。於是他逐頁逐行指出其錯誤之處，先引其原語，後加注釋訂正之。簡又文是極其重視史料的歷史學者，對於此次《李秀成自述》手稿本的出版，他自己也承認他是被其蒙蔽與誤導，以至實際上成為一個不幸的受累至甚者，因為當年他所撰《太平天國全史》內有些一資料是採自梁峪廬鈔錄之「呂集義本」的（因堅信為完全真品）。而今始得讀這「真蹟影印本」，因而發見「呂氏本」漏略之數處竟致令《太平天國全史》幾個結論陷於重大的錯誤，而今又無法補救，不禁驚憤交集。他並在文中嚴詞批評呂集義：「粗心疎忽不能盡職。他既不遵命將全部原文攝影（只拍照十多張），而其『補鈔』之大部分又不字字盡鈔，竟爾脫漏了二千八百餘字，更未將曾氏所後加之字句刪去，乃即以此不完備之攝影滋漏遺之補鈔本携歸桂林，銷差塞責。以後『羅鈔本』及『梁鈔本』均照此轉錄面世。二十年來，使舉世誤信為真正原供全文焉。若無此次臺灣之『真蹟影印本』及時刊出，則一般世人與歷史家幾何不永被蒙蔽與誤導，而歷史真相亦將永被湮滅耶？這大罪過，呂氏理當負其全責的。」由此可見簡又文作為一歷史學者其求真之精神，可見一斑。

他如，〈太平天國瑣錄〉、〈郭士立與太平軍〉、〈洪秀全從學朱九江事再研究〉、〈洪秀全之死〉、〈太平天國新史料——干王遺墨〉諸文都是有新材料、新發現、新觀點的重要文章。承蒙簡又文哲嗣簡幼文醫師的授權，由我編成《簡又文談太平天國》一書，甚為感謝，我覺得這將是一本非常重要的書籍，也是簡又文晚年對太平天國最後論定與考辯。

另外值得一提的是，自一九七〇年起，簡又文陸續將所有蒐集珍藏多年之太平天國的史料、文物，寄交給耶魯大學圖書館珍藏。影響所及是歷史學者史景遷（Jonathan Spence）教授率先充分利用了簡又文的資料，然後又親自到廣西金田等地做實地調查。最後以其生花妙筆寫成名著《上帝的中國兒子：洪秀全的太平天國》（*God's Chinese Son: The Taiping Heavenly Kingdom of Hong Xiuquan*），於一九九六年出版。這也是簡又文讓其研究材料繼續為世人所用，無私無我而遺愛人間的另一方式！令人敬仰！

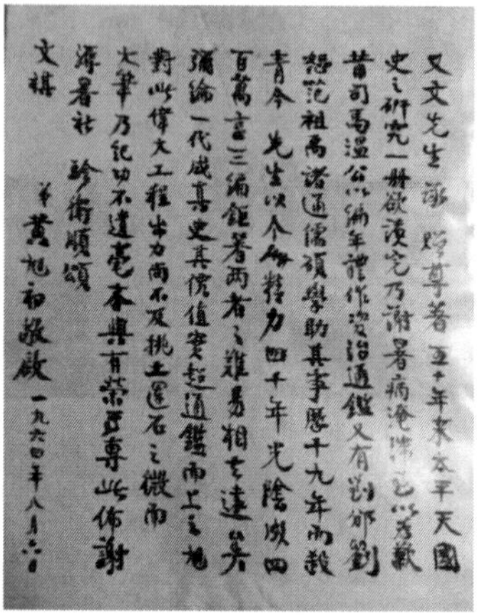

又文先生道鑒 頃奉大著五十年來太平天國
史之研究一冊 欲讀完乃謝暑病[illegible]
昔司馬溫公以編年體作資治通鑑又有劉
恕范祖禹諸通儒碩學助其事歷十九年而成
書今 先生以個人精力四十年光陰成四
百萬言三編鉅著兩者之難易相去遠甚
彌綸一代成專史其價值實超通鑑而上之矣
對此偉大工程出力而不及挑土運石之微而
大筆乃紀由不遺毫末與有榮焉專此佈謝
[illegible]著祉 [illegible]順頌
文祺 弟黃旭初敬啟 一九六四年八月六日

▍圖為前廣西省主席黃旭初讀完《五十年來太平天國史之研究》有感，致簡又文信札

目次

太平天國與中國文化

代序

本書作者簡又文教授，粵新會人。早歲留學美國，領碩士學位。歸國後，歷任燕京大學，中山大學教授。曾參加國民革命，從軍從政，迭任顯職。抗戰勝利後，專心致志於文獻事業，創辦廣東文獻館。二十年來，息影九龍，專心治學，閉門著書。對於太平天國之研究，有五十年的功力，蒐羅資料最為豐富，尤具獨到的見解。其學問貫通中西，樸實淵博，且史識超卓，作業精勤。譯著書籍凡三十餘種，成績斐然，蔚為我國傑出的史學家。有關太平天國的撰述，先後出版者，有《太平天國雜記》，《金田之遊》，《太平天國典制通考》，《太平天國全史》，《太平天國載記》，及專著論文多篇，都五百萬言。當代中西史家許為史學權威巨著，誠研究我國近代史之不可或缺的，至為寶貴的主要參考書也。

我對作者之史德文章，極為欽仰，以其大著考證精詳，敘事確實，立論正確，態度嚴謹，而且著筆雄偉，行文流暢，方法優越，編排得體，猶是餘事，足稱傳世之作。作為一個專營書業之文化服務者，自覺應有盡力介紹之責。

際茲復興中華文化運動正事展開，海外僑胞自應一致響應，群策群力，推進這一種神聖事功，共同發揚光大我國數千年的優良文化，使能貫徹到底，迅成大功。

今春，我曾赴臺灣觀光。回港後，趨訪作者，特提起這個復興文化運動向其請教，指出我們歷朝有關文化變動尤其太平天國與中國文化之關係諸問題。承作者出示此篇。讀後，我認為太平天國革命運動與中國文化確有息息相關之處，特別與今日之復興中華文化運動，更具深遠廣大的意義。幸蒙慨然許諾，將此篇出版單行本，公諸讀者，俾廣流傳。為公為私，衷誠感謝。

本書專論太平天國與中國文化種種問題，內容史料翔實，議論精闢，其間，闡述太平天國之民族革命與中國文化，宗教革命與中國文化，政治革命與中國文化，分作有系統的分析，嚴正的批判，合理的結論，為歷來有關太平天國史事之著作所得未曾見。作者完成此篇後，意猶未足，修正再三，且續撰〈再論太平天國與中國文化〉一篇，專就民族革命問題，再作徹底探討，旁徵博引，資料益富，發揮春秋大義，駁覆時人偏見，不遺餘力，至盡至詳，允稱定論，今補編書後，合併刊行。至此，本書對於這個大問題之研究，完備透徹，彌足珍貴。雖然太平天國革命過去已逾百年，經作者苦心孤詣，窮搜精研，列舉事實，詳引文件，寫來歷歷如在目前，表出真實史蹟，所下結論，令人感服，遂使沉埋已久，歷遭誤解之革命大運動，真相大白於天下，足稱良史，信史。

末了，作者對於歷來之以摧毀中國文化為題目，而攻擊或反對太平革命者，不事意氣的謾罵或凌厲的反攻，卻具同情的諒解，謂「實由不知史實，不明真相所致」。於是，只從積極方面詳敘史實，揭露真相，以期得人了解。徹底解決這問題。這真是忠恕精神，學者風度，不由人不深心敬服的。我如今也本著作者的精神，追蹤其風度，出版此書，企望其間的史實與真相得廣為傳播，而對於一般研究太平天國史者有所補益，則個人亦與有榮焉。是為序。

李吉如
中華民國五十七年八月　於香港南天書業公司

一、導言

太平天國與中國文化究竟有甚麼關係？其關係是怎樣的？——這是研究太平天國史最大、最難而最嚴重的一個課題，也是研究中國近代史所必要解答的問題。在今日復興中華文化的運動中，研究這問題自然有特殊意義與適應需求。我個人專治太平史多年，最近出版了幾部書，全部太平史的縱橫研究，算是完成了。但所發表的只是一般的綜合的性質；其中有幾個專題，還須作精深的、徹底的搜討與思索。這問題就是其一。不過，一向慎重其事，矜持特甚，不敢絲毫苟且、率爾操觚，所以遲遲未能下筆。現在，有意將研究太平天國史的總結論，一一寫出來，先將這大問題的答案，試作有系統的與有條理的公平率直的表達，以就正於當世史家。徒因篇幅關係，不容將所有的資料，一一引出，亦未能詳細解釋或發揮，只好把大綱要領，個人結論一得之見提供出來，以作研究這問題之貢獻。

最先提出這問題者、不能不說是攻滅太平天國的主帥曾國藩。太平軍自咸豐四年（一八五四）再克武漢之後，即大舉攻湘。曾氏統率新建之湘軍水陸師北上迎敵，尋而出省作戰。大戰十年，太平天國乃覆滅。方其出發之始，頒布「討粵匪檄」（見王定安：《求闕齋弟子記》卷二三）痛數太平軍大罪惡有三：（一）以其「殘忍慘酷」，虐待人民；（二）以其崇洋教，棄孔經，毀名教，棄人倫，有「舉中國數千年禮義、人倫、詩書、典則，一旦掃地蕩盡。此豈獨我大清之變？乃開闢以來名教之奇變。我孔子、孟子之所痛哭於九泉」等語；（三）以其到處破神像、毀廟宇，甚至孔子之木主與學宮亦不保，所謂「無廟不焚，無像不毀。」以上三點，第一點不符事實，多誇張誣揑之語，皆煽動人民，使反對太平軍，危言聳聽，作用宣傳。第二點，從毀滅中國傳統的名教、禮教、倫理、制度立言，事實真假參半，其作用無非藉以號召天下儒教中人群起作「衛道」之戰。獨有第三點，從宗教立言，破偶像，毀神廟，所以煽動迷信的人民者，一一盡是事實。後兩點可綜合稱為以毀滅中國傳統文化為太平天國之大罪——雖然曾氏未嘗提出「文化」這名辭。其是非得失，下文詳論。

至清季，革命運動興起，自國父孫中山先生，及章炳麟等，以至凡革命黨人，一是以太平天國為倒滿興漢之民族革命。民國成立，太平人物普遍被推許為民族英雄（當然有例外），而文化問題鮮有涉及，皆置而不論。可見其重視民族主義多於傳統文化。

在近代歷史家中，日人稻葉岩吉（君山Inaba Iwakichi在《清朝全史》第六六章，但燾譯漢）首先承認湘軍非勤王之師而為文化而戰，分明是根據曾氏檄文之末二點而立論。其說有幾分是對的，但不免知其一而不知其全之譏，以其側重宗教倫理——文化——方面而忽略民族鬥爭與政治鬥爭之意義也。但他只是指出是役雙方文化戰爭的性質，而未及評論雙方文化戰爭內容之是非。

至最近，吾國學術界、文化界人士，同情與稱許太平天國之民族革命者，固大不乏人，但另有人站在擁護中國文化立場，對太平天國加以惡評，指其破壞或毀滅中國傳統文化，甚至輕視或否認其為民族與政治革命，更有以其根本無文化者。（人名、篇名、書名，恕不一一指出。）這顯然是與「討粵匪檄」同一論調。想不到百年之後，亦即清社既屋、民國成立五十多年之後，曾國藩的影響還是這樣的強大，依然可以支配文化學術界部分人士的思想！所以，時至今日，國人對於太平天國是非、曲直、善惡、優劣的評論，意見紛歧，迄無定論。

嘗推究現在思想界對於太平天國的論斷之所以意見分歧，莫衷一是之主要原因，大概由於有關此役之史事未盡明，真相未大白，故立論有所障蔽，此所以荀子教人為學以「全」、「盡」、「粹」之三字訣也（〈勸學篇〉）。如今，我們姑且擺脫前人或今人一切的意見與影響，一空依傍，除去先入成見，重新對這大問題作徹底的、獨立的學術研究，要本科學的精神，採客觀的態度，用歷史的方法，根據可靠的文獻與證實的史事而從事焉，庶乎可以得到真實的知識與合理的結論。

在研究之初，先要認識太平天國是甚麼。這是一個大革命運動。其根本性質，大致可分為三個範疇：一是民族革命，二是宗教革命，三是政治革命——後者包括軍事、政治、社會、經濟、文化及其他種種施設。如今按著這三大範疇，一一研究其與中國文化之密切關係，則在先所提出的大問題，差可迎刃而解，呈出答案了。然而在這三合一的性質中分別言之，尤其主觀上內在的種種表現看來，對於太平革命本身，宗教成分實居首要；但由客觀上對外方面看來，對於人民及國族的意義，則民族與政治的革命成分轉為至要。下文先研究其民族革命的方面，次及其宗教的，最後乃論及其政治的方面——這實是上兩者至具體的表現與成就。（按：馬克斯學派，共產黨徒，本著經濟定命論，或唯物史觀，以太平天國是階級鬥爭，農民革命，是大錯特錯，全無史事與文獻為實證與根據。我已有英文專論闢斥。其漢文譯本〈馬克斯學派之太平天國史觀〉，載臺灣《時代與問題》月刊，民國五十一年十二月十日二卷三期。茲不贅。）

二、民族革命與中國文化

滿清之征服中國，為全國淪亡於異族之第二次（第一次為蒙元亡宋）。二百年後，乃有太平天國高樹民族革命之大纛，以圖恢復漢家天下。洪秀全、馮雲山、楊秀清等，以匹夫起義師。其民族革命之意識形態，實根據《春秋》大義：華夷之辨，夷夏之防，內諸夏、外夷狄，與攘夷狄、救中國（《公羊》魯禧公四年）之基要原則。其在首義前後以至末期，各領袖及各王各將倒滿興漢之民族大義，充塞於已經發現之各種文獻中。因仍有未明其民族革命之性質，或疑其民族主義乏不充實者，故不憚煩儘量錄出、庶足以證實太平天國，自始至終，整個革命運動之基要的意識形態，實為民族大義也。（或謂其前期有、後期無者，亦非也。）

洪秀全於起義前四年間（道光二十五、六年，一八四五——四六）鄉居時，曾私對族弟洪仁玕表達深心之革命理論云：「中土十八省之大，受制於滿洲狗之三省。以五萬萬之華人，受制於數百萬之韃妖，誠足為恥辱之甚者。」（見《英傑歸真》）在金田大舉起義之前，洪又賦詩言志，其第二聯云：「神州被陷從難陷。上帝當崇畢竟崇」（《起義記》）。此即民族與宗教革命意識合一之表示也。至於太平軍全體皆廢棄滿清服裝，蓄髮不薙頭，改換大漢衣冠，更為民族革命之最顯著的表現，自不待言了。

在起義後，正軍師東王楊秀清與又正軍師西王蕭朝貴會銜，將興師討滿恢復華夏之民族革命宗旨，傳檄天下。所頒布三道檄文中，充滿宗教、民族、政治——三合一之革命的意識形態。其揭櫫民族大義，更昭然懔然，有不容忽略者。如〈奉天討胡檄布四方諭〉開宗明義大書特書云：「予惟天下者，中國之天下，非胡虜之天下也。衣食者，中國之衣食，非胡虜之衣食也。子女人民者，中國之子女人民，非胡虜之子女人民也。蓋自有明失政，滿洲乘釁，混亂中國；盜中國之天下，奪中國之衣食，淫虐中國之子女人民。而中國以六合之大，九州之眾，一任其胡行，而恬不為怪，中國尚得為有人乎？自滿洲流毒中國，虐燄燔蒼穹，淫毒穢宸極，腥風播於四海，妖氣滲於五湖。而中國之人，反低首下心，甘為臣僕。甚矣哉，中國之無人也！夫中國、首也，胡虜、足也。中國、神州也，妖虜、妖人也。……」

以下痛數滿清對中國之十大罪狀，曰：變形象、壞衣冠、亂人種、污婦女、毀法制、更語音、不恤災、肆剝削、成腐化、遏復興。全篇標出「胡虜」「華夏」之別，更有「順逆有大體，華夷有定名」之句，觀念源出《春秋》，可無疑義。（以上三檄文，載羅邕：《太平天國詩文鈔》新版，程演生：《太平天國史料》第一輯，及拙者《太平天國全史》上冊頁三九八——四〇三。）

當英專使文翰到南京訪問既畢，回航經鎮江時（一八五三年四月下旬），守將檢點羅大綱與將軍吳如孝所致公文內有「自偽妖肆虐，攘竊天朝，內毒人民，外犯鄰國……」（文翰第六函附件之六由英譯文回譯載《逸經》第七期）。未幾（一八五三、六、五），羅又致文翰書云：「目下天人應順，正興【漢】滅滿之時」（見開明，《太平天國史料》頁一二九）。此可代表太平軍初期的高級將領之濃厚的民族革命意識。

在初期的天朝文獻中，如「建天京於金陵論」，「貶妖穴為罪隸論」及詔書蓋璽頒行論」三種制藝彙編，奉天討胡之民族革命理想，至為普遍，不勝錄矣。

其在中期的太平軍中，民族革命意識亦在在表現。如忠王致英欽差大臣公文有云：「緣念我主天王、本奉天父上帝天兄耶穌之命，下凡復興漢家舊業？……迄自明末，清朝入接大寶，二百餘載。今我主恭奉天命復漢，誠為中興之主。」（見李圭：《金陵兵事彙略》卷三）

忠王諭死守湖州之趙景賢勸降書有云：「滿漢之畛域甚明，爾我之雌雄易決。」（載神州社《太平天國》二冊頁七四二）

忠王部將某攻克杭州之安民告示有云：「緣因蠻夷之類，擾害中國二百餘年。上則貪，下則污，浮收民糧，逼勒民捐。富者恆食祿於天家，士者反坐困於窮巷，種種霸道，不順仁義，其苛刻子民者，如此之甚耶？……蓋我天王下凡，尊周攘夷，以復中華之盛治。……」另一安民告示云：「彼蠻夷無君無父，不順仁義。貪官污吏，實屬可恨。……殊爾民等，竟甘順夷而逆周，獨不思爾乃明人之裔，反服夷人以亂中國，而順受殘忍苛刻也！」（同上書頁七〇三）另一忠王部將周某安民告示，有曰：「溯查妖朝本屬異類，窺竊前明神器，擾亂中原，生民深受荼毒，難以枚舉。」（同上書頁七二六）

侍王李世賢部將志天義何文慶，致寧波法國領事照會有曰：「豈知胡妖猖獗，奪我中國疆土，辱我中國赤子。含恨蓄怒，二百餘載。……何甘坐受凌虐？是以興師征討，掃蕩妖氛。……我朝（志在）掃蕩妖胡。……」（《太平天國革命文物圖錄》頁五〇—五一）

翼王石達開為最徹底之民族革命者。其傾家附義、自始至終之動機，蓋出於興漢倒滿，如在末年一通最後遺書明白表示云：「恭奉天命，親統雄師，輔佐聖主，恢復大夏」（致王千戶書，載《全史》中冊頁一五四〇）。其在太平（咸豐）七年被迫離京後於歸安慶中途，遍地張帖五言告示，中有兩句云：「惟期妖滅盡，余志復歸林」（何桂清：《奏稿類編》）卷二七，《說文》三卷十一期渝版五號轉錄）。及其率部遠征至蜀，於同治三年訓諭涪州人民，猶有「立心復夏，致意安民」之語。（同上。《全史》二冊頁一五一五轉錄）

翼王部下傅佐庭等諭四川涪城人民有言：「緣因我真聖主天王，起義粵西，建都江南。金陵定鼎，創億萬年有道之基。鐵甲平胡，吐二百載不平之氣。無非欲斯民革夷狄之面目，復中國之規模，而重興漢室於維新者也。……本大臣……祇為誓滅胡奴，豈肯擾害百姓？誠恐爾等抗逆團練，幫助蠻夷」（同上）。可見翼王以及其全軍之民族革命精神，倒滿興漢之決心，雖至勢敗途窮之時，仍一貫不改。

翼王部將朱衣點、吉慶元等，先隨翼王離京，後由桂返旆，率部回天朝歸隊，其上天王奏有「天戈所指，妖匪剪滅，胡虜自亡」之語。（載《文物圖錄》補編頁五二〇，《全史》中冊頁一四九轉錄）

至咸豐九年以後，太平天國到了末期，干王洪仁玕秉政，更盡極大的努力以發揚民族革命之春秋大義，差堪作太平天國革命之民族鬥爭性之代表人。其在「頒新政諠諭」文告云：「堂堂中國，亙古制匈奴。烈烈神州，豈今宥胡狗？乃有韃靼妖出，則文武衣冠異於往古；父母毛髮強為毀傷。口其言語，說甚麼巴圖魯之鬼號。家其倫類，毒受那滿洲狗之淫污。正宜尊中國、攘北狄，以洗二百載之蒙羞；敬皇天、歸魂爺，以復十八省之故土。……」（開明《太平天國史料》頁一四四）

又在：「論韃妖耗中國財」短論有言曰：「韃妖每歲剝中國脂膏數百萬回滿洲，以為花粉之費；每歲耗費鴉片煙土銀幾千萬，於今二百餘年矣。中國金銀幾幾剝盡，而我中國花（華）民動以貧困興嗟，無有以十八省之大，被滿洲三省所制為辱，更無有以五百萬萬之眾受制韃奴之三百餘萬為羞者。噫！人心至此，忘其身之為花（華）甚矣。」（《軍次實錄》）

以上所言，大致本於洪秀全最初時之基本的革命理論（見上文），實為太平天國始終一貫之民族革命思想也。

干王又在「諠諭眾民」文告有言：「凡欲脫滿洲韃子妖魔之軛，投誠天朝，仍為中國花

（華）民者，必須留髮以詮（全）父母鞠育之恩……」。又在「論史」短文中言：「洪武能用夏變夷。……而洪武尊花（華），超乎三代，尤為春秋大義所必褒」，更明白標出「春秋大義」之革命淵源矣。（以上引語統見《軍次實錄》）

至咸豐十一年清帝奕詝死後，干王頒布「誅妖檄文」二道，重申春秋復仇之大義，一再揭櫫民族革命、政治革命之宗旨，振起首義前後之革命精神，其文辭意義，除與前期東、西、兩王檄文及其自己之諠諭（見上文）有雷同者之外，強調華夷之辨、種族之仇，另有其特色、如曰：「中年夭折（指奕詝），即是天命既訖之徵。智士趨時，必在取亂侮亡之會（此「伐喪」之意）。……倘不乘此妖亡孽立之秋，天奪人棄之候，為中華雪數百年未雪之恥，為祖父複數百年未復之仇，則將來中華之自罹奇禍，屈而莫伸者，不堪為後人述矣。（以下痛數滿清之罪惡，痛快淋漓，略。）我真聖主降凡御世，用夏變夷，斬邪留正，誓掃胡塵，拓開疆土。（以下又痛數滿清虐待中國人民兵勇之罪行，略。）韃妖之流毒我中華者如此，凡我中華之人，皆韃妖之世仇，所宜共奮義怒，殲此醜夷，恢復舊疆，不留餘孽。」（載《廣東叢書》三集及神州社《太平天國》二冊頁六二二以下）

此外，在清廷軍機處所存檔案中，曾發現干王在贛被捕後所親作絕筆詩數首，皆未經發表者。茲錄其二於後：「春秋大義別華夷。時至於今昧不知。北狄迷伊真本性。綱常文物倒顛之。」「英雄吞氣吐如虹。慨古悲今怒滿胸。玁狁侵周屢代恨。五胡亂晉苦予衷。漢唐突厥單於犯。明宋遼元韃靼兇。中國世仇難並立。免教流毒穢蒼穹。」（上載蕭一山：《清代通史》

商務新版三冊頁二九六—九七）凡此，皆足為太平天國之民族革命性不朽不磨之鐵證也。

英王陳玉成為天朝末期柱石，年少志大，富於民族革命精神。自十一年安慶失守後，不甘株守皖北，傾全師北指，作第二次之北伐。卒以身殉國。其供辭一則曰「去打江山」，再則曰「分兵掃北」，可見此為民族革命之舉也。（《全史》下頁二〇四六—四七）

直至天京淪陷，天朝滅亡之後，侍王李世賢率餘軍由贛入閩，繼續革命之戰。其在漳州致英、美、法領事公文（同治三年九月，即一八六四年十月）有云：「乃滿洲異族，乘明之衰，盜竊中國，垂二百年。稍有知識者，念此國辱，無不椎心飲泣。……幸至聖之父（天父）不棄漢族，命我天王，奮跡金陵，掃除滿族，征伐十年。」（見羅邕：《太平天國詩文鈔》，錄自林利：《太平天國外紀》。）是於國亡後仍能將太平天國民族革命原則申述無遺者也。

抑有進者，太平天國到了末期，滿清勾結英法，聯合攻擊太平軍，而太平人物不肯退讓，竭力抵抗，雖敗不屈。其間，有英國人到天京提議由英國出兵相助，聯合打倒滿清，平分中國，不啻威迫利誘，然而天王洪秀全不應，答以：「我爭中國，欲想全圖。若與洋鬼同事，事成平定，天下失笑，不成之後，引鬼入邦」（見《忠王親筆供辭原蹟》，臺灣版）。他富願冒兵敗國亡之大危險，而不肯割讓一寸國土、犧牲一部分的民族權益，以作招引外人助戰之代價。我相信，如果太平人物首先肯承認清廷與英人所訂的《天津條約》、《北京條約》，包括割地賠款、准許鴉片入口等等條件，及其答應英人出兵為助，合力攻清，平分中國，將必可成其倒滿之功。然而這正是他們洪秀全、洪仁玕、李秀成等所斷斷不肯為的。試問：這樣的民族大義、愛國精神，是不是中國文化、孔子道統之高度的表現呢？

文獻足徵，空言失實。由以上引證，可斷定太平天國實是根據孔子的春秋大義之民族革命此絕無可疑、不容否認者也。審是則此革命運動確是合情、合理、而合法的。其革命的意識形態中之民族主義的內容之充實，殊足以媲美後來國父孫中山先生倡導之國民革命運動所揭櫫之「驅除韃虜，恢復中華」之大目的（「中國同盟會」誓辭）。粵自滿清亡我中國以後，其首先提倡春秋民族大義、華夷之別者為湖南王船山（夫之）先生。二百年後乃有洪秀全等倔起，其後直至清季孫中山先生始一再以此大義倡導革命，而且實為首先承認洪等為根據春秋大義之民族革命者，故對於當年攻擊太平革命之輩，有「雖以羅（澤南）、曾（國藩）、左（宗棠）、郭（嵩燾），號稱學者，終不明春秋大義，日陷於以漢攻漢之策」之評語（見漢公：《太平天國戰史》序）。從反面觀之，即認識曾等所敵對之太平天國實本於春秋大義之民族革命也。

國父以下，民黨健者幾無不以太平天國為民族革命者。即今總統蔣公亦謂其「民族思想之發皇，轟轟烈烈」，故稱之曰「復興之旅」（見羅邕：《太平天國詩文鈔序》）。大概國民黨的領袖們一致承認太平天國為民族的革命，而為國民革命之先驅，是一脈象承之民族主義的正宗，不過國民革命則較前者更進一步，並重民權、民生——合成「三民主義」而已。（革命黨對於太平天國之一般的觀感，請看拙著〈五十年來太平天國史之研究〉之貳，載《香港大學五十週年紀念論文集》，一九六四年出版。）

支配太平革命以及國民革命的意識形態，同是這保種族、衛國家之春秋大義，正是中國傳統文化之最重要的大原則。此所以余對於太平天國是非功罪之論斷乃有「攘夷大業轟轟矣，復國丹心懍懍焉」之頌也（律詩三首載同上《論文集》頁二九五—九六）。在以往幾千年歷史中，我國族之所以能繼續存在、壽命之長舉世無匹者，完全賴有這一大原則之根荄滋育，固結於國人心裡，永恆不失，以故華夏國魂，永恆不滅；雖在歷史上國土曾經全部或部分淪喪於異族之侵略，而終能奏民族復興、國土恢復之功。此非黨見、偏見、或私見，實為凡屬中華民國國民之尊崇孔子春秋大義而努力保存中國傳統文化之首先主要的概念。苗培成先生曰：「不明春秋夷夏之辨，罔顧民族大義，尚得謂之維護中國文化乎？」（見拙著《洪秀全載記增訂本》序）善哉此問！旨哉此問！

夷考曾國藩的檄文，對於太平軍所揭櫫的春秋民族大義，與乎漢滿華夷之辨，即是種族問題，一字不提，蓋此乃太平天國革命之最強、最大、最正確的理由，義正辭嚴，無懈可擊，殊足以號召全國，而無人能反對之，或敢反對之者。曾氏聰明狡獪至甚，避重就輕；故絕口不提，而只是挑出其崇外教、亂人倫、壞名教禮教、破神權迷信之易受襲擊之一隙而全力攻之。這是戰略上作用。在那個時代，經過二百年之異族統治，漢人之民族意識久已消沉，尤其士紳階級深受毒素麻醉，反而認愛其滿清之國，忠於異族之君為當然的、最高的倫理道德的原則。此所以其檄文避免民族大義華夷之辨，用輕筆書出「本部堂奉天子命……水陸並進」，及「紓君父宵旰之勤勞」與稱頌滿清皇帝等語，似是自然而當然的。然而這卻表出其「興師討賊」，「盡忠報國」，實為其攻擊太平軍苦戰十年之大宗旨之一，此所以我曾批評稻葉岩吉之以湘軍非勤王之師為未盡然也。

其後，曾氏部屬李元度致翼王石達開勸降書，乃斤斤於夷夏一家之詭辯，甚且以「舜生東夷，文王西夷」為理由，幾欲盡泯華夷漢滿之界，取銷春秋民族大義矣。根據此邏輯，將可以謂凡人類皆盤古、或亞當、夏娃之子孫，而全無種族之分乎？夫如是，則吾國幾千年歷史，一切民族鬥爭，全無意義，而一概保種衛國的民族英雄，盡為湮沒了。曲筆詭辯，荒謬莫甚，笨拙亦莫甚。此與曾氏檄文，殆同一鼻孔所出。（原函見李圭：《金陵兵事彙略》卷二，《全史》上冊頁一四三六以下轉錄。）

或又以「夷狄進於中國則中國之，中國而退於夷狄則夷狄之」之說，以為反對太平天國之辯據，亦是謬論。試問：滿洲胡人，進則確是進入中國矣；然而幾時同化於中國？二百年來，雖然滿族曾經容納少許中國文化，然大致仍然保留其原有之語言、風俗、習慣、服裝、文字、血統（禁漢滿通婚）及保持其主子地位而視漢人為奴隸、為被征服者，何嘗「進」到完全中國化的程度？其對於中國文化之尊重，則亦利用為統治、壓制、痲醉漢人之工具而已（下文詳說）。至太平人物曾否揚棄或毀滅中國文化而「進於夷狄」，下文再研究。

總之，像這一派儒家——由曾氏輩以至現代，分明以傳統文化、儒家道統，重於民族國家的生命之存亡，甚至相信：如果傳統文化、儒家道統，得以保存繼續，則不惜犧牲民族國家之自由獨立。對此謬論，近代哲學家常燕生有極深刻、極痛切的評論云：「一般人因為不明瞭民族國家的本身是一個實際存在的生命，誤以為只有文化才能代表國家，離開了文化就別無所謂國家，甚至……竟有『國家可亡，文化不可亡』的妙論發生。這種玄學式的國家觀與文化觀，真不知誤盡了多少蒼生！假如我們抱著這個見解，充其量就可以甘心願意做外國人的奴僕，只要他們肯替我們保存文化便成。向來統治中國的異族，很懂得這個祕訣；他們一面在事實上宰割中國，一面在文化對中國一讓步，從北魏孝文帝的變法改姓，到滿洲的開科取士，以至現在某國人的尊孔，某國人的奬勵讀經，都是這一套把戲。」（常著：《歷史哲學論叢》頁一七〇）

由以上的研究，我們不得不下一結論：太平天國的種族革命，實是中國文化、儒家道統之最高度的結晶；而孔子作《春秋》所垂訓的民族大義永遠是高於、優於，更重要於形式主義的文化主義的。不過，所當補充前言者，時在今日，我們當然不能因歷史上的民族鬥爭而影響到現在各種族之平等與聯合；然而翻過來說，我們同時亦不可因現在各種族之新關係、大聯合，而忽視或否認從前民族鬥爭之事實及意義。否則國史中幾千年間我民族為生存而奮鬥的一概活動與偉蹟，皆毫無意義了。所以對於太平天國之民族革命，要從歷史的觀點去看他，方得其「真」與「平」。夫然後可以相信太平天國之民族革命、確是根據孔子所傳的春秋大義之真正的維護中國傳統文化者。

三、宗教革命與中國文化

這是太平天國革命三合一的性質中最重要的一方面，因其涉及與儒教直接衝突的「文化之戰」，故也是最難了解及最難解決的問題。研究太平天國史者，自不能不益發努力，求得答案。如今我們首先一考吾國歷史中的文化背景，則所謂「文化之戰」之原因及意義，即可了然於心。

自滿清入主中國後，即利用兩種工具以維持其統治權：一是武力，次是中國傳統文化。在文化方面，仿前朝之開科舉、賜功名，以牢籠羈縻天下士人，極力尊崇孔子及提倡儒學，崇尚禮教名教，獨尊宋儒理學，以三綱忠君等傳統道德束縛人心、箝制思想，猶復鼓吹漢學以銷磨知識界的精神才力。溯自漢武帝崇儒學、黜百家之後，即利用孔教為支持專制政權之有力工具。更有漢儒發明三綱等等「邪說」（近人康有為門人伍憲子在所著《孔子》一書頁五痛乎言之）。（按：「三綱」非孔子之教，實出自西漢董仲舒《春秋繁露》〈基義〉，又見諸東漢班固之《白虎通義》，及佚書《禮緯》之〈含文嘉〉。）以後歷代多因之，至元、明而益甚。自明抬高宋儒理學，奉為正統思想之後，程朱一派，尤其朱子，被尊為正統的正統，自是獲得政治上優越位置與勢力，寖假成為最高權威的「官學」。綜之，滿清政策是廣大利用中國種種的傳統文化，有如宗教、經學、道學、以為輔助武力、維持政權之工具。其對漢人之尊崇孔教，無異對蒙、藏、回族之尊崇喇嘛佛教及清真回教，一是皆以為統治政策之工具焉。數百年來，此種傳統文化獨佔吾國精神界、學術界之寶座。上有君權之支持，下有科舉之依附，中有武力之威脅，於是乎凡此種種中國傳統文化之鞏固的地位與無尚的權威，莫能搖動，而天下士人——整個知識階級，盡入彀中，受其統制，鮮有不俯首貼耳，屈服其下，蓋除了熱心功名、攀登仕版、自甘臣僕之外，別無出路，亦無以生存。（除非能如明末大忠南海陳子壯所昭示後人「書可讀，不可試；田可耕，不可置」，然其後嗣，只營農商，無顯達者。）

至道光、咸豐間，更有權相穆彰阿、倭仁等極力提倡程朱理學，又得內外文臣多人之附和。宋學末流，一時抬頭。曾國藩就是其中一人。在其湖南本籍，士人如賀長齡、羅澤南及其弟子李續賓等也是不從衡山王夫之服膺春秋攘夷大義之遺教，而恪守程朱理學與三綱忠君之說者。這一派傳統文化的儒學，歷主朝數百年的提倡，尤其經清代二百年之推動，已成為統一全國宗教、倫理、道德、思想之文化系統，是極端的權威主義、形式主義。由在上的士紳階級，以至在下的三家村塾，一般士子，以及普遍民眾，一是奉名教禮教，與忠君愛國（清國）與三綱之說，為立身行道、道德倫理之基本原則，為孔子孟子儒教之道統，為天經地義、不磨不滅的天道天理。凡有違悖者，即視為離經叛道，異端邪說，犯上作亂，大逆不道。加以滿清厲行嚴刑峻法，早年曾大興文字獄，其威猶可畏。在這種威力壓迫之下，士紳階級，從不敢稍萌反清復漢之異志焉。於是乎，春秋大義，全被揚棄；民族精神，日漸喪失，卒至完全消沉矣。然而這種倫理道德，其實不是中國文化之精華，更不是孔孟真傳也。

不錯，在中國淪亡於異族時，如南宋、南明之末期，有許多忠義愛國的士人起義反抗、壯烈殉節，但未見有一個程朱學派的理學家，本著春秋大義，殉國死節，或拚命抗敵，力圖恢復者。反之，在元初只見有趙復、姚樞、許衡、劉因、竇默等程朱嫡派，屈節事仇，尊孔講學，以保存文化道統。其在明末清初，亦無一個正統派理學家抗敵或死節；其為中國死之文人學者固大有其人，然皆非正統派理學家也（如黃道周及劉宗周，殉國最烈，然皆非程朱嫡系）。而屈膝降清，助其平定中國之文人多矣。由此可見這一派之所謂維持中國傳統文化者，只顧文化道統，不重民族生命，一味高唱尊孔衛道，維護名教禮教，以「抱道君子」自居，而大違反春秋大義、孔孟真傳，故余目之為「偽儒」。前在「新文化運動」時代所提倡打倒之「孔家店」，實是這冒牌的「孔家店」，絕不是真正的孔孟道統及中國傳統文化之精華，可斷言也。

回看元、明、清，三代歷史，在異族侵略中國之初期，士人多有本著春秋大義，攘夷保種，愛國忠君，反抗蒙滿，壯烈殉國者。然一自全國被征服後，君臣名分既定，三綱邪說又行，自是從未得見享有功名祿位的士紳階級之儒者，倡革命、反異族、領導義師，以圖恢復大漢江山者。在他方面，考之史乘，其有起義師、倡革命者，惟血統相異的種族，與意識形態或宗教信仰完全異於儒家之輩耳。例如：致蒙元於滅亡者，由白蓮教韓山童、林兒父子，及劉福通等發難於先，而由出身僧人之朱元璋成功於後。至終滿清一朝，自始即有「天地會」，即「三合會」，以「反清復明」為號召，依附於流俗迷信，潛伏於下層社會，抱特殊的意識形態，脫離儒家與理學之羈縛，然因無知識界領導者，又乏經濟能力，終不能舉大事。其他曾舉事謀革命者，只有兩種人：一是漢族而外不受中國傳統文化拘束之特種民族（如乾隆間西陲回民數役，甘肅回民馬明心，臺灣林爽文在鳳山率領黎民，貴州銅仁之苗民石柳、鄧英，及湖南傜民雷再浩等是）；次則為異於儒教之宗教信仰者，所謂「教匪」是。（如乾、嘉間白蓮教劉之協等，其亂事蔓延鄂、陝、甘、豫諸省，十年始平；嘉慶間天理教李文成、林清等，在北京及直、魯、豫等省；道光間河南之教民及山西趙城之教民曹順等，及咸豐間在雲南舉事建國之回教徒杜文秀與附和杜氏而入川活動之回教徒藍大順等是。至洪氏及國父則皆基督教徒也。）至於一般偽儒所構成之士紳階級，則一味忠於滿族之君，愛其滿清之國，不特不敢倡導革命，而且凡有革命運動發生，必由始至終一力自動反對之，及助清攻擊之。

由來這一派人士所構成的士紳階級，有兩種特性。一是文化的傲性。他們不顧不重民族國家之獨立生存，而常以繼續中國的文化道統及維護傳統的禮教名教為己任。次則把握著特殊的權力，以上交官府，中結同類，下則領導民眾，組織武力，主辦民團或團練，故力量充實，有勢有權。因此之故，其權力亦非常之大。滿清命運之能延長至二百七十年者，得力於此輩為最多也。

再考此輩「死硬派」之所以盡忠異族，其中尚有利益關係為重要原因。緣滿清既利用傳統文化為統治漢人、麻醉士人之有效工具，因即與其牢牢結合而成為互相利用、互相支持之共存共亡的一體。一方面以功名、祿位引誘之，牢籠之，羈縻之使其入彀，在他方面又須仗賴其在文化上、道德上之擁護，而承認滿族皇帝為「受命於天」之統治者，使天下絕對尊崇及服從其神聖無尚的權威而不敢違悖天命、妄蓄異志——造反。而士紳階級又憑藉異族朝廷之恩寵而得享功名、祿位、權勢、利益；榮華富貴，一切俱來，且歷代祖宗、子孫、親族皆受其賜。所以為維護一身一家之權利計，不得不盡力支持異族而反對及攻擊一切革命行動。名為維護中國傳統文化，實則維護自己一身、一家、一派之利益為多為要，而孔子之春秋大義、民族意識、華夷之辨，固置諸腦後，絕口不談矣。

以上所陳，蓋所謂「文化之戰」，亦即太平天國革命與中國傳統文化之衝突之因果關係也。我們既已了解士紳階級之所以反革命之真正原因；則其為維護中國傳統文化而作「文化之戰」，寧非其自然而生之後果乎？

我們既得窺見宗教文化的歷史的背景，便可了解太平天國宗教革命之真正的、重大的、與基要的意義了。由事實與文獻所呈見之憑據，我們可信洪秀全等之革命，並非利用宗教，或偽造種種迷信，或神乎其說、胡天胡帝的種種說法以作煽動愚民、欺騙愚民的工具（如中國讀書人歷來對於以往大凡假借宗教神道以起革命、爭帝位者之理智化的解釋）。太平天國的革命運動，實由宗教而發動、而產生，賴宗教而推進、而支持，兼趨向於宗教的崇高理想而力謀其實現的。其與宗教之發生關係與其演進的程序，自始至終均是自然而然，而且不得不然的。其間與孔孟儒教以及中國傳統文化又有何關係？以下再詳細研究。

洪秀全出身於農民家庭，幼讀儒書，熱心功名富貴。但因其屢試不第，終於在憤激之下，觸發排滿思想，變為民族革命的發動者。（按：粵人因飽受滿人屢次屠殺及暴政之激動，及明遺民與三合會的民族思想之影響，故排滿的革命思想，普遍全省，不過伺機而發。）假使其科場得意，青雲直上，則其一生，進而為官，退而為紳，亦與二百年來一般士紳階級等耳。然而命運使其得受了外來宗教的大影響而脫離偽儒學之束縛，遂能一變而趨於其他極端，竟成為一個民族革命領袖焉。初，洪氏於道光二十六年（一八四六）第二次在廣州下第後，偶在街上遇見基督教傳教者中西各一人，得聞拜上帝、破偶像的教道，又蒙贈以中國教士梁發所著《勸世良言》一書以歸。翌年，第三次應試，又名落孫山。因失望過甚，心理受打擊過深，發生重病。回鄉後，病狀加劇，那是一種精神病（術名「夢醒狀態」twilight state）。臥病中，靈魂昇天，得見上帝，蒙賜以寶劍、印璽，付以殲滅偶像妖魔之責任，授以統治中國之權威，復有耶穌為助，因而引起其「受命於天」，為中國主之覺心（意識）。沉埋幾年之後，復因細讀《勸世良言》，這一覺心又勃然興起，其久已潛伏之民族思想與雄心大志卒一發而不可收拾，遂決心倡導興漢倒滿之民族革命。自是之後，其親上天而受天命、建天國、為天王之堅決信心，始終不變，生死以之。

在昔封建時代，民權未興，人咸信獨有得上天寵眷，授以特權，始有君臨全國之資格。洪氏只因篤信由基督教的上帝，得了特殊優越的、至高無尚的權威，夫而後乃能抵抗及壓倒滿清異族憑藉儒教士紳所支持之受命於天的專制君權，及傳統文化中偽儒輩的學權，與乎流俗愚民所迷信的神權；夫而後乃有特殊膽量，以匹夫倔起，冒誅九族之大險，倡義興師，實行革命。最初，其自覺的任務，惟在「誅妖」——即是破壞一切的偶像，但不久即以宗教信仰與民族思想聯成一片，型成其民族的、宗教的、與政治的、三合一的革命理論。於是，將一切滿人及凡與滿清有關者一律視為「妖」，悉在誅滅之列，如妖軍、妖官、妖頭、妖書等是。繼而又以宗教概念詮釋革命意識，以為「上帝劃分世上各國，猶如父親分家產於兒輩。奈何滿洲人以暴力侵入中國而強奪其兄弟之產耶？」（由《太平天國起義記》節錄。）由是，民族革命的力量、得宗教信仰狂熱情感之配合與激動而益發強烈。（按：考諸世界歷史，凡有宗教情感激動之武力最為兇猛，比比可見。）故上文言太平革命發動力源出於宗教，此在太平文獻，彰彰可觀也。

及洪等在廣西醞釀革命，先組織「拜上帝會」，集合熱心教徒二萬人。時機成熟，乃編組為太平軍，皆肯為「拜上、扶主、打江山」而捨棄家產、犧牲效命者。全軍恪守宗教紀律，日夜祈檮拜上帝。直到天京以後十餘年間一貫無改，全賴宗教力量以維持其整個革命運動。雖至晚年，天朝仍堅信「上帝是我軍能力之源頭，基督是我們仰賴的助力。」（見一八六一、一、一、幼贊王等覆英艦長書，譯文載林利《太平天國史》頁四一八—四二三，回譯文載《典制通考》中冊頁九九四—九九八。）至其革命建國的理想及政治文化種種施設，也是根據教道為原則，以創造「新天新地」（《新約》「默示錄」）為最高理想，使天國實現於人間。更進一步，本著教道而提倡國際主義，強調主張各國自保天父上帝所給之產業而不侵略他國；如是，世界和平可期而國際關係當有平等、互惠的友誼、互通真理與知識，即是文化交流與溝通，將見舉世同拜一天父，共崇基督真道，則世界大同也可致了（上見《起義記》）。這是中其「大同」思想，自然是受了孔子「禮運」「大同」篇的影響（見《原道醒世訓》）。

西精神文明融會貫通的思想，不可謂不崇高、突出而優越的。

以上所陳，是太平天國宗教革命性的大略。由此觀之，可見太平天國基督教，並不是人為的、偽造的，被利用作愚民、煽動、或宣傳的工具，而本來是自然產生、發展，始終真誠信奉的了。亦唯有如此真誠的、狂熱的宗教信仰、精神、與力量，而後能與偽儒學所支撐的滿清政權作殊死戰。

至於他們的基督教之內容，則並非全部是外洋輸入的、原莊不易的西洋基督教。洪氏自始即努力於創造中國化的本色基督教，儘量把中國文化容納於其中而成為折衷的、中西合璧的、自有特色的「太平基督教」。其上帝觀是將中國遠古的天、道、與上帝，或皇上帝，與基督教的神合而為一，堅信上帝並不徒然是猶太的、外國的神，而卻是普遍人類的獨一真神，為我國及各國所共同崇拜者。（按：現今基督教之尊稱「上帝」，只是借用中國古稱以作翻譯God的名辭，殊非以兩者為同一的神。）不過，中國在古代雖崇拜上帝，後來卻被帝王獨佔而且率天下人拜事邪神偶像，故亟須恢復遠古一神上帝之崇拜。他們更遵照《書》經所載，明定「皇上帝」的尊稱。如此的上帝觀顯是尊重與恢復中國文化之一種努力。他們又尊稱耶穌為皇上帝的「皇太子」。這雖有點矯強，仍不失為尊重中國文化的表現。

他們的上帝觀，多得自《舊約》之首五本，奉上帝為民族的唯一大神，是創造天地萬物以及人類的，所以他們並稱為「天父」，這卻是由基督教《新約》，而來的概念了。《舊約》的上帝，主宰宇宙萬有，生養世人，但是非常妒忌的，不許人拜邪神偶像的。梁發之《勸世良言》最注重此點。所以他們自始即到處破偶像、毀神廟。其毀孔子之木主及聖廟，亦以人奉孔子為神而拜之也。他們的上帝是像人的（anthropomorphic），能下凡與凡人交通，而且愛護獨拜之者而常助其作戰，毀滅其敵人。這一點是最有助於太平軍之革命戰鬥的。這確是最具有精神功用的神，所以是他們能力之源，也是建國施政、以平等為原則之源。

他們稱上帝頒給摩西的「十誡」為十欵「天條」（看《天條書》）而奉為主治精神的、道德的生命之至高無上的、至為神聖約戒律，比之尋常的法律尤為嚴峻，犯者處死刑。但所當注意者，他們將中國文化之優越成分與「天條」融會改編，於是頓呈新異而優越的表現。例如：「第五天條」曰：「孝順父母」，而繫以詩曰：「大孝終身記有虞。雙親底豫笑歡娛。昊天罔極宜深報。不負生前七尺軀。」詩文充滿中國文化的味道，醰醰如也？何嘗似外來品？又如「第七天條」曰：「不好奸邪淫亂」，原文只是「勿姦淫」。一經改編，加上「邪亂」二字，便包括淫心、淫眼，並且吸鴉片、唱邪歌，也在禁戒之內。所繫詩復有「邪淫最是惡之魁」句，是脫胎於吾國傳統道德「萬惡淫為首」之概念者。又如：「第十天條」曰：「不好起貪心」，將原文冗長至甚而只適合於猶太人部落時代環境者，改編如此，且包括「賭博」在禁戒之列。由此觀之，可見太平基督教確實，容納中國傳統文化之優良成分而禁革其惡劣者，既適合國情，又適應需要，不能不稱洪氏有宗教天才，而他十款「天條」確值得世界人士之讚美的。（看《典制通考》下冊頁一七九七—九八所引英牧師麥都思、美教授濮友真、及日史家稻葉岩吉之好評。）

他們拜上帝之儀禮，當然不設神位或偶像，但向陽光入室處當空跪拜；不焚香燭、元寶、冥鏹，但設長桌，上置清茶三盃，油燈二盞，或點蠟燭二枝，焚檀首一爐，或供白飯三鹽、鮮果三碟。教徒敬虔叩拜畢，即有司儀者讀「奏章」，即祈禱文也。畢則當眾焚化之。凡有特別大事，則並用犧牲祭品；祭告畢，共食之。凡此皆沿襲及模仿中國傳統文化中祭告大禮之習者也。每施洗禮，則以清水洗胸，表示「洗心革面」（「易」）之深意也。

不過，在另一方面，太平基督教在初期，卻有中國傳統文化中之惡劣的迷信成分攙入。如楊秀清、蕭朝貴二人，詭稱上帝及耶穌降身傳言，怪誕不經而為基督教歷史中所得未曾見者。緣粵桂人民迷信鬼神可以附託人身，咸信為確有其事。楊等即沿襲此惡習，藉以攘奪大權，誠為太平天國之汙點。然自楊、蕭死後，此怪象不復見了。

太平基督教與中國傳統文化中之各種宗教之最大的衝突。乃在一神與多神之崇拜一端。此不容並立，而無可妥協，或調和，或融會貫通者。他們不大懂得佛家、道家之經典與哲理。但所集矢反對與攻擊者亦為佛道末流之偶像崇拜與種種附麗的迷信，一切皆視為「妖」而誓必盡行誅滅不留者。因此遂連帶所有佛道書籍亦視為「妖書」，而嚴行禁讀。至其對於儒教，則亦因其容許多神，與奉孔子為神而反對之。然當其在各儒經中發現「皇上帝」之崇拜及對上帝之崇敬，則相信這是符合其教道的真理而務期保留之。且因梁發書中有言：「儒教所論仁義禮智之性，至精至善之極，與救世真經聖理（即基督教《聖經》），略相符合」，是故洪氏自始對於儒教即有分辨的取捨——揚棄其多神的宗教信仰而保留其倫理道德。到了天京，乃有「刪書衙」之設置，將儒書一一刪改，悉將其有關多神之言刪去而改為一神，且儘量保存其倫理道德之遺教，是即中國傳統文化之精華也。

不寧唯是，他們還將儒家的道德教訓幾乎全部採納以為太平基督教的倫理學。天人關係——拜上帝、崇基督，自然是為主要。此外則忠君、愛國、孝親、等等人倫道德概念皆極端注重。試讀〈幼學詩〉諸首，尤其篇末諸箴，可知其保留中國傳統文化之精華矣。尚有可言者，耶穌的遺訓，反而不見注重。基督教高於一切、總攝諸德的道德倫理大原則——仁愛，及其他道德要義，竟被忽略了。所以在宗教學立場上看來，大有喧賓奪主之象，蓋太平基督教反被儒道沖淡了，故成為不健全的、非正宗的基督教。這是基督教化的儒教，多於儒教化的基督教，寧非異事？

自咸豐九年（一八五九），干王洪仁玕到天京執掌國政，於政治、宗教、文化、諸端，多所興革；對於宗教道德方面，尤有特殊的顯著的貢獻。他自己承認「生長儒門」（見《軍次實錄》）。他雖出身基督教正式傳教士，可是數典不忘祖，一生未嘗揚棄或脫離儒學。於中國文化精華，經、史、哲學、文學，造詣甚深。復由外人精研基督教神學，故能獨闢蹊徑，折衷耶儒，有偉大的創作。首先，於宗教祭祀儀式及各種典禮改善之點甚多。如祈禱文，則運用中國優美文學修正舊者，重製新辭，文字雅馴，時用駢體，斐然可觀、朗朗可誦、為百年來中國基督教會所得未曾見之佳品。其上帝觀則趨於精神化，故拜之者也須以精神，比之洪秀全根據《舊約》之像人的上帝觀為較優，且接近耶穌之信仰。其所引用儒經，以與基督教相印證、相發明，充滿中國文化內容與色彩，尤多於洪秀全之作。他常以儒家倫理道德諄諄教人，有曰：「如讀書士子，學堯舜之孝弟忠信，遵孔孟之仁義道德」，「法彼之仁義忠信禮義廉恥」（《英傑歸真》）。不特此也，干王復能將儒家宋明道學之精華與基督教倫理融會貫通起來。其溝通兩者之樞紐乃在於注重「人心」——心學——由外部膚淺之行為透入內心精神處而提倡克己功夫（「克敵誘惑論」），「遏欲存理」，清心克欲（《軍次實錄》之「闢邪崇真論」），及王陽明「良知」、「良能」之說（《軍次實錄》之「論人悔改得救」）。又有誠求上帝「默牖予衷」「定有活潑天機來往胸中」（同上「諭天下讀書士子」）之言。甚至天堂、地獄之說亦為中國道學思想所蒸化了，而作為心境清潔與污穢之判別，此在外國傳來之神學所未聞者。凡此立論，中國文化中理學心學之道味，醰醰然，渾渾然。同時，他又不至忽略了基督教之基要道理，常將耶穌之倫理原則、道德遺訓，多所闡明，遠多於洪秀全。蓋已將基督教化的儒教，扭轉過來而為儒教化的基督教。而太平基督教之面目與內容，因得精妙優美的中國文化之修飾與充實，更臻高度的本色程度了。

由曾國藩等以至今人之攻擊太平天國者，名義上是為維護及保存中國傳統文化。其最強有力之一點乃因洪等皈信上帝耶穌之宗教，獨尊《新約》《舊約》之聖經，是可比之宗教之爭。關於此點之是非問題，蕭一山教授批評曾氏檄文，有云：「第二段謂太平軍崇信夷教，破壞中國固有之人倫，去尊卑上下之秩，尚兄弟姊妹之稱，其實信教自由萬眾平等，尤屬人群大經，凡所指摘，亦不足為洪軍罪。第三段謂太平軍毀孔孟之廡，污關岳之廟，為罪大惡極，然洪軍

既信天主，當然反對他神，尤不足為太平軍罪。」此固公平合理之論。（上見蕭著：《清代通史》新版三冊頁一三三—三四）

余更謂從歷史學與倫理學上立言，解答這問題之先決的大前提，乃在我們能否承認太平軍之興漢倒滿的民族革命是「義戰」。如以為不是，則整個革命皆是錯誤與罪惡，而以往至今日之反對攻擊之者俱是對的。那便無話可說，只有繼國父之後，站在民族主義立場，要起來再打一場筆墨官司，再作學術論戰而已。（國父稱頌太平革命軍，見上文。）然而如果承認其為合情、合理、合法的、民族革命的義戰，則在那民族大義消沉了整二百年，全國士紳儒者不能提倡或舉行革命的時代。獨有洪等自自然然的憑藉基督教的發動力以倡導這大革命，實未可厚非，亦無可非議，而應得我們之同情的，因為無基督教則無此興漢滅滿的民族大革命之興起。如是，則大業之成敗，與其政策之優劣，及施設之得失，固不能為評論此革命運動之是非、功罪之圭臬也。（看「書後」一）

平情而論，太平天國之可譏可彈之處，不在其民族主義的革命宗旨與性質，亦不在其憑藉宗教力量以發動之、推進之，卻在其以「霸道」而不以「王道」處置宗教問題。換言之，這即謂其以錯誤的手段以謀達到正確的目的也。再簡言之，即是不能實行宗教自由政策。彼其施用暴力以壓制及摧毀異教——儒、釋、道等之凡異於自己所信者，是最為不智的政策及最為愚笨的措施，因而惹起儒家士子與迷信愚民之反感，遂至為反革命的士紳階級乘隙而入，藉此煽動士人愚民以參加其陣線。徒然多樹無謂之敵而不能多收戰爭之益，此所以謂其為不智、為愚笨也。如果他們只是自己篤信新教，憑藉超自然的神力，只是推行於本軍而不干涉，或壓迫他教，即是實行宗教自由，只是以民族的與政治的革命宗旨號召天下，則義正辭嚴，目的明顯，手段復高明，一般士人自無可反對之理由矣。「宗教自由」不是封建時代的文化產品。惜乎洪等當年無此超時代的真知灼見也！

於此，又須補充意見，以表出當年歷史的真相者。許多人懷有一普通的觀念，以為太平革命之失敗、大都是由於摧殘中國文化，而曾國藩等士人之成功、實尤其維護中國文化，這是錯誤的見解。何以言之？因為，究其實，曾等之以毀儒教、壞名教為題目而攻擊太平軍，其效力不過是極有限度的—只能鼓動士紳階級、倡辦團練，集合農民，到處阻撓太平軍之進展，一如其創建湘軍以與太平軍對敵十年使其難於發展一般。然在事實上，天下士子只有一部分響應，未必人人景從；歷史紀錄表出士人與民眾到處多有投歸天朝，樂為效力者。太平軍之兵員多至一二百萬（或更多），遠超過官軍，鄉勇及團練之總和。是故曾氏之檄文，只呈消極的作用，即是阻撓太平軍之迅速的勝利、拖延時間而已。迨至時會變化外國政府取銷中立而助清平亂以優越武力砲火擊敗太平軍於蘇浙，又先後以海軍助清斷絕安慶及天京之接濟線，太平軍乃受到真正的致命傷，遂使曾等得收功於白下。是故太平天國之滅亡，與宗教文化無關，斷不能說是士紳階級維護宗教文化的勝利明甚。曾國藩事後不得不自書「不信書，信運氣」，非謙抑也，固言道其實也。

關於倫理問題，曾氏及一般死硬派的儒家之反對太平天國者，動輒以其有天父天兄之名、兄弟姊妹之稱，為破壞名教，顛倒人倫。其實，此不過倫理學上的象徵作用，斷不能以自然倫理之血統關係視之。所以美國漢學家衛德明批評曾氏之攻擊此點，謂其連《論語》「四海之內皆兄弟也」之寶訓也忘了。（H. Wilhelm: The Background of Tseng Kuo-fan's Ideology, in Asiatische Studien, III不3/4, p.98）宋儒張載（橫渠）也有「乾稱父」，「民吾同胞」之名言。即社會人士亦多有譜訂金蘭結為異性骨肉之親者。至祕密會黨則更以兄弟相稱。凡此又何嘗有損於名教與人倫乎？太平天國的此一倫理道德觀念源出於基督教奉上帝為天父之信仰，何能獨非之耶？至謂上下尊卑之倒置，則更是無的放矢。因太平天國對於上下尊卑之秩序，與彼此相待之禮儀，極端注重，尤甚於儒家及社會普通人士。凡在某一地位的人必有特定的稱謂，上下尊卑，秩序嚴格，莫能混亂（看「太平禮制」）。其實，太平天國不特未嘗打倒禮教，反而極端維持禮教、尊重倫常，甚至矯枉過正，注重繁文縟節太甚，流於形式主義。此固曾氏及詆毀之者所未知而亂罵之真相也。

至曾氏之以破偶像、毀神廟、罪責太平軍，則繼續多神崇拜與迷信風俗，實是維護文化之渣滓，當為現代科學昌明之世所不容者。奈何今之人仍以此歌頌其有功於中國傳統文化耶？

綜而言之，曾氏忘卻、忽略、甚或揚棄了中國傳統文化之精華，而其所維護、所保存者，僅為中國傳統文化之糟粕，殊非堯、舜、禹、湯、文、武、周公、孔子、孟子、以來一脈相傳之以人生為主體，以民族為中心，以仁義為最高的道德原則之儒家正宗的道統。

若反觀他方面，則見太平天國與漢倒滿的革命大運動，是得力於基督教之發動及推進，然不特未嘗摧毀中國傳統文化，反而尊重、維護、保存、及繼續闡揚中國文化之精華（僅淘汰其糟粕而已）。其目的、理想、與實行乃在折衷耶儒真理，融合中西文化，而創造新文化，建立新國家，重興我民族。是耶非耶？功耶罪耶？謹質諸忠於國家、愛我民族之君子！

四、政治革命與中國文化

太平天國之政治革命性，具體的表現甚多，最為顯著，而其與中國傳統文化之關係，尤為密切。蓋其政治革命、包括政治、軍事、經濟、社會、文化諸方面，是極為徹底的；舉凡滿清之種種制度，幾無一不要廢除，而代以新者。而其新創的種種制度、文物，大都是源出或根據中國古代文化之遺傳，而參以簇新的見解，或採納西洋文化，加以鍛鍊，折衷混合，或自我作古而完全創造新者，於是成為中國的新文化。文獻足徵，事實可考。如今不能一一詳述，只可分類條舉於後，以見斑斑。

（一）政治方面

「太平天國」國號，即是中國文化與西洋文化之綜合體。「太平」二字出自《公羊》三世——「據亂世」、「昇平世」、「太平世」之說，而「太平盛世」、「天下太平」等亦為吾國人自古以來心中所希望、所期待的理想社會。「天國」則出自基督教《新約》，「天國近矣」、「天國即在你們中間」等句。在神學理論，此亦可作實現天國於人間解。洪氏即有此觀念（見洪手批「新遺詔聖書」中「馬太福音書」）。故「太平天國」國號實為中西精神文化精華一爐共冶之產品。

「天王」尊號，非新創者，源出於《周禮》——稱天子曰「天王」以示別及超越諸國之僭稱王號者。後代稱「天王」者亦有之，如後涼，北周是。不過，太平天國之「天王」、卻特別涵有真天命之王之宗教意義。其不稱皇、或帝、或皇帝者，因獨尊皇上帝也。「天朝」即其朝廷，亦沿傳統名稱。

王、侯之爵號襲自中國古制，惟王下侯上，廢公、伯、子、男四等而改置「天義」、「天安」、「天福」、「天燕」、「天豫」，則為新創。

天朝官制，最高層有正軍師，又正軍師，副軍師，又副軍師。軍師名號出自中國傳統文化。其下為「丞相」、「檢點」、「指揮」、「侍衛」、「將軍」、「總制」、「監軍」。以下則為「軍帥」……。每一名稱皆沿古代各朝制度，自有來歷，如「丞相」分天、地、春、夏、秋、冬、六官，是仿「周官」制也。然以上各種，皆官階也，另有實職。官階無品級（如清之九品十九級，包括「未入流」），是復周、漢之古制也。又：以上官階，不分文武，此則其新創特異點矣。

其政府組織，分三層：一、中央官，二、守土官，三、鄉土官（後二者為地方官）。第一層中央官，分宮內官與朝上官二種。宮內官有「掌朝門」、「侍臣」、「侍衛」，及各典官，如「典天輿」、「典天廚」等是。「典」，亦出「周禮」。最當注意者，天王宮（以及各王殿）之內官，悉以婦女充之，男子一概不准入宮內。此為革命的制度。有二千年以上的歷史之宦官制度，為中國文化中最殘忍、最不合人道者，且常為歷朝政治弊病之源。漢、唐、明，三朝均受其害而致滅亡。今一旦廢除之，是中國歷史中一大快事、要事，而為太平天國新文化重要特色之一，所當大書特書者。天王「家訓」甚嚴，對各王娘及女官不憚嚴格管教，因而從無歷朝「女戎」、「女禍」，或穢亂宮闈等穢聞，亦優異之績也。（看《典制通考》上冊頁八六—八九，及「天父詩」關於天王「家訓」。）

次為朝上官，有「掌朝儀」、「右史」、「左史」、「通讚」、「疏付」，及各典官。名稱亦沿襲古代。天朝政治軍事先由東王，後由他王，總其成，另有他王合組「共同會議」（等於今之最高政治委員會），為太平天國之創舉。天朝另設六部，以六官為名。其他官銜多種，隨時陸續增置。（同上頁八九—九五）

第二層守土官，復分省、郡、縣、三級，長官俱由天王任命。省級有「民務官」，或「文將帥」，組織未詳。省級下廢道制，極合理，亦革命設施也（民國亦然）。清之「府」改為「郡」，是恢復秦漢政制也。主官為「郡總制」。郡下為「縣」，置「縣監軍」。郡、縣、政府組織亦未詳。

第三層為鄉土官。在縣下就鎮、圖、鄉、村、里等，復分六級，設「軍帥」、「師帥」、「旅帥」、「卒長」、「兩司馬」、「伍長」以治之，各管若干家，如軍隊各單位之人數。此仿「周官」鄉、州、黨、族、閭、比之制，惟略異耳。各鄉土官均由地方人民推選，不選則由上級長官就本地傑出人才委任之。此地方政制，天朝於各省所佔領之地普遍施行，實為人民自治基本，亦饒有民主政治之意義。清吏最忌之，以其施行最下層民眾組織，不啻動員全體民眾參加革命，成為革命運動之基礎故也。（組織及施政，看「天朝田畝制度」及《典制通考》上冊「鄉治考」。）

天朝禮制，幾盡廢清制，而根據古代文化另定新者。男子服飾，頭上嚴禁薙頭與垂辮，一律蓄髮留鬚。長髮仍如前結辮，盤之於頂，包以紅頭巾，冠服一律恢復漢明古制而以戲場衣冠為模範。（按：清初，「十不從」之制，內有「娼從優不從」一條，保存大漢衣冠，歷來革命者均用之。）但保存馬褂而去馬蹄袖。袍服以黃色為上，紅色次之。冠服衣履均有定制。其他弗及。

（二）軍事方面

太平軍軍制，其組織完全根據《周禮》之〈夏官〉，即「司馬法」，以軍帥為基本單位，其下有五師帥，其下各有五旅帥，其下各有五卒長，其下各有四兩司馬，其下各有五伍長，其下各有四聖兵。（其軍律、軍規等，茲不及。）

（三）經濟方面

太平天國的土地政策，原定新田制是均田制度。根據其宗教信仰，人人為天父子女，即如大家庭中之兄弟姊妹。復根據〈禮運大同〉篇「天下為公」之旨，明定均田之大原則，曰「公」與「平」。人民受田，男女平等。均田制度也許受了周代井田及歷代分田政制的影響，然而由周以至北魏、北齊、晉、隋、唐，各朝之分田，均男多女少。男女平等受田確是太平天國新文化獨創的異彩。其次，「豐荒相通」，人民在旱年彼此互相救濟。其最高理想是「有田同耕，有飯同食，有衣同穿，有錢同使。無處不均勻，無一不飽煖。」復次，田畝不須納稅，但規定每家配給所需之糧產，餘歸國庫（凡二十五家設一國庫）。凡婚姻、彌月、吉凶二事，皆由國庫開支。此外，每廿五家設一「禮拜堂」。七日禮拜「講道理」而外，每日為男女兒量教育之所，即是全國普遍的精神訓練及學校教育之文化建設也（看「天朝田畝制度」）。然以上只是建設理想的新社會之藍圖，格於時勢——天下未統一，全未施行。其所實行之田政，一切「照舊」——沿襲傳統文化、滿清制度。所異者，田租較前為輕。至在浙江數處，則田租由五畝起抽，則新異之制也。新田制雖未實際施行，固已高揭平等、大同之崇高理想，足稱為太平文化之特色矣。（看《典制通考》上冊之「田政考」）

鑄錢為天朝要政之一。自製新範多種，廣鑄「太平天國聖寶」通行錢。由中央以至各省，錢幣種類甚多，其精製品有優越於滿清及前代者。又有特別大花錢多種，殆紀念錢、壓勝錢、吉利錢之類也。銅幣而外，又製金幣銀幣，精緻異常，但非通行幣也。凡此皆為文化特色。（同上書「泉幣考」）

（四）創製新曆

太平天國新文化尤有一至大特色；即是：頒行一種新曆法，不是陰曆、西曆、或回曆，而是根據中國古曆法及參用西曆而自行創造的天曆。創造者為南王馮雲山。其內容大略如下：一、不以帝王年號紀元，但以「太平天國」紀元。這是中國曆法的創舉。二、兼用干支，上承自東漢元和二年乙酉（西曆八五），歷一千八百年連續不斷、永不改元。三、每年三百六十六日。此根據《書》「堯典」之「暮三百有六旬有六日」之法也。四、每年十二月，無閏月。月有一定日數，單月卅一日，雙月卅日。（按：此或受北宋沈括：《夢溪筆談》所提倡同樣的新曆法之影響。）五、月名借用中國古代相沿的「太陰月」之正、二、三、……月等，但名同實異（詳後）。六、月建即以干支紀月，也是沿用中國的時憲古法。七、日名也用干支。每年每日均上承遠古的日子，順序而賡續紀之。上溯至殷朝約有三千二百年，共有一百二十多萬日，正如一條長繩，保存我中華古國的悠久文化之繼續性，永不中斷。故古曆法專家董作賓對於天曆之評論有認云：「干支紀日，是中國文化的菁華，是應該表彰的」（見《天曆發微》）。這實優於民國紀元之徒採西曆而不用干支的曆法。其保存與維護中國傳統文化之偉蹟於此最顯。八、每年廿四節氣，均有一定日期，——每月初一及雙月十六，單月十七日，既易於記憶，又極利便於農民耕種，法至善也。每月開頭為節，中間為氣，不同於朔望月圓月缺之「太陰曆」（如年年正月元旦是立春，十七日是雨水）。這是根據中國文化古代的「太陽曆」之用「恆氣」而不用「太陰曆」之「定氣」，乃用固定日期為新曆法之骨幹。九、天曆另有一特殊優點；即：從前時憲書（通書）所有時日吉凶生剋等迷信成分一概革除。董作賓教授評曰：「將一切迷信一舉而廓清之，真可謂二千年來歷書上一大快事」（見同上）。這充分表現太平天國之革命性及其對於中國傳統文化之改革與貢獻。十、因宗教關係，採用西曆之禮拜日，落在星、房、虛、昴四日。此折衷中西文化之舉也。（按：天曆亦有錯誤，茲不贅述。以上詳看《典制通考》上冊「天曆考」。）

（五）社會方面

數千年來，中國傳統的文化皆男尊女卑。男女平等是太平天國文化之至大特色，而充滿革命性者。須知，這是基於人人皆為天父兒女之教理，故男女人格尊貴而榮耀，人人平等。上文指出其均田制是男女平等受田，但只是理想的而未曾實施的原則，然在其他政制中則在在可見此原則之實現。茲略舉如下。其官制中有女官，高至丞相階級。不過，這仍在宮中、女館、及少數在軍中（如蘇三娘等）而未普遍設置。後來則添置六等女世爵，曰「女貞姜」、「女貞安」、「女貞福」、「女貞燕」、「女貞豫」、「女貞侯」，與各男世爵平行，是真男女平等矣（見八年「太平禮制」）。此制度為歷古所未見，外國雖有女世爵，仍不及天朝之完備留。

（按：傳言，其科舉制度，男女開科，有女狀元等，殊不確，恐因其時女子識字能文者無多，故弗及。）

在社交上，一反傳統風俗，女子公開露面，禮拜、活動、及交際，亦與男子平等。中西人士常見太平軍女子佩刀騎馬，馳騁街上焉。

然所當注意者，女子的社會地位既與男子平等而其所盡義務亦與男子平等。緣粵桂客家婦人不纏足，壯健強勇如男子，常一同操各種生活工作。太平軍初期轉戰桂湘，屢受強敵困迫而突圍，女子也同樣執戈作殊死戰。觀天王降詔有「通軍男將女將」，「男將女將盡持刀，同心放膽同殺妖」之語可知（見「天命詔旨書」）。由是直至打到天京以後，所有婦女，無論「老姊妹」、「新姊妹」，一律參加戰爭，或製造戰具，或上城助守，或當戰事緊急時上陣拒敵，與兄弟們比肩作戰。其他女子亦要分當各種工作。在革命運動中，女子也擔負責任，故匹婦得與匹夫享受平等待遇。凡此皆中國傳統文化所無者。

多妻之習，為吾國傳統文化中之惡劣制度，太平人物繼續行之。這是歷史的確鑿事實，不能為之諱，亦不必為之辯。但我們只可為之解釋，為甚麼他們繼續行此惡習、還要說明他們多妻制中之特異點。歷數千年來，自黃帝、堯、舜而後，多妻制在吾國帝王及富人家所常見。人咸相信這是貴族富族男人所應享之權利，不是不道德的。直迄今日，此惡風仍未能盡革。又何能以現代文明社會的道德標準，來衡度一百年前的太平人物，而謾罵為玩弄、污辱、蹂躪女性呢？然而不可不知，他們的多妻制度中，卻有特殊點，與古人今人大不相同的。第一、他們的道德觀，本來以姦淫為最大罪惡，犯者處死刑。然姦淫只限於苟合（和姦），或強姦，而凡經正式手續、舉行結婚典禮者，即成為合法的夫婦，無論娶女子若干人。第二、他們廢除妃嬪妾媵的名稱。王者所娶的統稱「娘娘」達官者統稱「貞人」。無論有妻多少，一律與正妻身分平等，在宗教上同為天父之媳婦，夫妻相待為兄弟姊妹。第三、在他們看來，也無背基督教道，因《舊約》明載有許多是娶多妻的。《新約》亦無禁多妻之明文。即梁發之書也未嘗教人只娶一妻，或普遍反對納妾。他們實不知基督教會自來反對多妻之制的。第四、他們只有上層階級行此制，而下級則仍只一妻。據幼主供辭，天王後宮有王娘八十八人，比之前代帝皇之後宮，尚算謙遜得多了。

自九年干王洪仁玕秉政之後，天朝從此以至末期即規定婚姻制度，設「婚娶官」司其事，為行政之一端。結婚者發「龍鳳合揮」（即結婚證書）。由宗教官或主管官主婚，簽證婚約。在這一方面，太平天國的新文化，實優於中國傳統文化，差足媲美西洋文化了。（以上詳看《典制通考》中冊「女位考」）

無論那一國家，民族之傳統文化，難免有種種頹風陋俗之遺傳，其年代愈老者遺傳愈多。中國傳統文化不能為例外。如迷信、多妻、男尊女卑等，前文已提及。此外，女子纏足有千年（南唐李後主）甚或二千年（《史記》「貨殖列傳」）歷史。殘賊婦女身體，不合人道，莫此為甚，實為世界上中國文化所獨有之惡風。天朝嚴禁之；已纏者強迫解放，幼女未纏者不許再纏。他如鴉片、娼妓、奴婢、賭博等等社會害惡，均一律廢除或嚴禁，誠善政也。

（六）文化方面

科舉有千年以上之歷史，為中國傳統文化之重要的一端。太平天國奠都天京後即如前舉行。分三級。一、京試，取三甲：狀元、榜眼、探花；二甲翰林，三甲進士。二、省試，取舉人。三郡試，取秀才。中式者，各授官階有差。其下各縣取重生。其考試制度有三特點：第一、天王、東王、北王、翼王，在京各自開科取士，分別名曰，「天試」、「東試」、「北試」、「翼試」，待遇相同。其次，考試試文題，不出自經籍，惟出自太平官書。惟詩文一般體例如舊。其三、凡赴考士子均由公庫支給川資，入場後供給膳食及用品。其入京會試者更備舟車送考，至則招待於翰林院。膳食供應飯菜、糕品，以及日用品如蠟燭等，至完場為止。（見張德堅：《賊情彙纂》、張汝南：「省難紀略」、「士階條例」及《太平天國史料叢編簡輯》之「自怡日記」。）以上各級考試，文武分場，分期舉行，待遇相同。如此優待赴考者，不特中國文化史所得未曾見，恐全世界各國亦無之，豈非太平天國新文化之獨特的優越點乎？（干王曾改革考試制度，看「士階條例」，茲不及。）

禮賢下士，尊敬讀書人，向來是中國文化之高尚的風氣，尤其是居上位者之理想的措施。太平軍全體官兵將士，皆實行之。大抵因為他們大都是出身寒微或倔起行伍，不通文墨，必要文人為助之故。凡遇到，或俘獲讀書人，特別是能寫字作文的，一律加以優待，稱為「先生」，免穿軍服及免受他種約束，食宿優異，視如上賓，令掌文書，十分敬重。以故，大亂十餘年，兵燹災區蔓延十餘省，而讀書種子得以保存。猶且到處出榜招賢，設館處之。凡有一技之能、一得之長，均予重用。真可稱為求賢若渴，愛才如命，亦一文化異彩也。（看《典制通考》上冊「科舉考」頁二七九—八五）

關於文學，太平天國之公私文字體裁，也有革命性的新制。一、文加標點，甩圈點符號於每句每讀。二、行文尚淺白暢順，時加入白話、俗語、甚或粵桂土話、隱語；禁用艱奧晦澀之文與字，務期通俗化。此為應用文，但八股、駢體、舊體詩不禁。三、不用典故，尚白描。四、文尚紀實，注重真實內容，句語務須切實，革除空洞無物、豔麗虛浮之作。以上亦為對中國文化革新之一端，足稱為現代文學革命之前驅。（同上頁三〇二）

在吾國文化史中，每朝文風自有其突出之特色，如漢賦、唐詩、宋詞、元曲，明八股（小說）、清小說。太平一朝，雖短短十餘年，亦自有其文學之特色，即對聯是。凡官方建築物，上自宮殿以至最下級之官署館舍，均以官銜銜名各字分嵌聯語中，引經據典，雕琢甚工，亦奇蹟也。（同上書「宮室考」頁二五〇—五九）

印書工作，為天朝最注重之要務之一。起義後二三年間已有官書數種印行。定鼎天京後，更擴大工作，添置「典鐫刻」特署，專司印刷各種官書。揚州向多刻印書籍之手民。太平軍既克其城，即盡徵刻印名匠入京工作，不敷則另從六合徵募補充。至同治三年（一八六二），共印成官書不下四十三種，今存者卅八種。尚有「改定四書五經」，及天王御製《字義》（字典）、《詩韻》，未刊行（看拙著〈五十年來太平天國史之研究〉頁二五七—五九）。在中國歷史中各朝開國期間、天下未定之前，印書之多無足與匹者，亦文化異彩也。

關於藝術，太平天國雖無新創作品，而對於中國傳統文化此一重要成分，仍能注重及充分發展，如各王宮殿之建築，胥徵用各省名匠為之，壯麗堂皇，足媲美北京宮殿。其舊有之雕刻、繪畫、刺繡，亦儘量保存及發展。揚州畫家素以壁畫著，皆為徵用，在天京及他處為各王府多事繪製，迄今仍有存留者。又多用名畫師，在各王府中專司保管從各方所得之字畫。此其保存、維護、及發揚中國傳統文化之功有足多者。（看「太平天國藝術」）

（七）革命新政

自九年（一八五九）洪仁玕由香港到天京，即膺封精忠軍師干王，執掌朝政。天朝政治與文化，又進入一革新的、更優的一階段。干王為天王族弟，初未隨軍北上，惟在香港上海從外國教士遊多年，得見西洋精神文化及物質文化之多方面，成為多才多藝、學識淵博之政治家，高出天朝及清朝諸人之上。（曾國藩等不懂西洋文化，故云。）彼個人於中國文學、經學、哲學、醫學、兵學等傳統文化之各方面均有深邃的造詣。更因與外人交遊，在教會工作，及在港滬觀察有得，故於西洋文化各方面如神學、曆法、政治、經濟、社會建設等亦有淵博的研究。登臺未久，即精撰《資政新篇》進呈。這是建國施政的大綱，亦太平天國新文化的精華，其內容大要歸納如下。（一）屬於政治建設者，有厲行中央集權，徹底澄清吏治，嚴禁朋黨舞弊，實施地方自治，實行會計獨立，創設民意機關，發展新聞輿論，保障個人利益，舉辦郵政制度

（沿用「書信館」名稱，這是香港舊用名詞，今日仍有人如此稱之，可見其受香港政治之影響），特准外人通商，傳習外人技藝，改良收稅制度，改善囚犯待遇，推行軍事教育，等項。（二）屬於經濟建設者有製造輪船火車，獎勵技藝發明獎助開發礦產，鼓勵民營銀行，頒發通行紙幣，興辦水利事業，建築全國道路，取締屋宇建造，興辦保險事業，等項。（三）屬於社會建設者，有提介教育事業，倡辦慈善機關，禁革頹風敗俗，破除偶像迷信，設備醫院衛生，保護兒童婦女，實施社會救濟，教養殘廢孤寡，痛貶人民惡習，崇尚科學發明，等項。以上所陳，大都是接受、採擇、及介紹西洋文化，特別是物質方面的，以與中國文化溶合起來的。天王親閱親批，多以為可。然因天下未定，又格於勳臣武將之掣肘阻撓（忠王李秀成是其中之魁首），此計畫大綱終未得實施，只留傳至今作為太平天國政治革命，亦是太平天國新文化之建設藍圖而已。除這理想的大綱之外，干王在可能中仍實施了多種改革與建設新猷，已見前文。其貢獻於太平天國革命運動之偉大而重要，尤其在文化方面在南王馮雲山而後，僅見此擎天一柱而已。（按：忠王既無建國大計畫，而於軍略戰事錯謬甚大甚多，誤國至甚，遠比不上干王，茲弗及詳論。）

五、結論

由以上全篇的研究，我們對「太平天國與中國文化」這個歷史大問題，可作以下的結論：

（一）太平天國不特不是沒有文化，而且因其極端注重文化（非徒武力革命），故而饒有文化，在在充分表現於其創製的典章、文物、制度中，而為吾國革命歷史中在同樣開基創業、天下尚未統一時期，所得未曾見者。

（二）太平天國不特沒有廢棄或摧毀中國傳統文化，反而極端尊重之，維護之，保存之，發揚之。許多典制、文物之製作是直接根據古代文化而成的。歷來之以此為題而攻擊之、反對之者，實由於不知史實，不明真相；或別有會心，等於無的放矢。然亦厚誣彼努力奮戰、愛護民族、以求恢復大漢江山之太平人物多矣。

（三）太平天國之於中國傳統文化，不是全部承襲，並非「復古」而是「稽古」。依照他們的宗旨、標準、與需要，淘汰其渣滓，甄別其優劣，選擇其精華，運用他們的知識與才智，經過苦心的鍛鍊，復循著混合、折衷的途徑、辦法、與程序，而創造新文化。在甄別與選擇時，中國傳統文化中為今人所視為惡劣的幾種成分盡被革除，但有些又被保留。

（四）太平天國前後期均接受及吸收西洋文化，包括精神（宗教）與物質各方面，以建設中西折衷、新舊和合的新文化。

（五）太平天國的新文化有幾端是完全新創、中外古今所未嘗有的（如天曆，優待應考士子，田稅五畝起抽等）。

（六）太平天國新文化之創造，是在數千年中國傳統文化的歷史中，一班先覺先知的進步分子之勇敢的、革命的新試驗。夫唯如是，其內容、方式，在百年後的現代人視之，當然有不盡如人意之處。此大概尤其選擇的標準與今人有相歧之點之故，或亦因其實施新文化之手段與方法，容有偏差、錯誤、幼稚，或求治心切、操之過激之處。然而他們建設新文化之目的、方針、途徑、程序，即是保留傳統文化之精華而淘汰其糟粕，接受及吸收西洋文化、現代文化之優越成分以創造折衷的、適合國情與需要的新文化，大致是正確的，大足為我們今日復興中華文化借鑑取資的。試觀，今之主持中華文化復興運動者，豈非明定不是「復古」而以「倫理、民主、科學」三者為基要元素嗎？其三分之二是西洋文化的精華，又豈不是與太平天國的新文化在原則上正符合嗎？末了，太平天國以基督教立國，但儘量容納儒道於其中，然則我們今日在宗教自由的國家中，為甚麼不於儒學之外儘量容納基督教以至莊、老、墨、管、……諸家，甚至禪學之精華，以充實我們復興的中華文化在倫理方面之內容呢？

民五六、三、五、脫稿於九龍猛進書屋

（以上全篇曾在臺灣《大陸雜志》民國五六年第三十五卷第一、二期發表。）

再論
太平天國與中國文化

吾國現代史家之不同情於太平天國者，非以此革命運動為無民族主義，則以其摧殘中國文化，前文已根據事實，詳錄文件，一一辯正，無庸贅言。然最近又得閱一種反太平天國之特別論調，竟以太平天國興漢倒滿之民族主義，違背國族觀念，為其失敗之基本原因。並以吾國「正史」包括歷代異族入主中國者之歷史以為論據，猶且引清代凌廷堪之史觀（詳下文）以為證。另引時人以中國不曾亡於蒙古及滿洲，而元之滅宋及清之滅明，不過吾國政權與朝代之變易，等於歷史中內部之轉朝而已。此種論調之辯據，大概以為在中國疆土內全體人民向來原是一個國族，無華夷之別；其在歷代侵略中國之邊疆部族，皆是國族中之一家兄弟也。誠如是，則蒙古滿洲之入主中國，不是以異族滅亡我華夏漢族，卻是為中國開彊拓土，功德極其高大的了。持此說以尚論太平天國，無怪乎以其民族革命毫無理由，毫無價值，由是而引起一般抱持華夷不辨之國族觀念者之反對，卒至失敗了。照這樣推論下去，則曾國藩等之敵對及攻滅太平天國而支持滿清，反是合情，合理，合法的了。再根據此說而回溯吾國二千年歷史中之一概攘夷禦外、救國保種之種種民族運動與民族英雄，其價值與意義亦盡失掉，而我們全部國家民族的歷史觀，非被推翻而完全改變不可。嗚呼！些真聞所未聞、謬誤怪癖之論，影響於國人對民族國家之觀念者甚大，而且亦不符於史實者，烏可不辯？

粵自孔子著《春秋》，揭出華夷之別、夷夏大防之保種衛國的民族大義，如天經地義，昭示後世，二千年來我中國人無敢背道而馳焉。或有引孔子「微管仲吾其披髮左衽矣」之語，而強解春秋大義只限於文化上文野之分而並非民族華夷之別者。然所謂「披髮左衽」實指中國淪亡於夷狄後習俗禮制概被變易之徵，猶之滿清既亡中國強迫漢族之薙髮垂辮改易滿服也。是故孔子此言即是盛稱管仲使中國不亡於夷狄之功。試細味「內諸夏而外夷狄」，「攘夷狄而救中國」之宗旨則知其明指內外華夷之別，非徒文野之分而已。在歷史中，若周之獨狁，秦漢之匈奴、西域，晉之五胡（匈奴、羯、鮮卑、氐、羌），隋唐之西域諸國（如突厥、吐谷渾、契丹、大食、吐番、回訖、龜茲、高昌等）以及東方之琉球、高麗、倭（日本），以至宋之契丹、西夏、金、蒙古，降至明代之滿洲，既稱其為「邊疆部族」，則非中國本土之漢族可知。在事實上，一一各自有其血統文化之種族源流，亦一一各自有其獨立國家政治組織，而確為我華夏中國大漢民族之外，常與我國相敵相仇之異族異國。昔唐太宗於統一全國，懾服四夷之後、自可在政治上作「朕視天下如一家」之豪語，但事實上天下多異族異國，何嘗是「一家」？吾國人亦從未有視其為一家兄弟之親，如傳統的說法所謂「屏之四夷，不與同中國」是也。即在歷史中、凡有此等邊疆部族侵略我國我族，或有佔據部分國土，或有佔據全國成立政權、自建朝代如宋之蒙元、明之滿清，分明是異國異族之侵略行動，亡我中國，奴我漢族，（等於疇昔日本之併吞琉球，滅亡高麗，佔領臺灣，）殊不能視為同一國族中兄弟鬩牆之內戰（有如曩年軍閥爭地盤），分明是國與國之國際性的戰爭（等於上次之中日大戰），而由戰勝者擴充其本國本族之疆土與統治權於我國而賤視我漢族為被征服之奴隸。假如當年日本佔據了我全國，我同胞將可藉口「同種同文」視同為「國族」，而俯首貼耳，臣服於「東亞共榮圈」中，不作抵抗以圖復國乎？若反而歌頌其擴大中國之功德，誠不知是何居心矣。然則古今來，我國同胞，凡遇異國異族之侵略，或佔據、本於春秋民族大義以攘夷復國，正是合情、合理、合法、忠義英雄之舉，又何能視為狹隘的民族思想而違反國族觀念耶？矧「國族」名辭與觀念，在滿清既倒、民國成立後，乃得流行，表示「五族共和」，聯合漢、滿、蒙、回、藏、為一中華大國族。若謂百年以前遠至秦漢，包括所有中國本土外之蠻夷戎狄同為一「國族」，得毋貽時代錯誤之譏乎？至謂二十四史包括異國異族入主中國局部或全部者之歷史同列為「正史」，則以國猶是中國也，史猶是中國史也，當然不能視為外國史，不過是異國異族滅亡中國、主治中國之痛史而已。此仍不能為國族觀念之論據明甚。

所可惜者，自漢以後，千年來歷代雖有民族英雄輩出，其保種衛國之偉跡昭影於史冊，而春秋大義、華夷之論乃漸被忽略，幾歸息絕。遠在漢代，經生捨義理而尚訓詁。魏晉以還，釋道玄學盛行，儒學衰微，而春秋大義不著。以至兩宋，儒家則倡理學，重綱常，鮮有提倡戎狄是膺，夷夏大防之大義者。吾人今日捧頌岳武穆、陸放翁，文信國，鄭所南等等愛國詩詞，能勿唏噓嘆息其雖能保存正氣，淚濺胡塵，無如大勢已頹，莫紓國難，終無以挽回國家民族淪亡之惡運耶？（陸放翁有「遺民淚盡胡塵裡，北望王師又一年」句。鄭所南《心史》有「誓以匹夫紓國難」句。）

歷史鐵定的事實，蒙元之覆宋，為我國漢族全部滅亡於異國異族之第一次。乃有程朱嫡系之偽儒輩如許衡（仲平，魯齋）。藉口保衛儒家道統，屈膝仕元。當其應召赴都，有謂其一聘而起，無乃太速者，則自作解嘲語曰：「不如此則道不行」（見《魯齋全集》卷六之末）。及其得高位，論朝政，則上奏立國規模云：「考之前代，北方奄有中原，必行漢法，可以長久。故後遼金能用漢法，歷年最多。……國朝仍處遠漠，無事論此。必治今日形勢，非用漢法不可也。」因其不辨華夷，忘讐媚外，但求異族保存綱常道統，便不憚力助其長久宰治中國漢族。此則以後五百年一般偽儒輩，側重傳統文化而不惜犧牲民族國家的生命之邪說之嚆矢也。

後來，清初呂留良評論云：「所謂朱子之徒，如仲平（許衡）、幼清（吳澄）、辱身枉己，而猶哆然以道自任。天下不以為非。此道不明，使德祐（宋季端宗帝㬎）以迄洪武，其間諸儒失足不少。」蕭公權曰：「豈不知蒙古未嘗一日同化於中國？何況夷夏大防，又非同化一事所能打破乎？」又曰：許衡「用夏而未能變夷，奉夷卒以凌夏」（上引自蕭著：《中國政治思想史》卷五頁六四三，卷六頁六〇六，卷四頁五三四），洵是的論。究其極，彼偽儒輩不過藉口維護文化，保存道統以為一身一家之功名利祿以及士紳階級之特殊利益計耳（統見前文）。此則「文化漢奸」之惡諡所由來也。

及明太祖朱元璋倔起，乃本著春秋攘夷救國之民族大義，傳檄中原曰：「自古帝王臨御天下，中國居內以制夷狄，夷狄居外以奉中國，未聞以夷狄治天下也。自宋祚傾移，元以北狄入主中國。四海之內外，罔不臣服。……然達人志士尚知冠履倒置之嘆……當此之時，天運循環，中原氣盛。億兆之中當降生聖人，驅逐胡虜，恢復中華。立綱陳紀，救濟斯民。……予恭承天命，罔敢自安。方欲遣兵北逐群虜，拯生民於塗炭，復漢官之威儀……蓋我中國之民，天必命中國之人以安之，夷狄何得而治哉？」、「此檄詞旨激揚，實為二千年中創見之民族革命

宣言，而亦中國最先表現之民族國家觀念。」（以上引自蕭著卷四頁五三四）

自是而後，有明一代，春秋之民族大義昭著。先有方孝儒尊正統、別華夷之論，引申太祖檄文遺意，發揮春秋大義，至為透闢。其後，復有大儒陳白沙（獻章）先生繼起，從道學家眼光，發揚春秋攘夷之說，屢見於詩文。如〈親書趙瑤絕句刻於崖山石上〉云：

忍奪中華與外夷。乾坤回首重堪悲。
鐫功奇石張弘範。不是胡兒是漢兒。

又有表現濃厚熱烈的民族思想之詩多首，如：

夷狄犯中國。妻妾凌夫君。
此風何可長？此恨何時申？（〈寄賀柯明府建三忠廟於陽江〉）
瞬息人間三百年。尋常興廢不須憐。
羌胡此賊真無賴。中國何年壞守邊？
信國不來知有罪。魯齋當仕豈忘天。（簡按：前人有釋此句者曰：「蓋不欲其屈身於元以乖春秋之義也。」）

太空不語乾坤病。萬歲千秋老淚漣。（〈次韻孫御史擬弔　〉）

宋若早梟奸檜首。乾坤何得有行宮？
三閩四廣成虛語。金虜胡元盡下風。
結纓他日悲丞相。躡履何人識魏公。
到此輸贏如反掌。厓山猶自紀元功。（〈宋行宮〉）

天王舟楫浮南海。大將旌旗仆北風。
義重君臣終死節。時來胡虜亦成功。
身為左衽皆劉豫。志復中原有謝公。
人衆勝天非一日。西湖雲掩鄂王宮。（〈弔厓〉）

又於厓山「大忠祠」落成，高標「大忠」匾額之義云：「國滅臣死，歷代之常。堂堂華夏，夷狄據而有之，非常之變也。遇變而死，為君義也。為中國死，內夏外夷，春秋大義也。大之者，謹之也。文山（文天祥）、與張（世傑）、陸（秀夫）同祀，匾曰『大忠』，謹書法也。」（「與王樂用僉憲」）

又有絕句曰：

有廟於此昭臣節。吾昔大書吾腦熱（按：「大書」指上言「大忠」匾。）
天冠地履華夷別。萬古不使綱常滅。（「與世卿同遊匡山作」。）

其發揚民族大義如此，固黃鐘大呂之音、石破驚天之論、不特於宋明理學書中得未曾聞，即自《春秋》而後二千年來文學中所罕見者。是真儒學正宗之傳，華夏國魂所繫而堪為百世師者也。

至明末，滿洲人乘我國大亂，驅八旗之師入關，竊據中國。考滿人本為異族異國，自有其獨立的種族原始與建國歷史，而不同於我華夏漢族。史實彰彰，不可掩飾，不可強辯，謂非亡我中國，奴我漢族，其可得乎？其間，雖先後有文武漢奸，或開門揖盜，引狼入室，或認賊作父，事讐為君，而仍有不少忠肝義膽之志士，不肯屈膝於胡清，或力圖匡復，壯烈殉國，或隱居泉林，保存氣節。至康熙間，更有遺民學者如黃宗羲（梨洲）、王夫之（船山）、顧炎武（亭林）等、著書立說，發揚民族思想。春秋大義賴以傳播。華夏國魂，竟不能滅。黃氏之《明夷待訪錄》，盛昌人本、貴民之說，雖未明言攘夷之論，然當其於康熙已未送萬季野至京師，則戒以勿上河汾太平之策。可見華夷之別、亡國之痛、復國之願，固未嘗一日忘也。顧氏嘗六謁孝陵，五謁思陵，拒受清命，堅不出仕。其《日知錄》（卷七）之「管仲不死子糾」一條有云：「君臣之分所關者在一身，華裔之所防繫者在天下。故夫子之於管仲，略其不死子糾之罪，而取其一匡九合之功。蓋權衡於大小之間，而以天下為心也。夫以君臣之分，猶不敵華裔之防，而春秋之志可知矣。」又盛稱其「尊周室存華夏之大功。」呂留良（晚村）釋曰：「看微管仲句，一部春秋大義，尤有大於君臣之倫，為域中第一事者。故管仲可以不死耳。原是論節義之大小，不是重功名也」（《四書講義》卷十七）。顧氏尚有「素夷狄行乎夷狄」一條，但題目仍存而全文被刪，原文當有數百言。至謂「有亡國、有亡天下，天下興亡，匹夫有責」之語。「亡天下」實指民族淪亡，「亡國」則僅轉朝換代而已。可見其發揚春秋大義不遺餘力矣。

至王夫之之《船山遺書》提倡春秋民族大義，為最值得注意者。蕭公權評曰；「其論種族，尤為透闢精警，直可前無古人」（同上卷五頁六三六）。又云：「船山所揭櫫者不僅為二千年中最徹底之民族思想，亦為空前未有、最積極之民族思想也」（同上卷五頁六四〇）。船山曰：「民之初生，自紀其群。遠其沴害，擯其夷狄，建統惟君。故仁以自愛其類，義以自制其倫。強幹自輔，所以凝黃中之絪縕也。」（《黃書》「後序」）「智小一身，力舉天下，保其類者為之長，衛其群者為之君。故聖人先號萬姓而示之以獨貴，保其所貴，匡其終亂，施於孫子，須於後聖，可禪、可繼、可革，而不可使異類閒之。」（《黃書》「原極」）「族類之不能自固，而何他仁義之云云也哉？」（「後序」）

以上所陳之民族思想，乃認定民族之自存，為自然的規律，紀群為人類之天性，故政治組織，立君治國，實為保類衛群之必要。是故國家當為民族國家，政權當由本族掌之，異族異國之吞併侵僭，皆春秋大義所不容許者也。至論及中夏衰微之原因，則以為始於秦而成於宋。

其論宋史云：「改易武藩，建置文弱，收總禁軍，衰老填籍。孤立於強虜之側，亭亭然無十世之謀……卒使中區趨靡，形勢解散。一折而入於女真，再折而入於韃靼。以三五漢唐之區宇，盡辮髮負笠，澌喪殘剮，以潰無窮之防。生民以來未有之禍，秦開之而宋。成之也。」（《黃書》之「古儀」）「蓋王道泯絕而春秋之所大憖也。」（「原極」）（憖音印，傷也。）

蕭氏又指出，王氏「拋棄傳統思想中以文化為標準之民族觀，而注重種族之界限，尤為前人所罕發，足與近代民族主義相印證」（同上頁六三七）。如云；「夷狄之與華夏所生異地。其地異，其氣異矣。氣異而習異，習異而所知所行蔑不異焉。」（《讀通鑑論》七）「是故聖人審物之皆然，而自畛其類，尸天下而為之君長，區其靈冥，湔其疑似，乘其蠱壞，峻其墉廓，所以絕其禍而使之相捄。」（「原極」）

是故王氏堅信春秋民族大義以夷夏大防為絕對必要。我中國漢族斷不容異國異族之侵犯。此論有二要義：一曰，中國疆土之不可侵犯（見《讀通鑑論》七、《讀通鑑論》六），二曰，中國文化之不容侵犯（《讀通鑑論》七，卷七）。甚至謂「即使桓溫輩功成而篡，猶賢於戴異族以為中國主。」

王氏之民族思想之最徹底的態度，則為其貴華賤夷之說，蓋其認為中國文化高尚優美，遠非夷狄所可及。我「神明之胄」自當為控御四裔之主人；必求達此目的，不問手段可也。故讚許漢武之討胡開邊。又論漢傅介子誘斬樓蘭王之事。乃曰：「夷狄者，殲之不為不仁，奪之不為不義，誘之不為不信。」「信義者，人與人相於之道，非以施之夷狄。」（《讀通鑑論》卷四)「……殄之不為不仁，欺之不為不信，斥其土、奪其資，不為不義。苟與戰而必敗之也。殄之以全吾民之謂仁。欺以誠，行其所必惡這謂信。斥其土，則以文教移其俗。奪其資而以寬吾民之力之謂義。仁信以義，王伯之所以治天下，匡人道也。」(《春秋家說》卷三中，「昭公」一)

最後，王氏對於歷代出賣民族、忘讐媚外的漢奸，深惡痛絕，嚴詞責罵，得未曾見，至稱為「小儒」，「小人儒」，甚且指斥為「禽獸」，以其「趨利而忘義」。所謂「義」，蓋指「古今之通義」也(《讀通鑑論》卷十八)。其以桑維翰為絕不可赦之民族大罪人曰：「石敬塘之反……維翰急請屈節以事契丹……稱臣割地，授予奪之權於夷狄。……於是生民之肝腦，五帝三王之□□禮樂驅以入於狂流」(同上卷十三)。其後，繼契丹而起則為女真(金，即後之滿洲)、蒙古，禍亂無已，「人胥為夷」。「禍及萬世，則萬世之罪人；自生民以來，惟桑維翰當之」(同上卷卅九)。又斥許衡標榜「用夏變夷」，投降蒙元，是助其竊中國「道統」，「違天而毀人極」(即「夷夏之防」)。其實則徒為個人之目的，「挾詩書禮樂以為寵祿之資」，「公然忘君父而不恤」，真「可賤而又可鄙」者矣。(分見同上卷十三、十五、十八)。

嘗追尋王氏民族思想之淵源，則不能不溯至陳白沙先生。饒宗頤曰：「王船山於白沙詩最為服膺，《薑齋詩集》卷四、過半為和白沙之作？……船山最能體會白沙高夐之真精神，曠世相感，尤值得扶發者也」(饒著：〈陳白沙在明代詩史之地位〉，未刊稿)。嗚呼！「問渠那得清如許，為有源頭活水來」。源頭何在？活水何來？遠則孔子之《春秋》，近則白沙先生之詩文也。（尚有名學者呂留良、閻爾梅反清詩文，不備錄。）

自是而後，滿人施用種種壓迫方法，屢興文字獄，務期壓絕我漢人之春秋民族大義，於是乎民族思想日漸消沉。又有偽儒輩不惜曲學阿世，取媚時君，倡為種種謬說，以推翻我中國二千年傳統文化之春秋大義，而為滿清統治我國我族撐持。若乾嘉間之凌廷堪（次仲）其「始作俑者」乎！凌氏以進士為寧國府教授，治禮治史，聲聞於時。然其論史則譏宋儒之主嚴辨正統者為「賤儒」，及盛倡貴夷賤華、外夏內夷、大反春秋大義之說。如謂：「靖康之時，不幸而用李伯紀；紹興之際，幸而不用胡邦衡」。其於秦檜、史浩，皆力持平反。又深惜元人不能重用擴廓，付以恢復之事，遂令明祖坐大而有天下。又謂「尼父之作春秋，亦書荊楚；左氏之撰國語，不遺吳越」。對於范長生、陳元達、張賓、王猛諸人，若不勝其仰敬之私。又為「十六國名臣補贊」，旁及慕容恪、符融、目之為宗賢。其立論如此，足稱為許仲平（衡）之嗣響，無怪其自號「次仲」矣。其最為顛倒是非、荒謬絕倫、而遺臭後代者，則為其所作之「學古詩」，詩曰：

史以載治亂，學者資考究。
胡為攀麟經，師心失所守。
拘拘論正統，脫口即紕繆。

拓拔起北方，征誅剪群寇。
干戈定中夏，豈曰無緩受？
蕞爾江介人，弒篡等禽獸。
荒淫一無可，反居魏之右。
金源有天下，四海盡稽首。
世宗三十年，德共漢文懋。
南渡小朝廷，北面表臣構。
奈何紀宋元，坐令大綱覆。
兔園迂老生，永被見聞宥。
安得如椽筆，一洗賤儒陋。

（《校禮堂詩集》卷五。以上引自錢穆：《中國近三百年學術史》下冊第十章頁五〇九—六〇）

蕭公權闢斥其謬說亦至為痛快淋漓，足以伸兩間正氣，存春秋大義，若曰：「凌氏論史，重治亂而輕種族，其立場恰與方孝孺、王夫之、呂留良、戴名世等相反。凌氏嘗謂『尼父之作春秋，……云云』（見上引）。聖人古史不排夷狄，則後儒以種族定正統者，皆當駁斥。凌氏以詩述其主張（見上錄）。本此見解以論史，凌氏於異族政權每加擁護，異族功臣每加讚許，而六朝以後之漢族政權一致加以蔑視詆毀。如五胡十六國之『漢奸』張賓、王猛，均受稱許；南宋主和之秦檜、史浩悉為翻案。惜金不滅宋，歎元亡於明。凡此驚人之賤華貴夷論，清世宗《大義覺迷錄》對之當猶有遜色。昔戴名世與人論修史之例，謂當以康熙元年為定鼎之始。世祖雖入關十八年而明祀未絕。（簡按：康熙元年永曆帝始崩。）循蜀漢之例，順治不得為正統。今凌氏乃至欲摒南明、南宋於正統之外，以為魏金騙徐。縱非有心取媚滿洲，而『認賊作父』，究為其學識之一玷。」（同上卷五頁六五九—六〇）

儘管漢族內偽儒輩之曲筆詭辯如何說法，春秋大義華夷之別，終不能湮沒。即使滿清歷代君主自己亦公開承認是異國異族，大別於華夏漢族。於茲不能多所引出，只錄數條以為實證。皇太極崇德元年（一六三六）以金世宗事諭諸王貝勒大臣，略謂世宗戒子孫，勿效漢族。後君不尊，遂至滅亡。『我國（滿洲）士卒，初有幾何？因嫻於騎射，所以野戰則克，攻城則取』（引自蕭一山：《清代通史》卷上頁二二）。雍正二年，吉林官吏請建太廟、立學校，教滿漢子弟讀書應考。世宗諭曰：『我滿洲人等自居漢地，不得已而與本國之習俗日相連。惟烏喇（吉林）寧古塔等處兵丁不改易滿洲本習（中略）。本朝龍興，混一區宇，惟恃實行與武備，並未嘗博虛文、事粉飾。然則我滿洲之實行不優於漢人之文藝、蒙古之經典哉？』（引自稻葉君山：《清朝全史》，漢譯冊二，頁四八）雍正間所刊行之《大義覺迷錄》，原為斥駁呂留良等之高倡民族大義者，有謂：「蓋生民之道，惟有德者可以為天下之君」，「何得以華夷殊視？」是立論以為立君在德而不在擇地。又謂「本朝之為滿洲，猶中國之有籍貫。舜為東夷之人，文王為西夷之人，曾何損聖德？」又謂「至於我朝之於明，則僅隣國耳。」（雍正七年九月上諭見弁首。）可見其不得不承認滿洲是異國異族之事實，不過牽強狡辯以為即使夷狄有德者亦可為中國漢族之君而已。此則拾中國古代以文野而不以地域種族分別華夷之舊說與宋明理學家君臣綱常之偽說之牙慧，但究竟理屈詞窮，不能自圓其說，而春秋別華夷之大義，欲蓋彌彰，此所以其子高宗甫立，即禁止《大義覺迷錄》之流播，時在雍正十三年之冬，猶未改元「乾隆」也。（見《東華錄》）

至於攘夷救國之春秋大義，雖上層社會士紳儒生噤若寒蟬，民族意識日趨消沉，惟經明遺老及忠臣義士而透入下層民眾之祕密會黨，如天地會（即三合會或「三點會」）則繼續傳播，絕不受偽儒輩邪說之影響。保種復國之精神常得保存。如「天地會」有「三點革命詩」及「包頭詩」（見羅爾綱：《天地會文獻錄》頁三七）曰：

三點暗藏革命宗。入我洪門莫通風。
養成銳氣復仇日。誓滅胡清一掃空。

紅巾一條在手中。包在頭中訪英雄。
招集五湖並四海。殺滅清朝一掃光。

又於嘉慶十九年間，江西有洪門義士胡秉耀等起義反清，事敗被擒。秉耀在獄中作絕命詩四首致巡撫阮元（見蕭一山：《清代通史》新版三冊頁二）曰：

（一）

能解春秋有幾人？漫將劉備作黃巾。
讀書怕見東林傳。為有儒生入貳臣。

（二）

南渡詞臣說彥章。筆鋒能抑亦能揚。
為憐未解金人禍。草制徒工殺李綱。

（三）

幾多豪傑輔元胡。富貴人生不可無。
論古且看明代史。因何文廟貶姚樞？

（四）

讀書萬卷桑維翰。五代雄才有幾人。

惟向胡兒輕屈節。何如鄭邑鐵將軍。

以上祕密會黨各詩，復漢反清的春秋民族大義，活現楮上，華夏國魂、忠義正氣，常留天地間，足見人心不死，所謂「禮失求諸野」，非歟？

尤甚注意者，則以異國異族之日本人士，亦一體承認華夷之別。如四方赤良（即「風流狂士蜀山人」，一七四九—一八二三）在其詠鄭成功戲作中，竟有「忠義空傳國姓爺（成功賜姓朱，日人以此號稱之）。終看韃靼奪中華」之句（見朱嘉：〈鄭成功在日本〉載一九六八年五月廿四日香港《華僑日報》轉載中央社特稿）。奈何中國漢族中，反有不承認華夷之別者耶？

及太平軍興，高標復漢滅滿之大宗旨，實行民族革命。洪秀全、馮雲山、楊秀清、石達開、羅大綱（原「三合會」魁）等，領導人物，均深受祕密會黨之影響與前明遺老之民族思想之薰陶者。其後期之領袖洪仁玕更明白揭出春秋攘夷之大義。（詩文已備載前篇。）現代著名史家多認識太平天國為民族革命而稱頌之。如蕭公權論曰：「滿洲入主，以東胡異族，重建統制華夏之專政權」（上引書卷五頁五九六）。「太平天國含有民族革命之意義實無可否認。（下引東王西王檄文略。）……檄文之主旨如此。以較朱元璋之諭中原，詞氣激揚，殆無遜色。吾人如謂朱檄為中華民族革命之第一聲，此足為其鏗鋐之嗣響」。（同上頁六六四）

錢穆謂「然而他們（洪等）已與乾嘉以來屢次的變亂不同：他們能在中國近代史留下一頁重大的影響，正因他們能明白揭舉出種族革命的旗號」。（錢著：《國史大綱》下冊頁六一四）又曰：「元代異族入主，乃以胡人而統治全中國。明室光復，但清代又是異族入主，又是以胡人而統治全國」。（見錢著：《民族與文化》頁十一）。是春秋華夷之別也。

蕭一山則曰：「以民族主義而另建新朝，以宗教革命而除舊佈新，此秀全之基本態度也」（上引書頁六二）。「此檄文（見前文）……重在排滿，未多倡教，用語頗類明太祖之討元檄文，可見太平起義，仍以民族主義為號召，與天地會之反清革命如出一轍也」（同上頁七三）。又論及洪仁玕之詩文（見前文）則曰：「太平天國之革命思想，無疑乃出之於民族主義」（同上頁二九六）。再則曰：「實則洪氏之可稱者，惟在實行民族革命一端。天地會所創之大業，賴洪氏以承其緒。雖天國滅亡不旋踵，而民族革命之勢力，不僅未衰，且昌大焉」。（同上頁三一七）

彭澤益論曰：「就太平天國而論，它的目的為『奉天討胡』，『弔民伐罪』，爭取漢民族的解放和在政治、經濟各方面的自由平等，可說是革命的義戰」。（彭著：《太平天國革命思潮》頁八七）（共產黨史家均亦承認太平天國有民族革命性，茲不錄。）

對於太平天國史有專門研究之施友忠氏（美國華盛頓大學教授），最近印行《太平天國之意識形態》（英文）鉅著，研究本題，最為透徹。結論認為「種族問題是太平思想中之一個重要的分子。大概太平人物之得有此種族問題之概念，一方面是由於祕密會黨（三合會）之影響，我們追溯這一觀念遠至孔子」（春秋華夷之別）。「他們（洪等）必由他們（明遺老王、黃、顧等）的觀念而得到大大的靈感。雖太平意識形態與那幾位學者之文字上的直接關係未得見，然因太平人物（干王洪仁玕）曾借用顧炎武解釋舊的考試制度科名之全文，則他們之民族意識是由於那幾位明遺老之靈感不是無可能的。」（Vincent Y.C. Shih: *the Taiping Ideology*, pp. 245, 253, Univ. of Washington Press, 1967）

然而對於太平天國民族革命了解最深而稱許最甚的，不能不推國父孫中山先生。彼不獨洞悉太平人物的思想是源出春秋之民族大義，而且他個人的革命思想與其所領導的、終成大功的、興漢反清的民族革命，是同樣以春秋大義為基本原則的。不特是他個人，幾乎全體的革命同志，殉國烈士，由「興中會」至「中國同盟會」，以及在《三民主義》之「民族主義」，此大義貫徹始終。茲再將國父所發表之思想與理論，儘量錄後。（其他革命黨人之言論，不及備錄。）此為研究此問題者萬不可忽略者也。（以下錄自《國父全書》，民五五年臺灣三版）

一、自傳（民前十五年，一八九七，作於英國）

「乃自清虜入寇，明社圻墟，中國文明淪於蠻野，從來生民禍烈，未有若斯之亟也。中華有志之士，無不扼腕椎心。此僕所以出萬死一生之計，以拯斯民於水火之中，而扶華夏於分崩之際也」。（頁三八八—八九）

二、支那保存分割合論（民前十年一九〇二，八月在日本《江蘇》第六期發表）

「至清朝以異種入主中原，則政府與人民之隔膜尤甚。當入寇之初，屠戮動以全城，搜殺常稱旬日。漢族蒙禍之大，自古未有若斯之酷也。山澤遺民，仍有餘恨，復仇之念，至今未灰。而清廷常圖自保，以安反側，防民之法加密，漢滿之界尤嚴。其施政之策，務以滅絕漢種愛國之心，渙散漢種合群之志，事事以刀鋸繩忠義，以利祿誘奸邪。凡今漢人之所謂士大夫，甘為虜朝之臣妾者，大都人此利祿之牢中，蹈於奸邪而不自覺者也。間有聰明才智之士，其識未嘗不足以窺破之，而猶死心於清朝，其人必忘本性、昧天良者也。今之樞府重臣，對疆大吏，殆其流亞耶？而支那愛國之士，忠義之民，則多以漢奸目之者也。（看下文按語）

夫漢人失國二百六十年於茲矣。圖恢復之舉，不止一次，最彰彰在人耳目者，莫如洪秀全之事。洪以一介書生，貧無立錐，毫無勢位，然一以除虜朝，復漢國，提倡國人，則登高一時，萬谷皆應，雲集霧湧，裹糧景從，一年之內，連舉數省，破武昌，取金陵，雄據十餘年，後以英國助清，為之供給軍器，為之教領士卒，遂為所敗；不然則當時清之為清，未可知也。

今正幸清朝削弱，惡跡昭影，鄰國離心，天下共棄，愛國之士，忠義之民，方當誓心天地，鼓舞國人，磨厲待時，以圖恢復。則漢人者，失國二百餘年，猶不忘恢復之心，思脫異種之厄，其堅忍之志氣，愛國之性質，固有異人者矣。」（頁三六七——六八）

（簡按：國父別言：「中國之見滅於滿清，二百六十餘年，而不能恢復者，初非滿人能滅之，能有之也。因有漢奸以作虎倀，殘同胞而媚異種，始有吳三桂、洪承疇以作俑，繼有曾國藩、左宗棠以為厲」。曾等之被稱為「漢奸」蓋自此始，非始自共產黨史家也。上語另見《總理全集》第一集下冊頁一〇七二。）

三、中國問題之真解決（譯文）（民前八年，一九〇四，發表於美國報端）

「滿洲之未併中國以前，實一生番游牧部落，飄揚於阿穆爾荒漠之間，時侵掠中國沿界居民。迄至明末中國內亂，滿洲人遂得乘虛而入，猝奪北京，直如野蠻人種之溢入羅馬帝國，時一六四四年也。中國人民初不甘為異族之奴隸，抵抗甚烈，而野蠻之滿洲人，亦竟毫無顧恤，專以強力壓制。中國人民老幼婦稚之慘受荼毒者，數計百萬，廬為其燬，家為其抄，直至盡服從其服式制度始已。即如毫髮一事，所屠戮者亦幾萬人，流血千里，殺人盈城。此後中國之人民遂歸服於滿洲人之治下。」（頁三六九）

四、駁保皇報（民前八年發表於檀香山《隆記報》）

「試問其所愛之國為大清國乎？抑中華國乎？……若彼所愛之國為中華國，則不當以保皇為愛國之政策。蓋保異種而奴中華，非愛國也，實害國也。……既知中華亡國二百六十年，不

圖恢復，猶竭力以阻人之言恢復，言革命，是誠何心哉？」（頁三七一）

五、中國同盟會軍政宣言（民前七年，一九〇五）

「今者國民軍起，立軍政府，滌二百六十年之腥膻，復四千年之祖國，謀四萬萬人之福祉，此不獨軍政府責無旁貸，凡我國民皆當引為已責者也。維我中國開國以來，以中國人治中國，雖間有異族篡據，我祖我宗常能驅除光復，以貽後人。今漢人倡率義師，殄除胡虜，此為上繼先人遺烈，大義所在，凡我漢人，當無不曉然。惟前代革命，如有明及太平天國，祇以驅除光復自任，此外無所轉移。（下述國民革命兼顧民權、民生，略。）國民革命之大旨，如下四端。

（一）**驅除韃虜**　今之滿洲，本塞外東胡。昔在明朝，屢為邊患。後中國多事，長驅入關，滅我中國，迫我漢人，為其奴隸。有不從者殺戮億萬，我漢人為亡國之民者二百六十餘年於斯。……

（二）**恢復中華**　中國者中國人之中國。中國之政治，中國人任之。驅除韃虜之後，光復我民族的國家。……」（以下（三）**建立民國**，（四）**平均地權**，略。）（頁三九三）

六、三民主義與中國民族之前途（民前六年，一九〇六，十月在東京演講）

「滿洲入關，到如今已有二百六十多年。我們漢人，就是小孩子，見著滿洲人也是認得，總不會把他當作漢人。這就是民族主義的根本。……因為我漢人有政權才是有國。假如政權被不同族的人所把持，那就雖是有國，卻已經不是我漢人的國了。……我們已經成了亡國之民了。……難道我們漢人，就甘心於亡國？想起我漢族亡國時代，我們祖宗是不肯服從滿洲的。閉眼想想，歷史上我們祖宗流血成河、伏尸州野的光景，我們祖宗很對得住子孫。所難過的，就是我們做子孫的人！再想想以後滿洲政府愚民時代，我們漢人面子上從他，心裡還是不願的，所以有幾回的起義。（簡按：這當然包括太平革命。）到了今日，我們漢人民族革命的風潮，一日千里。那滿人也倡排漢主義。他們的口頭話，是說他的祖宗有團結力、有武力、故此制服漢人；我們要長保這力量，以便永居人上。……民族革命的原故，是不甘心滿洲人滅我們的國，主我們的政，定要撲滅他的政府，光復我們民族的國家。……試想明太祖驅除蒙古，恢復中國，民族革命，已經做成。」（頁四七九—八〇）

七、中國同盟會本部宣言（民前一年，一九一一）

「維我黃祖，桓桓武烈，戡定禍亂，實肇中邦，以遺孫子。有明之時，遭家不造，觀此閔兇。蕞爾韃虜，包藏禍心，乘間窺隙，盜竊神器。淪衣冠於豕鹿，夷華冑為輿臺。偏綠水青山，盡獸蹄鳥跡。蓋吾族之不獲見天日者，二百六十餘年。故老遺民，如史可法，黃道周，倪元璐，顧炎武，黃宗羲，王夫之諸人，嚴春秋夷夏之防，抱冠帶沉淪之痛。孤軍一旅，修戈矛於同仇；下筆千言，傳楮墨於來世。或遭為屠殺，或被焚燬，中心未遂，先後殂落。而義聲激遠，流播人間；父老遺傳，尚在耳目。自延平（鄭成功）以抵金田（洪秀全），吾伯叔昆季諸姑姊妹奉先烈遺志，報九世之仇，為爭自由、爭人道而死者，實一千三百萬人。於戲！烈矣。（中略）嗟呼！自韃虜入關，禮樂淪失，腥羶之氣，播被華夏。吾民薰習已久，斷其本性，神智黯僿，大陸國風，所含已薄，而卑隘險譎，嫉忮齷齪諸惡德，瀰紘錯紾，盤鬱膠著於腦際，至不可脫拔，尚流染於神明苗裔，是東胡之罪，而吾民亟當湔洗者也」。（下略）（頁三九四）

八、軍政府大總統布告同胞文（民前一年，一九一一）

「昔我皇祖黃帝軒轅氏，奄有中土、建國萬區，必先南討蚩尤，北逐獯鬻。……少昊高陽繼之，以至唐虞，亦先伐三苗，時乃黎民於變。若夫鬼方逆命，商則征之。玁狁南侵，周實逐之。匈奴羌胡入寇，如秦如漢，討而滅之。由是以觀，可知夷夏大防，為我歷代聖人之必嚴且厲者。……胡天不弔，屢遘鞠凶。晉室不綱，首先啟胡戎以禍我中夏。次則唐謀不善，揖盜興戎。宋繼其衰，歷遭金遼之毒。胡元乘間，於是我中國始為亡國之穢墟矣。……往者，天牖華衷，明祖赫然震怒，放逐元虜，宅都於燕。漢室山河全歸故主，亦云快矣。誰意蠢茲韃虜，覬我國家多故，竟竊據我國土，……厥後耿精忠倡義於閩，鄭成功繼起於台，而李光地為虎作倀，甘殘同類。洪、楊奮興於粵，賴、張響應於豫，復有曾國藩為盜作僕，自忘同胞。嗟乎！彼三桂固卑卑不足道，若耿、鄭、洪、楊、賴之世，李、曾、諸民賊苟勿破壞，則吾漢族子孫早已安居淨土，何至多受此數十年黑暗之苦哉？」（頁四四五）

九、民生主義與社會革命（民元年一九一二，四月一日，在南京演講）

「自二百六十年前，中國亡於滿洲，中國圖光復之舉，不知凡幾。各處會黨徧佈，皆是欲實行民族主義的。五十年前，太平天國即純為民族革命的代表。（頁四八三）

十、祭黃花崗七十二烈士文（民元年，一九一二，五月十五日）

「嗚呼！在昔建夷，竊奪中土。凶德腥聞，天神怨怒。嗟我轅孫，降儕臺隸。含痛茹辛，孰階之厲？種族義彰，倏傑奮發。討賊義師，爰起百粵。」（下略）（頁五〇九）

十一、「三民主義」之「民族主義」

「中國幾千年以來，遭受過了政治力的壓迫，以至於完全亡國，已經有了兩次：一次是元朝，一次是清朝。」（第二講頁一九一）

「民族主義這個東西，是國家圖發展和種族圖生存的寶貝。中國到今日已經失去了這個寶貝。……中國的民族主義是已經失去了，這是很明白的，並且不止失去了一天，已經失去了幾百年。試看我們革命以前，所有反對革命很厲害的言論，都是反對民族主義的。再推想到幾百年前，中國的民族思想，完全沒有了。在這幾百年中，中國的書籍裡頭，簡直是看不出民族主義來，只看見對於滿洲人的歌功頌德，甚麼深仁厚澤，甚應食毛踐土，從沒有人敢說滿洲人是甚麼東西的。近年革命思想發生了之後，還有許多自命為中國學士文人的，天天來替滿洲人說話。譬如從前在東京辦《民報》時代，我們提倡民族主義，那時候駁我們民族主義的人，便說滿洲種族入主中華，我們不算是亡國，因為滿洲人受過了明朝龍虎將軍的封號。滿洲人來推翻明朝，不過是歷代朝廷相傳的接替，可說是易朝，不是亡國。然則從前做過中國稅務司的英國人赫德，他也曾經受過了中國戶部尚書的官銜，比如赫德來滅中國，做中國的皇帝，我們可不可以說中國不是亡國呢？」（第三講，頁一九六）「當康熙、雍正時侯，明朝遺民排滿之風，還是很盛。所以康熙、雍正時候便出了多少書，如《大義覺迷錄》等，說漢人不應該反對滿洲人來做皇帝。他們所持的理由，是說：舜是東夷之人，文王是西夷人之人；滿洲雖是夷狄之人，還可以來做中國的皇帝。由此可見康熙、雍正還自認為滿洲人。到了乾隆時代，連滿、漢兩個字都不准人提起了，把史書都要改過：凡是當中關於宋元歷史的關係和明、清歷史的關係，都通通刪去。所有關於記載滿洲、匈奴、韃靼的書，一概定為禁書，通通把它消滅，不准人家收藏，不准人看。因為當時違禁的書，興過好幾回文字獄之後，中國的民族思想，保全在文字裡頭的，便完全消滅了。」（同上頁一九七）

「中國的民族主義既亡，今天就把這個亡了的原因拿來說一說。此中原因是很多的，尤其是被異族征服的原因為最大。凡是一種民族征服別種民族，自然不准別種民族有獨立的思想。好比高麗被日本征服了，日本現在就要改變高麗人的民族思想。………康熙時候興過了好幾次文字獄，但是康熙還不如乾隆狡猾，要把漢人的民族思想完全消滅。康熙說他是天生來做中國皇帝的，勸人不可逆天。到了乾隆，便更狡猾，就把滿漢的界限完全消滅。所以自乾隆以後，智識階級的人多半不知有民族思想，只有傳到下流社會。但是下流社會雖然知道要『殺韃子』，只知道當然，不知道所以然。所以中國的民族思想，便消滅了幾百年。」（同上頁一九七—一九八）

十二、結論

綜合以上的新資料，益可證實前篇的結論為正確，而近人之藉口國族主義以反對或非議太平天國之民族革命者為謬誤之論。我們不得不承認蒙元之滅宋與滿清之滅明，確是異國異族亡我華夏中國以擴大其本國，奴視我神明漢族使歸服其本族。我們又不得不承認朱明之覆元復國，太平天國之討滿興漢，與及國父倡導的國民革命之打倒滿清而建立民國，是三百年來我國一脈相承之民族革命運動。其間，雖有成有敗，而革命的意義與性質之重要則同一。今乃以太平革命出於狹隘的民族思想而違反國族概念而厚非之，殊不知歷史上——尤其三百年來持此華夷無別之國族概念，只顧保存道統文化而甘心犧牲國家民族之生命以擁護或同情於異國異族之偽儒、「漢奸」、「民賊」輩，皆是違悖孔子春秋大義而揚棄中國文化之至要至大的原則者也。顛倒是非，淆亂皂白，孰有踰此？不特此也？益有甚焉者。誠如此說，則國父與革命先烈以至各革命領袖等之民族革命思想皆源於《春秋》之攘夷救國之旨，而我中華民國之肇造亦同樣基於春秋大義，得無亦與太平天國同被視為錯誤而違反國族思想者耶？然何以國民革命卒成「驅除韃虜，恢復中華」之大功？持彼怪論者必須在理論上與事實上答覆這兩問題的。

最後，我們解次這個「民族」與「國族」問題，自應抱持歷史觀（或稱時代觀）。在民國成立之前，民族主義是顛覆以異國異族亡我中國、奴我漢族之滿清，而恢復我國我族之自由獨立。自此以後，民族主義乃演進而有新意義，「團結國內各民族，完成一大中華民族」，（見民十二年，一九二三，「中國國民黨宣言」，同上《全集》頁七五三）。自是而後始成為真正的「國族」焉。此國父之所謂「積極的民族主義」，屢見諸公開演講，昭示國民者也（同上頁一八〇，五三四——三五，八八九，八九〇）。是故《春秋》內夏外夷、夷夏之別、攘夷救國之旨，亦應隨而演進，由漢族與昔時其他各族聯合之國族共同努力，以抵抗外國之侵略而保衛我大中華民國。惟有本於此歷史觀以尚論太平天國之民族革命態度方得公平，史實方得真確，理論方得正大，此即是前文（頁二〇）關於太平天國民族革命的結論之意義也。

簡又文

民五七，八，一。

太平天國瑣錄

一、太平軍道德紀律之始源

拙著《太平天國全史》及《洪秀全載記》出版後，偶見浸信教會印行之某刊物，載有道光晚年美國南部浸信會傳教士羅孝全（I. J. Roberts）在廣州南關東石角創建之浸信會堂內（即「興華會」之初基）設立一個勉勵道德的小組織。章程有嚴禁賭博、宿娼、姦淫、吸洋煙……等等多條（此列物名稱，經已忘記）。洪秀全於道光二十六、二十七兩年（陽曆一八四六、四七）兩度到該教會學道。當然感受這些道德禁條的影響。其後，在廣西主持「拜上帝會」，提倡革命，即有此種種道德禁令。及「太平軍」興，這些禁令成為最嚴厲的軍律，犯者殺無赦。溯其淵源不可謂非濫觴於曩年在「浸信會」之所得也。

二、天京地震

太平軍於咸豐三年二月（陽曆一八五三年三月）定鼎金陵，改稱南京曰「天京」。閏二月，天京地區一帶發生強烈的大地震。據《句容縣志》載：「每日之間，大震數次。屋宇播搖、居民恐怖，有夜出露處者。」

天京在句陽西北數十里，當亦有地震。是以天王洪秀全下詔曰：

萬樣魂爺六日造。（魂作訟）。同時今日好誅妖。
地轉實為新地兆。天旋永立新天朝。
軍行遠詔誥放瞻。京守嚴巡滅叛徒。
一統江山圖已到。胞們寬草任逍遙。（草即心）。

（上引語見王好比「洪秀全的『地震詔』」，載《香港時報》民六五年九月三十日。據云：係錄自某報，未載出處。）

考此詔論之文體、詞句、及意義，與其他天王詔旨比較研究，自可信其出自洪秀全親筆。惟我所曾看過之太平官書及文告多種，均未載有。今得此新發現的太平史料，至可喜也。

吾國人歷來上自朝廷君臣，下至庶民百姓，多從道德立場詮釋自然現象，輒視無災為上天懲罰有罪之徵兆。惟天王則另從宗教立場詮釋之，以大地震為「地轉」「天旋」之「新地兆」，創立「新天朝」之象徵，符合太平天國創造「新天新地」（見《新約》聖經）之理想。因而頒詔安慰、勉勵臣民兵將，愈為努力革命以殺妖建國，俾將來得享天國永福。此其宗教天才之又一表現，而太平革命宗教性之濃厚益可顯見矣。

三、馮雲山與郭士立之關係

基督教士德國郭士立（K. F. A. Gützlaff）於道光年間到粵傳教及作他種活動。後在香港設立傳教團體名「福漢會」（Chinese Christian Union）招收學員施以短期訓練，為之施洗禮，即分遣入內地傳教。一時，所收教徒頗眾。（舊《清史稿》中王樹枬所撰之「洪秀全」別傳，竟有洪師事郭士立之說，不足信。）屢見外人傳說馮雲山曾受郭洗禮（文件不錄），而為「福漢會」會員事。

據一種記載，有一太平軍逃兵回香港云，當其會見馮雲山於廣西，彼此即認得同為「福漢會」會員。此即所謂馮曾學道於郭而受其洗禮也。（見一八五三、九、二七The Hong Kong Register Carl Smith論文引用，載一九七六年第二期香港英文《景風》。）

細考此事，實無可能，蓋以時期限制，無由發生故也。緣郭氏一向在廣州傳教兼任英軍翻譯。至一八四三年，接任香港總督中文秘書職，於十一月抵港。同時，仍任傳教工作。一八四四年，「興漢會」始建立。（據李志剛牧師考證，引自Herman Schlyter: *Karl Cützlaff ala Missioner in China* 150f，我以前著述引其他外籍作一八四一年應更正。）而洪秀全則於一八四三年皈依基督教，自施洗禮（未入教會）。馮雲山與洪仁玕率先信從，三人在花縣鄉間傳教。至一八四四年（道光二十四年二月中旬），洪、馮、二人離粵入桂。是故馮在此時期受郭氏洗禮而加入「福漢會」實為無可能之事。

同年十月，洪自行回粵，馮仍留桂，在桂平紫荊山區開闢革命基地，創「拜上帝會」。後被捕下獄。至一八四八年春夏間，馮出獄回粵。時，洪又僕僕回桂，兩不相會。據可靠的記載，馮是年留居鄉間候洪。直至十月後，洪復回鄉，兩人始得重聚。又至一八四九年夏間，兩人再次入桂起義，一去不回矣。

於馮回粵候洪期間，亦未有任何紀錄載其曾赴港投入「興漢會」事。前有美籍教授Prcscot Clarke詳細研究郭士立生平與工作，嘗檢閱郭氏所遺文件，得見郭氏筆錄某年三月曾為一教書先生施洗禮，但未指明是馮雲山，即日期亦無可能。再則Carl Smith云：「我曾仔細檢閱郭士立寄回德國的報告，係詳細報導『福漢會』的工作者，希望其曾提及馮雲山，但未能發現馮之姓名」（見上引文頁一〇七）。

由此可見，馮曾師事郭士立而加入「興漢會」一事，全無真實證據，況時期不許可，只是傳聞，難於置信。或是在太平軍起義前後，確曾有「興漢會」會員加入革命行列，隨而離去，但因馮氏在「拜上帝會」所傳之宗教大有類於郭士立所傳者，故附會馮曾受郭氏之洗禮耳。馮先聞洪之宗教新理，一心篤信，後為「拜上帝會」之創始者，其地位身分甚高，不須再師事郭也。

四、誰贈洪仁玕北上的旅費？

洪仁玕於咸豐九年三月到天京（一八五九）。此行係於上年八月由香港出發，由陸路北上，經粵、贛、鄂三省而抵京。其旅費百金由外國友人所贈（據供辭）。或以為助之者為理雅各博士（James Legge）（看《太平天國全史》二十章之肆。）但據仁玕另一供辭，則謂贈旅費者為湛約翰牧師（John Chalmers）。其實，湛牧師不過是給予旅費之經手人，而此款則由香港之「倫敦傳教會」公費支出。因仁玕曾在該會工作四年，成績優異，人格超卓，中西教友均敬愛之，於此行寄以改革太平基督教之期望，故該會不獨以公款助其旅費，使得成行，猶且商定每月接濟其留港眷屬家費每月七元，以十個月為期。至一八五九年九月期滿，乃由理、湛、兩教士自行解囊繼續接濟之，至是年底為止。其後，仁玕妻挈兒女回粵花縣。（上見Carl Smith上引論文，原引自教會檔案文件。）其後，全家赴天京。

五、干王子之下落

干王洪仁玕嫡子葵元（又名葵秀）於天京陷後，間關逃同粵東。（看拙著《太平天國雜記》「洪氏遺裔訪問記」之四。）當時，余所用的資料多得自洪氏遺族傳聞，不盡詳實。今得見確實報告，補述及訂正如下：

據忠王李秀成親供，天京被攻陷時，葵元亦參加忠王府之軍事會議。可見非先由仁玕派其掌兵於外，當係於城破後逃出。

據巴色教會文件載葵元生於一八四八年，則天京破時（一八六四年）只十七歲。京陷，冒死逃出城外，經歷種種艱危險阻，卒回粵。由該教會在內地工作者聘為教員。後因其為太平王爺的兒子，曾參與革命之役，其本身及家人有被清吏捕殺之虞，乃調其到香港西營盤該會所辦之女校任教職（一八七三年二月學校報告）。一八七三年葵元方在新安縣樟坑逕教書，黎力基牧師夫人（Mrs. Lechler）為其作伐，娶該會之香港女校一女學生，名Tsen A-lin者（前拙著作江氏）為妻。此女原是一孤女，幼時被其母在上海出賣與人，後被帶來香港在一娼寮任奴役。偶在街頭流浪，被該教會人士發現，即帶往該會。當一八六五年十二歲時，入女校讀書，旋受洗禮，改名阿憐（原名秋菊）。至一八七八年，葵元方三十一歲。其時，該教會之筲箕灣會堂有教友多人移居南美洲英屬基阿那（Demerara, British Guiana）（余前聞傳言作北美），葵元挈眷同往。黎力基牧師之一八八五年報告書有云：「在佐治城（Georgetown, British Guiana）（前傳聞誤作哥朗埠）有一個中國基督教會。我們的移民中有一人被立為牧師。其人為前太平天國王洪秀全之族人，而其本人原亦為王爺。早年彼來香港得我們接待。我送彼到李朗之男校（看前拙著）。因其與太平天王有親屬關係，難以居留於內地，所以他來香港，直至一八七八年，乃與其他筲箕灣的教友，移居南美。」

另據一八八五年教會報告書云，達茂號輪船，於一八七八年十二月二十五日由香港啟碇，翌年三月十七日抵達阿基那之佐治城。所載五百十六名移民中有七十名是基督徒（以上統見Carl Smith上引文及註）。

如今基阿那之佐治城，可能尚有洪氏遺裔存留。倘有人在該處細心尋訪，或可得有消息也。

六、忠王李秀成的原籍

記得多年前，有人函告李秀成先代原居廣東從化縣，後遷廣西藤縣，原原本本，有憑有據。（介紹來函者係亡友李務滋將軍——時任從化縣長。）因時局變動遷居九龍，原函遺佚，故其後撰著《太平天國全史》未提及此事。從前廣東客人移居廣西者甚多，此說雖未得證實，其事固大有可能也。今復憶起，補書於此，以備參考。

七、太平天國石刻畫

不久之前，南京有關方面，在一街（現在的Sheng Chou Street）某太平舊衙署（Main Communal Storehouse「總聖糧」）掘出二十個大石柱的柱墩。各為六角或八角形。高、由四二至四九公分。各面均刻有浮雕圖案，很像中國遠古的石刻畫，或版畫。除卻裝飾花樣外，共有九十八種各式的景緻。題材包括多方面，但大異於傳統舊繪畫——如文人畫——的作風。各景多有關軍事方面及平民生活之性質者，是為最特色的太平藝術。從前曾有太平天國藝術專刊印行，內容只不過是傳統的，久已流行的藝術品而為天朝人物所襲用的，然而這些柱墩的石刻畫，可說是太平天國的創作。

凡此種種的石刻畫，都反映這個大運動的革命意識和社會活動。例如：畫面刻有太平官書，一艘戰船，一座瞭望臺，又有行軍所吹的法螺，多人在林間伐木，豐盛的農田大收穫，與夫耕田、漁魚等等。其他稀有各種植物、動物、禽鳥。這些石刻畫，構圖簡單，描寫樸素，作風新異，均可表現太平革命精神，日常生活，和創作能力的。

茲舉出其三畫為例。如在戰船那一面石刻，可以看見一艘很大的戰鬥艦（古式的），在疾風巨浪中張帆上駛，船上插有大型三角軍旗迎風招展，表現出太平水軍正在河面作戰進攻敵軍的姿勢。最奇異的是：右上角有一大蜻蜓斜飛落水，象徵清軍大敗，「清廷」崩倒。革命性質，充分表出了。其在耕田畫面，左下角有一大耕牛正回頭看看後面的犁耙，活力生動，神氣畢現。另一畫面，描寫一個樵夫已做完工作，置柴兩束於地，準備離去，而未伐的樹上尚掛有一大鋸，地面則仍有一大斧及細繩；那就表現尚有人在那裡伐木未停。而畫之左邊則有大鳥屹立於一塊圖案很美的大石上，點綴全畫的美景。這三畫差可代表太平天國在國畫方面之創作性與革命性，確是大異於歷史傳統畫家的作品而別開生面的。

這些新發現的石柱墩，不特是大有歷史價值的藝術遺物，而且可以幫助我們更深切了解太平天國的意識形態與革命意義；真是大有價值的新史料。（以上內容多採自英文Chinese Literature 一九七六年八月號，詮釋之責作者自負。）

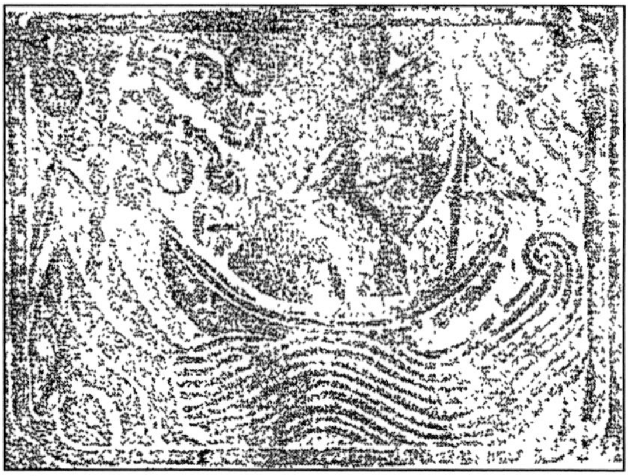

▌圖 1 戰船

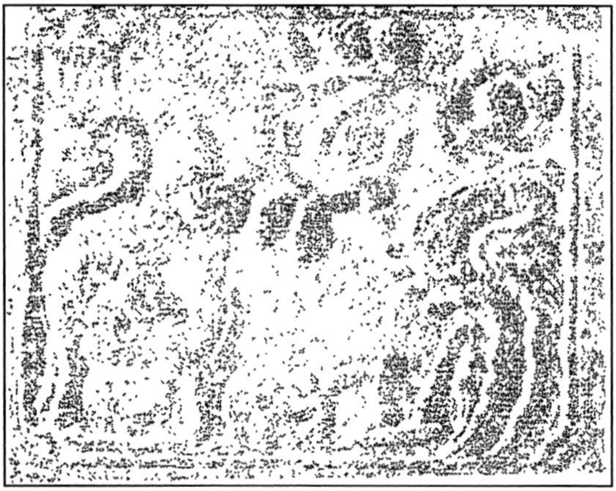

▌圖 2 耕田

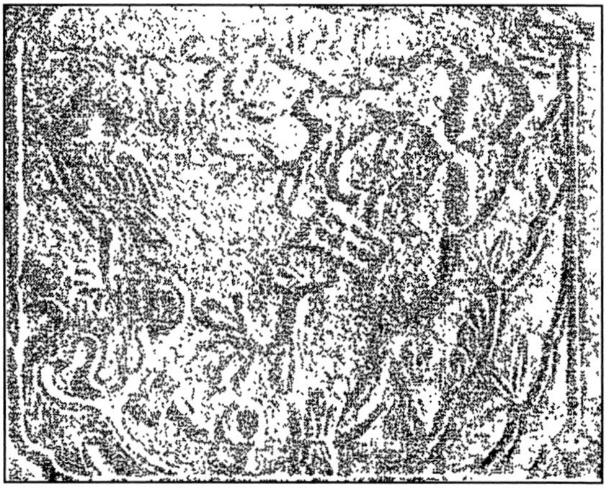

▌圖 3 伐木

郭士立與太平軍

自從拙著〈太平天國瑣錄〉在《大陸雜誌》（五五卷一期民六六年七月）發表之後，關於其中一節「馮雲山與郭士立之關係」一問題，又得了以下幾種新資料：

（一）李志剛漢文論文〈郭士立在香港之歷史及其所遺中文資料〉（一八七二年香港《珠海學報》三期）。

（二）卡拉克一篇有關郭氏生平和對於太平軍的影響之英文論文〈上帝之來廣西〉（Prescott Clarke: The Coming of God to Kwangsi 一九七三年澳洲國立大學遠東歷史系出版之七）。

（三）施其樂（Carl T. Smith）鈔錄曾受郭士立洗禮者之名單，及自稱「太平逃兵」之報告全文，載一八五三年九月二七日香港Overland Register。

茲根據這些新資料及參考其他史藉，續成此篇，冀於郭馮關係問題以及其他有關問題，經仔細分析研究之後，再得有更為積極的和更有斷定性的答案。

一、郭士立傳略

郭士立（Karl F. A. Gützlaff）德國普魯士人。一八〇三年八月生。早年即熱心傳教。畢業傳道學院後，於一八二七年奉「荷蘭傳教會」流赴爪哇傳教。因其本來蓄志到中國工作，故於翌年即脫離該會，前來廣東，往來澳門廣州，自費作獨立自由的傳教事業。其間，精研華文華語，尤擅「客家」方言，多撰佈道小冊，常服華服，生活與華人同化。在十年間，曾附外人運鴉片的或其他的船隻北上，於沿海各口岸傳道派書共十三次，兼為船員任翻譯。一八三四年八月，第一位來華傳基督教之英人馬禮遜（Robert Morrison）去世，郭氏即承乏繼任「東印度公司」翻譯之職，以後且從事重譯及修訂馬氏的聖經譯本。旋受聘為英國遠東商務監督之翻譯官。一八四〇年，鴉片之戰起，郭氏被任為英軍翻譯官，隨軍北上。旋任英軍所佔領之舟山政務官。至一八四三年秋，被調來香港任總督之「中國秘書」（即「華民政務司」），以餘暇仍努力傳教。一八四四年二月，創立「福漢會」（Chinese Union），施用自創的方法，展開工作。一八四九年回歐，在各地鼓吹及推進其傳教事業。翌年冬返港。一八五一年八月病逝。年四十八（以上綜合李、卡兩文）。

二、「福漢會」

考郭氏的宗教信仰及傳教精神本源出於德國一個「摩理溫」教派。其教道奉聖經為信仰與行為之標準，注重品行多於信條，且盡力傳教於異國，視全世基督化為每一基督徒之責任（參考G. B. Smith: *A Dictionary of Religion & Ethics,* on Moravian Brethren）。郭氏本此宗旨來華努力進行。一力主張傳教工作須由華人自為之，不必經遇外國教士、教會、及教條，亦不建立教會、只憑其精通華文華語，自行招人學道，以速成方法，傳以篤信上帝、皈依基督，稍識聖經要義，即為之施洗禮，便視為基督教徒。於一八四四年將曾受其洗禮者在香港組織為「福漢會」，繼而擇尤而自解私囊，派遣入內地派書傳道，每地以少數人成一小組展開工作（上見卡文）。由是郭氏遂成為基督教在中國傳入內地之開山祖。然顧名思義，此會宗旨蓋在廣播教道，造福漢人，而非吾人所常見之尋常的「教會」也。

郭氏之短期訓練，派人傳教的工作，初期成績頗著，蜚聲歐洲。乃有私人及機構捐助經費，復有教會派遣教士韓山文（T. Harnberg）黎力基（R. Lechler）等數人來港為其助手，工作發展愈為蓬勃。一八四四年會員祇得二十人。翌年增至八十人，以後每年倍增。至一八四七年底受洗禮者九百人，傳道人增至八、九十。一八四八年五月會友有一千三百人，其中任傳道及助理者一百十二人。廣東而外，遠至廣西各地分設六站：桂林、柳州、梧州、桂平、南寧、太平（上見李、卡兩篇）。

不過，郭氏的宗教浪漫主義，直接短期施教於門徒，使其迅速「得救」，流於為目的不擇手段之弊病。所收教徒，良莠不齊；所派人員，優劣莫辨、類多「吃教」之徒。過了一時期即大受在港各教會教士之非議，以其濫施洗禮，所得多非真基督徒。即其助手等亦乘時起而批評之，抨擊至力。當一八四九—五〇年郭氏回歐，正為自己宣揚傳教成績時，在港受命主持會務之韓山文（即《太平天國起義記》著者），卻公開發表工作人員多不肖之徒，有誇張甚至偽造工作報告者，亦有向人敲詐者，而其時在港之二百會員中，吸鴉片者五十；向郭氏報稱假名字，假住址，及作工作行蹤之假報告者七、八十人；又有既入內地，一去不回，亦無報告者五十人；另有宿娼者，拜偶像者，及偷竊該會印刷品出賣者，種種劣跡（見卡文頁一五六）。各教派傳教士於一八五〇年二月開會討論，幾一致反對、攻擊此會，只有長老會一教士仍表同情。及郭氏回港，大起爭論。消息傳至歐洲，郭氏聲譽與工作大受打擊，會務受阻。及郭氏去世，會務停頓，由上年來港之教士那文（Neumann）收拾殘局，終於一八五五年結束（見李文）。

三、「拜上帝」

自太平軍於一八五一年一月（道光三十年十二月）在廣西金田舉義後，先在桂平、象州、永安、桂林、全州大戰。繼而北上兩湖，攻克武漢，至一八五三年三月定鼎南京。在此期間，此南方革命軍突如其來，全國震動，舉世驚駭。其宗教信仰、起義歷史、內部人事與組織，外間多所不知，於是謠言紛起，種種傳聞，多不符事實。如謂其首領為「三合會」之「天德王」，軍師為錢江（見「三合會」文告）。南方外國傳教士得聞此輩為拜上帝之基督教徒，因當年只知有郭士立之傳教活動，輒信為其徒眾所發動者。香港外報紛紛揭載，消息漸傳至外國，不由人不信。其最重要之消息，則竟傳言馮雲山亦曾來香港受郭氏之洗禮，又傳聞羅大綱、吳如孝，二人亦然，皆為「福漢會」會員云。直至一八五四年韓山文之《太平天國起義記》出版（*The Visions of Hung-Siu-tshuen and Origin of the Kwangsi Insurecton*），太平軍之始原及真相乃得暴露。原來洪秀全之宗教革命最初是導源於梁發之《勸世良言》小冊，繼則附會其昇天受命之異兆，其後復赴廣州羅孝全牧師處學道，乃形成其革命理想，終於發起此大革命運動。馮雲山自始即為其信徒。一八四四年，兩人入桂。馮氏開創「拜上帝會」於桂平紫荊山，遂成為革命軍之基本力量，及時起義，建立太平天國。

卡氏論文〈上帝之來廣西〉，係其多年研究太平史及郭氏生平之成果。他以為洪、馮之宗教革命於梁發及羅孝全兩個源頭之外，另有第三者——郭士立實為重要源頭之一。韓山文之書全不提及郭氏，而世之研究太平史者亦大都「忽略」或「忘記」此第三源頭，乃為郭氏大抱不平，力為表揚。此篇論文題目已顯見其涵義，謂「上帝之來廣西」實有賴於郭氏之工作不少也。

考洪氏之上帝觀念，最初由梁發之小冊而得，「上帝」名稱屢見於手冊中（看拙著《太平天國典制通考》下冊頁一六七〇），即非受郭氏影響，茲不必贅述。彼於一八四四年初至廣西貴縣，即傳上帝教道，見諸韓氏《起義記》。至馮氏之上帝觀念及名稱，最初得自洪氏及梁書，亦絕無可疑。迨二人初次入桂，在貴縣廣事宣揚上帝教道，已得信徒百餘人。是「上帝之來廣西」最初亦由二人傳來者。

是年九月，馮別洪氏，先行東返，至桂平轉入紫荊山。一八四五年初春，執教於曾氏家塾，兼努力傳教，得山民信我者甚眾。乃於一八四六年創立「拜上帝會」，旋而分設支會於他鄉他縣，信者愈眾。此皆馮氏奉洪氏之名而獨力創建之局面，其名稱與組織，皆獨立自創，與之創見，而非得自郭氏者明矣（以上參看拙著《太平天國全史》第二、三章）。

卷一）。是則以中國之「上帝」與基督教之「上帝」是一而非二。可見此思想亦洪、馮所獨有帝係中國自古原有之教道，且博引經書之言「上帝」者二十餘條為證（見李濱：《中興別記》郭氏毫無關係焉。其後，馮因傳拜上帝教而在桂平被逮下獄，親自寫狀詞申訴冤情：謂敬事上

四、馮郭關係

在太平軍起義後兩三年間，關於郭氏門徒與革命軍有密切關係之謠言至為盛行，其尤著者則竟指明馮雲山曾受郭之洗禮而為「福漢會」中人。卡氏費用了多年心力在中國、香港、及歐洲之出版物以及教會文件蒐集了很豐富的資料，因而斷定「大概馮雲山於一八四八年曾訪郭立（於香港），且有可能受其洗禮」（頁一六四）。其所舉出之證據中之主要的與似乎是最有力者，為一個人證。據言：「另有一個『福漢會』前會員報告云，彼曾到廣西，於一八五二年初直到湖南趕上太平軍。後被清吏所擒，卒被遣回籍。當其初到湖南時，馮雲山因其為基督教同道及『福漢會』舊同事，即歡迎其加入軍中。」（未幾，彼即潛逃「下山」。）（見頁一六四，引自一八五三年九月廿七日*Overland Register*）似此證據確鑿，即該報亦以為「有可信之價值」，無怪當時之讀者多信馮確曾受郭之洗禮，亦無怪直至今日仍有卡氏相信「可能」實有其事矣。

然而細讀該英報所載此人報告全文（施其樂鈔錄），考證史實，顯見其全篇皆謊言，殆無一為真事者。茲分條指出如下。

（一）其最為顯著之破綻，乃謂在湖南晤見馮雲山，此絕對無可能之事，蓋馮早於一八五二年六月初在廣西全州之蓑衣渡逝世，從未踰越桂境而入湘（看郭廷以《太平天國史事日誌》上頁一八二，《全史》第六章）。

（二）據云：太平軍由桂入湘路線，係由南寧、永安、桂林、經羅定（廣東西江上游），實則全軍由廣西桂平北上，直到全州，大敗於蓑衣渡後乃經山路入湘境，從未到過南寧及廣東。

（三）又云，洪氏尊號為「太平王」，此亦當年初起義時中外人一般的傳說。其實則金田舉義時已建立「太平天國」，稱「天王」。其人兩不之知，並妄以太平軍為「明軍」。又云，兵民皆尊稱洪為Royal Father（原文未明），並亦無此尊號。

（四）以馮雲山為「天德王」，「全軍主帥」，並稱尊號如洪，均絕無其事：馮死時全銜為「前導副軍師後軍主將南王」，位居楊秀清、蕭朝貴之下。

（五）以浙人錢江為「左翼」主帥，封「護國軍師」，另有尊稱，絕無其事。錢於道光晚年因在粵鼓勵反英，遣戍西陲。約於太平軍起義時回北京，後南下投入清軍「江北大營」雷以誠幕，獻抽釐金助軍餉之法。未幾被雷所殺，固未嘗與太平軍有接觸也。「三合會」及粵人傳聞，均以錢為太平軍「軍師」，無怪此人有此報導。

（六）以羅大綱為「平南王」稱「大將軍」，實則羅初附義時只封「軍帥」，至克南京後乃陞「檢點」，從未封王。

（七）又有羅某二人，一為「定南王」，一為「鎮南王」，皆封「將軍」，絕無其人其事；太平軍組織亦無此兩種王爵及軍號。

（八）以楊秀清為「右翼」主帥，封「副軍師」，掌理國事，皆非也。楊在永安封「左輔正軍師中軍主將東王」，名位僅在洪氏之下，為全軍第二號首領。且太平軍軍制自始分中、前、後、左、右、五軍，各有「主將」統之，並無「左、右翼」之組織。

（九）又云，馮初會見時喜見舊知，即委為「五十夫長」，克桂陽後陞為「百夫長」（即卒長）。考太平軍制下級並無「五十夫長」，只有「卒長」管四個「兩司馬」，每「兩司馬」管廿五人（以上參看《全史》上冊有關各章）。

（十）至其述及太平軍之「宗教信仰」，則侃侃而言，不得要領，全不知其特色，只憑其昔在「福漢會」所聞之膚淺教義，拾其唾餘，泛泛說出。

（十一）以太平軍人員有數十萬，其實只得數萬。

由以上諸條觀之，可斷定其人不特未嘗晤見馮雲山，而且並不知太平軍之進軍路線，領導人物，軍事組織，尊號軍號，全軍人數，甚至興漢滅滿之革命宗旨（仍以為「三合會」之「反清復明」），毫無所知，則其人從未加入太平軍，可以斷定，而其全篇報告皆偽造之辭（即如上文所言韓山文所發現之一種），信口雌黃。當時英文報主筆乃受其欺騙認為「人證」「可信」，迄今卡氏亦引為真憑實據，藉以高估郭氏之成績，以為〈上帝之來廣西〉之源頭，殊可異矣。其人殆韓山文所認為不適於傳教工作而早於一八五一年被開除者之一也。（頁一五五）。

卡文（頁一六四）又指出當時基督教聖公會香港區會督史美夫（George Smith）於一八五三年十二月廿六日發表一公函，謂據「福漢會」一會員告以天德王與馮雲山實同為一人，而馮曾為該會會員云。史即向繼郭氏主持會務之那文查詢。那文旋即去函指稱馮確於一八四八年間曾與郭氏會晤於香港無疑（見一八五四年五月德文報）。此兩函皆發於上文所述該偽稱「逃兵」報告之後。兩人想皆受其假報告之影響，不足為據也。

除上文所述之所謂「人證」（逃兵）之外，卡文（頁一六五）復查得「福漢會」祕書於一八五一年曾發出一函「暗指」（implied）馮雲山前時曾受該會教以福音（原據德文報引用該會一八五一年六月廿三日日記）。但此函既未明指馮姓名，亦未明言其受郭氏洗禮，何能視為確指馮氏？況馮於一八四八年春間在廣西桂平被釋出獄，因洪為營救事早已返粵，即急行追蹤回粵。及知洪又返桂乃留在鄉間候之。至是年冬十一月洪乃回粵，二人始得重逢於故鄉。馮在此候洪期間，預期洪隨時可回，必不敢離鄉赴港。縱使其乘便一行，少住數日，或可能會晤郭氏一二次，斷不至久留受教。而在郭氏則亦斷不能為一個陌生的來客施洗禮。至在馮氏立場言，彼此時已為「拜上帝會」首領，擁有受其洗禮之會員二三千人，地位崇高，勢力雄大，且自有全套宗教思想，斷不至降貶自己身分再受郭氏洗禮，亦無此需要。何況當時韓山文早已來港協助郭氏，如曾有此大事發生，豈不知之？又以洪仁玕一向知馮之深，亦未對韓言及此事。迨韓後來撰《起義記》，並不提及，只言其在鄉候洪，此沉默證據至為有力。綜上觀之，則馮曾來香港受洗禮之說當不可信。

在前篇（〈太平天國瑣錄〉），我曾提及卡氏搜索郭氏所遺文件，有曾為一「裁書先生」施洗禮一條，但未指明係馮雲山，當不能引為確證。今又得施其樂示以其在郭氏及該會各種文件中所鈔得曾受郭氏洗禮者之姓名詳單，細細查閱，由一八四〇年起至一八五一年（包括一八四八年）止，並不見有馮雲山之名在內。施氏與我同信馮未嘗受郭之洗禮。一概有關此問題之謠言，不攻自破矣。

五、郭氏之貢獻

然而無可否認的，郭氏對太平軍曾有多少貢獻，確可列為太平基督教之第三個源頭如上所言。今復略為書出。

（一）「福漢會」會友確有參加太平軍革命行列者。卡氏論文中引出確鑿可信的證據。例如：上海基督教會出現一名「福漢會」舊會員，於一八五二年加入太平軍，後由天京逃出者，公佈太平天國內有該會會員數人（頁一六二）。當額爾金爵士（Lord Elgin）及費士邦艦長（E. G. Fishbourne）巡視長江上游時，曾遇見有太平軍人數名，自言曾由郭氏得聞宗教道理

（頁一六一、一六三）。連至一八五三年香港巴色會黎力基牧師報告有曾為該會會員之助手，為其舊同事函召前往參加太平軍（頁一六三）。除上言人證、文件證外，尚有各報所載郭氏傳教工作對於太平基督教之影響事，傳說紛紜（見頁一六〇註三五，皆一八五三年刊物），可見太平軍中確有該會會員加入無疑，而謠傳中自有多少真事實也。但參加人數實有多少則無從斷定耳。

不過，所當分辨者，「拜上帝會」之創立，自有其自動、獨立的歷史，而其教條與種種信仰與儀式亦有其獨立的固定的內容，多由梁發小冊而來及自行創作而成（如「天條書」、禮拜儀式）；其最嚴格的規律則大凡參加者必須嚴格遵守一切教規，受其洗禮。「福漢會」會員之參加，當在起義之後，亦必須一是奉行「太平基督教」，將郭氏昔日之所教融化於其中。斷不容傳播稍異之教道，故對於太平軍之基督教，當無多大的影響，謂其有造於「拜上帝會」之創立發展，及後來之信仰，都不可能也。而且該會會員之參加入伍者亦只能厠身於全軍組織之下級，或至高達至中級，殆無由高列領導之上級，故影響不大也。

其較為複雜而頗難解決的問題乃是：初期鎮守鎮江之太平軍驍將羅大綱與吳如孝二人是否「福漢會」會員而曾受郭氏洗禮者？據費士邦艦長聞太平軍數人言，羅、吳兩人曾協助建一禮拜堂於廣州，「暗指」二人為該會會員，另有他人亦明言此事（見卡文頁一六一及注卅一）。即在羅吳致英國專使文翰（G. Bonham於一八五三年四月訪問天京者）之覆函中亦有言：「猶憶多年前曾與白萊謨（Bremer即巴麥）、伊理（George Elliot即懿律，非義律Charles Elliot），王金Wang King（音譯）諸君在廣州共同建立教堂，崇拜天兄耶穌……」云云。可見確有其事（看拙著《太平天國典制通考》中冊頁八〇一）。又：較為早年的西報載，太平軍有一重要人物曾於一八四〇年受郭氏洗禮，為「福漢會」會員，其人即「天德王」，曾為艇匪，後在廣西創立「拜上帝會」云。此暗指羅大綱者也（見卡文頁一六三——一六四及各註）。

然經仔細研究，其人其事，大有問題。（一）施氏所錄郭氏名單上一八四〇年受其洗禮者並無羅（原名「亞旺」）、吳二人姓名。（二）郭氏的傳教工作向不建教堂，則羅、吳所助建者非郭比工作。（三）羅、吳覆函所言之巴麥、懿律為一八四〇年鴉片戰爭初起時統領英國海陸軍攻粵之司令官。羅、吳當時在廣州外國商行任司事販賣鴉片，得結識二人（王金不知是誰），共建教堂，但曾受洗禮否，卻未可必。而郭氏則任英國翻譯官，如二人曾受其洗禮，何故不並提其名？郭早於一八五一年逝世，在軍事大戰期間，羅、吳恐未之知也。（四）郭於一八四〇年尚未創立「福漢會」，至一八四四年始在港創立之（見上文），二人早於一八四七年在桂為艇匪，稱雄滋擾於潯江（見郭廷以《太平天國史事日誌》上頁七二）。何能先到香港加入該會？（五）羅本「三合會」重要人物，其流為匪首，不足為奇；若曾受洗禮為基督徒而為此，誠不可思議。總而言之，羅、吳於一八五一年太平軍起義後即率其全部加入，恪守其教條與軍規。觀其致英使函有「崇拜天兄耶穌」之語，可知二人已同化於「拜上帝會」。曾受郭氏洗禮後加入「福漢會」事，在確據仍未得見之前，不能視為郭氏對太平軍之貢獻也。

（二）郭氏對於太平軍確有積極的、重大的貢獻。自馬禮遜死後，郭氏即繼起修訂或重譯聖經，又與其他西教士合作重譯。洪、馮等最初所得而細讀之聖經，即是郭之譯本。又：郭氏多作傳教小冊，共五十四種。洪、馮二人或得讀若干種，可惜以無由得見故未知其所受影響如何。至於郭氏之最大的貢獻則為「皇上帝」一名辭，此由《書》經「湯誥」而得之，即用為God之譯名。洪、馮即於初時所用「上帝」名辭之外，從新採用之，歷見諸各種太平文獻。從此，中國遠古相傳之宗教觀與由外洋傳來之宗教觀雖於信仰內容有異，而在名辭上更能合而為一，而基督教中國化程序益得開展了（以上參看李文，《典制通考》下冊之「宗教考」中篇關於信仰部分）。

民國六十七年五月

研究太平天國史六十周年紀念

洪秀全從學朱九江事再研究

前在拙著太平史諸書，屢曾述洪秀全早年嘗從學南海朱九江先生（諱次琦，字子襄，一八〇七—八二）一事（見《太平天國典制通考》中冊頁一五七五—七七，《太平天國全史》上冊頁一八—一九，《清史洪秀金載記》卷一，及同上《增訂本》頁七—八；在英文《太平天國革命運動史》頁十三—十四（*The Taiping Revolutionary Movement*, Yale, 1973）。茲發生新問題，得些新史料，作再研究。

洪氏嘗從朱先生遊一說，早已盛傳粵中。我親聞之故友譚沃心牧師，謂洪早年曾讀書於某寺。孫璞（仲瑛）亦聞朱先生嘗到花縣講學，洪氏往拜門聽講云（見《廣東文物》下冊「粵風」）。劉成禺之《禺生四唱》亦言洪氏曾從學朱先生。但在劉近年印行之《世載堂雜憶》（頁二七九），則自翻前說，謂朱先生於咸豐初年（五十歲後）始辭官，由晉歸里，講學於南海禮山；時則洪氏已入南京開朝，故從遊於花縣事為絕無可能，「其為流俗傳聞之誤可知也」。是故此事發生新問題。

余重思之，大凡一種傳說之流行，未必無因；必也事實上原始有根據而不載於文字紀錄，乃由口碑相傳，所謂無火不生煙者是。其間不免隨時隨地隨人常有附會訛言攙入；歷時愈久，距離原始事蹟亦愈遠者。然而總是事出有因，先有事實發生，未被採入史冊或志乘，乃由故老傳聞遺留後代。此種人口演播的傳說之史料價值甚高，有時且不亞於文字記載。此所以凡治史者萬不宜忽略，而亟須細心摭拾，悉心查考，視為一種研究對象，務期得到逼近真實史蹟的答案者。今茲研究洪朱關係，當以此重要傳說為出發點。

洪氏在花縣聽朱先生講學一事，犯了地理上及時間上的錯誤，其非史實，可以斷言，然此一錯誤固不能排除其早年向朱氏拜門從學之事，且此事自有極大可能，敢申吾說。

時在道光十六年丙申初春，洪氏行年二十四歲，第二次由花縣本鄉以童生資格赴省會應試（考秀才）。適於其時朱先生「館邑六榕寺」，年三十（見簡朝亮：《朱九江先生年譜》）。至是年秋，先生乃入闈應鄉試，中式舉人，然後晉京會試，時當在暮冬「解館」後也。如洪氏從遊之說為可信，則端在是年春間到廣州應考前後。如是，時地吻合無間。

或謂「館」，未必是設館授課，而只是旅居是寺而已。然當年朱先生正在賦閒，會城距南海九江本鄉不遠，試問胡為而不回鄉讀書，至冬間始北赴禮闈，而必全年寄居省垣佛寺耶？此其大不可解者也。矧此句「館」字活用，亦可作設館授徒解。今得讀簡朝亮（竹居）〈壬戌重遊六榕寺〉五古詩（見《讀書堂集》卷十三頁一）有句云：「先師朱九江，嘗旅斯譚經。」此足為朱先生於斯時斯地在六榕寺講學之明證。（按：昔時粵中學制，有「大館」之設，為高級學員就學之所，可以寄宿，由宿儒主持，每有多聘他師助教者。觀朱先生旅寺講經一年終北上一事，大概是應友邀約助教一年也。）洪氏於是年春間赴省會應試（或即寄寓斯寺以節省旅費）乘便在短期內拜門聽講，極有可能，至少時地吻合，大可為此傳說之重要的佐證。

其次，從學術思想方面研究，朱先生「旅斯譚經」，其所譚者是甚麼經？考粵中儒者，是時盛倡今文新學。朱先生服膺《春秋》《公羊》攘夷，〈禮運大同〉，之說最早，乃為「嶺學」開闢思想新境界。（康有為後來從遊朱先生乃得其授以《公羊》學而倡「三世」「大同」

之學說。）此學說重振民族精神，激發愛國思想，其後效顯著，微妙，而偉大，不過在當時尚未談到排滿倒清之革命思想而已。試讀朱先生晚年於鴉片戰爭清軍大敗紀事詩（新發現墨跡）有一首云：

賣國通番賊（原註：「琦中堂」——即琦善）。天津起禍胎。
亂離民似草。遠近砲如雷。
江海含寃氣。烽煙逐劫衣。
樓船諸將帥。何日得生回。

至光緒二年七十歲時，聞清廷派大員郭嵩燾往英，更勃然大怒，認為辱國至甚，猶且引《公羊》「大復仇」之義表示憤慨，手書云：

派員往英之事，何辱國至此！舉朝可謂無人。李相（鴻章）身繫安危，先自屈辱，損中國之威，長夷虜之氣，天下何望矣？回憶咸豐之事，喋血郊園，盟於城下，乘輿出巡，晏駕不還。《公羊》所謂百世之讐，無時焉而可與逋也。今重有此大辱之舉，此忠義之士，所以言念國恥，當食而歎，半夜憤悱、誓心長往，終己不顧者也（見簡朝亮：「朱九江先生講學記」）。

當老耄之年猶作此憤慨激昂之語，則其壯年氣或時激烈之言論、思想，益有甚焉者，可想而知。今人之研究九江之學者，每每注重其不分漢宋，只教人修身、治學之實學而忽略其愛國家、愛民族（當時滿漢不分）源出《公羊》〈禮運〉之主要思想，殊未能全窺先生之精神、人格、與學術也。

夫洪氏自幼就學於三家村之鄉塾中，只受冬烘先生之幼稚教育，何能得聞此《春秋》大義，《公羊》經訓耶？其後終身服膺〈禮運大同〉篇（見《原道醒世訓》），及華夷之別、華夏之防民族大義，當是於斯時受了朱先生之啟發。非然者則面受其提撕警覺，歸而發憤苦讀，乃得有新覺悟，寖假而以「華夷」即漢族與滿族相對抗，於是興漢滅滿之革命意識乃發生焉。由來「三合會」「反清復明」之思想，早已遍傳於粵中下層階級。然洪氏自起義後即明白宣布不贊同此過時的思想而要創建新國，倒清興漢（《太平天國起義記》），可知其革命思想，最初與其他粵人同受「三合會」之影響，容或有之，而其根苗自是由春秋攘夷大義而生。觀其起義前有詩句曰：「蠻夷戎狄盡傾陽」，「神洲被陷從難陷，上帝當崇畢竟崇」（同上）。後二句又將民族革命與宗教信仰合為一體，而演成簇新的革命理論矣。其後，東西王也，翼王、忠王、英王也，皆具有同一的興漢滅滿的革命意識，一一見諸公文。最後，又有干王洪仁玕於詩句及檄文中更再三明白表露春秋攘夷大義焉。凡此，一是皆由洪氏起義建國之革命意識一脈傳來。太平天國民族革命的性質由此而確定。所以我在上文謂朱九江先生之學術，後效顯著，微妙，而偉大，涵義如此。雖曰推論，豈不可信哉？

洪秀全之死

最近，在某期刊看見一位歷史教授的文章，內有太平天國天王洪秀全服毒自盡之語。經過百年有餘，經過真憑實據與精確研究發表多年之後，而此說仍流傳不息，尤其在學術界中，良可概歎。是篇之作，是要為這一近代歷史大問題，澄清一番，要陳出「洪秀全究竟是自盡抑病死」？這一問題之斷定性的答案。

一、「自盡」說之由來

關於洪氏死事最初的報告，是見諸曾國藩同治三年六月廿三日（即湘軍曾國荃攻破南京後之第七日）的奏摺（以兩湖總督官文領銜）。事實根據國荃的飛報而改定。其中有云：「又據城內各賊供稱：『首逆洪秀全於本年五月間官軍猛攻時服毒而死，瘞於偽宮院內。』」國藩到金陵後，於七月初七日（即殺忠王李秀成後一日）再上奏云：「有偽宮婢者，係道州黃姓女子，即手埋逆屍者也。臣親加訊問。據供『洪秀全……四月二十七日，因官軍急攻，服毒身死……。』」（上見曾氏《大事記》）

同時，附呈經已修改的忠王供辭鈔本。其中，於「斯時，我在東門城上」句之下，有三十三字云：「因九帥（國荃）之兵處處地道近城，天王斯時焦急，日日煩躁。即以三月二十七日服毒而亡。」其後，所有流行的忠王供辭各種版本，均有此卅三字。

以上為洪天王服毒自盡說之源頭。其後，此說遍傳遐邇，至今未已。凡中西公私文件著述，無不據此書出。其間，只有李濱一書為例外。

二、獨一的例外

李濱，字古餘，江蘇上元（江寧）人，仕宦世家。一家殉難於太平戰役者七人。其孀母初避難宜興。咸豐五年冬，遺腹子濱生。十一年，「江南大營」再陷，母復挈之北徙至直隸保定。至同治六年太平之役平後始回故里，時年十六。及長，以屢試不第，乃棄舉業，從事撰著。（據卷首俞樾兩函，稱為「公祖」，可見其雖無科舉功名，卻有官銜，或是納捐知府，乃有此稱。）年二十餘，開始編纂《中興別記》一書。「於是廣博搜採，力徵文獻，名賢奏議，諸家別集，郡邑新志，公牘軍書，及年譜、碑傳、筆記、雜錄，莫不羅而聚之。」又募雇寫人，妙錄《勦平粵匪方略》。「積三年之久，綜所獲官書刊本寫本自《方略》以下條理目次，約有二百餘種。……又訪諸曾與戎行者，諮詢札記，相與考證，以得其真。蓋自文獻大備，斟酌年餘始克藳草。」時已遷居吳門。編撰此書，反覆增刪。至五十歲，始獲卒業。於光緒三十一年脫稿，宣統二年（一九一〇）刊行，共六十一卷（上見卷末〈自敘〉）。郭廷以評曰：「是書為編年體，乃過去記太平天國歷史最完備之作，採用公私材料頗為豐富。」（《太平天國史事日誌》下冊附錄頁二二）

以余觀之，此書因用編年體記事，故全部太平史實零碎支離而無系統的記述，且資料雖豐，尚未完備，只就當年之所見所聞而編成，故仍不免訛舛與脫漏之處。然就當時史料限制而論，經過長期之搜討與審定，要亦不得不稱為一時代殊有學術研究Research價值之作，遠勝於杜文瀾之《平定粵匪紀略》及夏燮之《粵氛紀事》等官書、半官書。而其最為出色者，則記事及考證中多有時人公私書籍所未載者，確為此書之特優點。例如：其記天王之死事，一反曾國藩等所傳之「自盡」說，前後二段云：「洪逆曰：『食天生甜露，自能果腹。』賊為新名詞。甜露者，謂雜草也。後，洪逆餞，食甜露；病泄，斃於城克之先。」（卷六十，頁七陽面）「丁酉（同治三年四月廿七日，陽曆一八六四、六、一，太平十四年四月十九日戊戌），偽天王洪秀全食甜露草，病泄死。」（卷六十一頁十一陰面）

李氏之天王「病死」說，盡反曾國藩歷次奏報及其所進呈之忠王供辭鈔本，誠為百年來最獨特之說。可惜他未將此說之出處書出，故仍有待證實。

三、我的疑團

我個人自從得讀幼主（即嗣位之小天王）及干王洪仁玕兩種供辭——均言天王病死者（詳下文），即懷疑曾氏之天王「自盡」說為假偽，而其所進呈之忠王供辭鈔本中此句為其將原文刪改者。但苦於憑據未足，不能確實斷定其為偽說，反證有待於日後。回憶約在廿年前，美國威斯康辛大學史學教授濮友真，持其新著《基督教對於太平天國之影響》（E. Boardman:

Christian Influence upon the Ideology of the Taiping Rebellion）一書初稿來香港就余商訂全文。我閱其全稿，見其也明言天王「服毒自盡」，即陳出管見，說明對此說之懷疑，勸其不可貿然斷定「自盡」說，只可泛言其逝世而留待將來或可發現反證之新史料，以免陷於誤斷。他甚韙吾言，改了此句。該書於一九五二年出版即有此語，只言逝世，不言何因。多年後，我有新憑據，下了新論斷，馳函告之，濮教授深自慶幸曾從我之言，不致錯誤。

在抗戰勝利後，我對「自盡」說的疑心，曾一度有些動搖。緣有桂人呂集義者，在廣西省政府任職，曾奉命前往湖南湘鄉曾氏家中，將忠王原供攝影及將流行本修正。詎料彼既不遵命將全部原文攝影但只拍照十餘張，而又未將流行本和與原供字字校正，補鈔全文，脫漏了二千八百八十字，亦未將曾氏刪改之字句校正。其最重要者，關於天王自盡之卅三字，竟爾一字不改的如舊保留。他回桂將此不完備之粗忽校正本銷差塞責，而且居然報告「把國藩刪掉的部分一一補鈔」。（以上見呂氏《忠王李秀成自述校補本》。一九六一年中華書局出版。羅爾綱、梁峪廬，兩鈔本亦據此。）

我一向堅持己見，相信忠王供辭流行本中天王自盡之言必為曾國藩所刪改者。故拙著《太平天國全史》正文（下冊頁二二五二）只言其「臥病」，「駕崩」，而不言其「服毒而死」。但自從看見呂氏之報導及《校補本》與「一一補鈔」之聲言，即受其惡影響，以為忠王原供確有此報告，無從否認，不得不勉強修正從前的懷疑說，而於《全史》所述之一段之後加以註釋，取折衷方法，以為其先臥病，後自盡，以使各種文獻史料得融合無間。（郭廷以之《太平天國史事日誌》下冊頁一〇七六—七七亦有此結論，但與我說只偶同，說法各異。）其後，我在《清史》《洪秀全載記》（八冊頁六一三二一），亦言天王病死，但復加或謂其服毒升天句，以期兩說並存，蓋屬稿時，疑團猶未盡銷而真確斷論猶未得有，仍側重幼主及干王之「病死」說也。

四、真相大白，最後斷論

至民五一年，台北世界書局出版《李秀成親供手跡》，（確是忠王親筆供辭，此由國藩後人約農先生交出）。洪天王死事的真相乃得大白於天下。在此供辭中，並無上錄流行本之卅三字，但赫然在目者為以下一段原文，為呂氏所未補改者：「天王斯時，已病甚重，四月二十一日而故。此人之病，不食藥方，任病任好，不好亦不服藥也。是以四月二十一日而亡。（文按：此是誤記：應作天曆四月十九日，即陰曆四月二十七日。）那時天王又死，九帥軍逼甚嚴，實而無法。後，天王長子洪有福登基，以安合朝人心。天王之病，食甜露病起，又不肯食藥方，故而死也。」（見原供六五頁之背面十一行以下）有此真憑實據，出自當時在天京送終的忠王手筆，豈不完全可信乎？而上錄之卅三字的確為後來竄改者矣。

又觀幼主供辭，有云：「本年四月十九日（天曆），我主老天王臥病死了。」（載《逸經》廿二期）此雖口供而經書吏改書，但事實仍保留如原供，當是未受修改的忠王供辭之影響，大足為天王病死說之重要證據。

再讀干王供辭，其上半有云：「至今年四月十九，我主老天王臥病二一旬昇天」。（載《逸經》廿期）但干王供辭之下半卻有兩句與上相反的說法，謂：「天王之自殺，更令全局混亂。」「其（天王）結局並非喪在妖軍之手，卻在自己之手。」（上見《逸經》九期，我由英文譯本回譯。）我相信供辭上半之言乃其供辭之原文，而其下半之兩句則由贛撫沈葆楨所蓄意竄改者。天王死時，干王不在天京，當是後來親聞諸由京逃出之幼主及數大臣，故其言可信為真。惟沈葆楨於干王作供時已得閱曾國藩之忠王親供竄改本，（由安慶趕快刻印，其時在兩月後，李鴻章已得閱。）乃故意竄改原文以與曾氏同調，而供辭上半一句之保留，殆是不經意之疏忽。上半一句與幼主及忠王原供同言「臥病」，日期亦相符，自是真實可靠，實與下半竄改兩語相反而不相容的，故不可信以為真。

此外，復據當時曾國荃幕客趙烈文記云：「聞探報稟稱：逆目洪秀全已於四月二十八日——彼中之四月二十日病死。」（見《能靜居日記》，同治三年五月初六日記）其日實為天曆四月十九日，清方以為陰曆二十八日，即誤以為同在「戊戌」日。不知天曆差錯，提早一天。趙氏此條日記，更足為天王果然「病死」而非「自盡」之一強有力的證據了。

再據趙氏《日記》另一條云：「又：昨日據偽松王陳姓（按：即陳德風），潯州人，言偽天王實於四月死。或言知事不諧，吞金而絕，或言病死。」（六月十九日記）可見當時亦有天王「自盡」之謠傳與「病死」說同時流出。迨「自盡」說於五月間流傳到曾國藩安慶大營，乃一時不察誤信為真，故於南京一破即據以入奏。考曾氏之奏報向極謹慎，絕少破綻，而此次則誤報洪氏「服毒而死」。因一時鹵莽，無可挽回，故以後不得不多方設法彌縫前失。其強加黃氏宮女之供辭，與竄改忠王之親筆供辭，明奏「自盡」說，更強調其死於五月廿七日，其動機無非如此。否則前奏為虛報欺君，不能強辯脫罪矣。

不過，世界書局出版之《李秀成親供手跡》內，並無那「服毒而亡」之卅三字，而忠王原供仍保留原文。可見此卅三字原非曾氏手改的。復據趙烈文《日記》，謂奉國藩命看忠王原供且明言「改定」，則此卅三字信為趙氏所竄改以逢迎曾氏使符合其前奏者。然而曾氏必曾過目而後發下分鈔、進呈、及付印，是則亦須負竄政之責也。

現在回看李濱《中興別記》，所言天王「食甜露草，病泄死」之言，類似忠王原供所載「食甜露病起」，而「病泄」則該著者之解釋語，亦殊合理。其來源經多方搜討，如非有特殊機會得看忠王原供，則是從看過忠王原供者，口傳而得之秘聞。既有上錄四種憑據，殆可證明所載為事實，抑且復由此書可循環證明天王「病死」說之為確鑿史實，則「自盡」之說不攻自破矣。

余撰《全史》及《載記》時，猶未得讀李氏書。直至一九六四年在耶魯迷學時，始知布朗大學（Bsown）的中文藏書中有此，乃由耶魯借出來影印，而得用為至有價值之參考。在耶魯所著英文《太平天國革命運動史》（*The Taiping Revolutionary Movement*）斷定天王病死，即於上錄四憑據外，併引此書為證（P.528）。其後回港，印行《洪秀全載記增訂本》，亦根據此數種憑據，盡翻「自盡」說而作「病死」說之斷論（頁六七三以下）。上言的濮友真教授在一篇書評，感稱我的英文《運動史》。他大概未忘我當年對他關於天王死事勿作急遽的「自盡」說之結論，因此他特別注重此點，謂我關於天王病死的論斷「具有說服力的證據」云。（Boardman, in the *American Political Science Review*, Dec, 1975, Vol, 69）

民六五、十一、十、脫稿於九龍寅圃

太平天國新史料
——干王遺墨

太平天國干王洪仁玕、為天王洪秀全從弟。太平軍在廣西起義，未克從征，留居香港傳教。直至咸豐九年三月（一八五九）始能北上，跋涉千里，經贛鄂而至天京。旋膺封精忠軍師干王，位居首輔，執掌廟政與軍事。曾屢獻奇計，建立大功，且條陳現代化中國之政治大綱（《資政新篇》），力佐中興。實為太平天國後期擎天一柱。無奈建國用兵方略，輒為勳臣武將——如忠王李秀成等——所尼，計畫多不能實施，其本人且被排擠，不安於位。革命大運動終告失敗，干王以文天祥自況，卒以身殉國。

干王為飽學之士，允武允文，詩文留存於今者不少，為太平一朝之重要文獻。擅擘窠大字。余嘗披露其未遇時違難東莞之「龍」、「鳳」、「福」、「祿」、「壽」，五大字（見拙著《太平天國典制通考》上冊頁三七六），及在天京干王府大門前所豎之「福」字碑搨本（見拙著《太平天國雜記》頁二二〇及《典制通考》下冊頁一九二八）。最近，復得見其手書聯語影印本。是為干王所遺留之第三種墨蹟。謹簡述及考證於後，以饗關心太平史料者。

此墨蹟原為七字對聯之上比；文曰：「磨鍊風霜存骨相」。每字高十八—廿一釐米。上款題「御賜金筆干王書諭」八字，每字高五—六釐米。其下鈐有雙龍圍繞之長方印章，文曰「御賜熙載延祺」六字篆書：印高七・五，寬四・五，釐米。

原件藏於某地農家，為馮小岑氏所得。因下比佚，乃將此七字割裁為兩行，上四字，下三字，合併裝裱為一掛張。次行下空白則複裁邊紙補之。上有題識六行云：「此聯為洪秀全書賜其從弟仁玕者。文雖割截而筆勢豪邁，亦可想見當年馳騁之概。丁丑晚春，吾友馮君小岑出此相質，云得自農家。為題數語，亦史料也。老萊居士汪恩玉（？）雨□竝記。」下行鈐三印章，上章有「汪」字，餘莫辨。

題識所言「丁丑」大概是民國二十六年（一九三七），以上一「丁丑」為光緒三年（一八七七），時在滿清統治下，藏者未必敢暴露此「逆蹟」於人前也。

汪氏以為天王御書，誤矣。蓋其未明太平體制，以為是天王御賜與干王之「書諭」，而「金筆」兩字廢解。今分條考證之。

第一、所謂「御賜金筆」是一種榮典，如遜清之「賞穿黃馬褂」、「紫禁城騎馬」之類。考干王於太平十一年（一八六一）初春，奉旨出京到浙、皖、一帶調兵，以救方被湘軍圍攻之安慶。在出發前，天王「賜以金筆龍袍靴帽」等物。「金筆」原寓有「文武兼責」之至意。干王詳記其事並吟詩七律二首以誌殊恩（統見《軍次實錄》）。可見「御賜金筆」實為一種榮銜。

其次，據太平朝文書體制，凡天王降旨或御書必稱「詔」（或「訓誨」），而諸王行文或賜書與下僚則稱「諭」。此聯上款之「書諭」、當係干王軍次自書。其題銜於上款，則下款當有受聯者之官職姓名，亦朝制也。

復次，上款下所鈐之印文，大概是天王御賜匾額，上有「熙載延祺」四大字，殆亦視為一種榮典，故特刻木印，作閒章用。考天朝璽印制度，凡正式璽印必書宋體字，惟其他小印閒章，則有用篆書者，所見亦多，不勝枚舉，此印篆書印固非例外也。繞以雙龍，亦為天朝璽印制度。

其四、聯語有「磨鍊」字樣。此為干王所愛用慣用之辭，一見之《資政新篇》，兩見之《英傑歸真》。足為其真跡之證。

其五、七字書法，自成一格。筋力雄健，筆墨豐腴，法度謹嚴，精神洋溢，誠如題識者所謂「筆勢豪邁」者。洵有風骨挺拔，橫掃千軍之概，殊足以表現其渾厚人格及忠貞節志。以與前所發現之大「福」字及五大字仔細比較，筆畫風格大致相同，尤其「風」字與「鳳」字之結構角度極類似，當出同一人手筆。

由以上五點以觀，可斷定此為干王遺墨真品無疑。此當是於征途中，書賜一軍官者（另有詩三首「論」敞天燕方永年，並見《軍次實錄》）。革命失敗後，此上比得保留於農家，輾轉歸諸馮氏。由此可見干王民族革命之節概忠烈、克己修身之刻苦堅強。總觀其一生行誼、言論、詩文，非於宗教、理學、修養有素，自得於道者，曷能出此？其卒能於天京陷後，幼主蒙塵，奔馳保衛，終如文信國之以身殉國，確能實踐「磨鍊風霜存骨相」之節志。余嘗稱許干王為太平天國南王馮雲山後之純臣，自詡知言。（原墨蹟見《文物》一九七三年十二期影印及參考同期王慶成考證精詳之論文。）

忠王親筆供辭考誤

一、導言

自從忠王李秀成親筆供辭真正原本公開面世之後（民國五十一年臺灣世界書局影印出版，署簽《李秀成親供手跡》），舉凡以前整百年流行市面之一切官印私印版本，遂為之一掃而空，價值盡泯。無疑的，這是中西史學界研究太平天國史之最重要的第一手史料，蓋以其為對於太平天國始末之最為詳細兼最有系統之敘述，而又出於躬與其役之一個主要角色之手筆也。

然而，不可不知，在這部三萬六千一百餘字的太平文獻中，並不是字字句句無訛，也不是人人事事真實的。細考全文，何只錯誤百出？若不辨真偽，不加考察，盡信原文，或全行引用，誠恐為其誤導，結論錯謬，以至反而陷於「以訛傳訛」之弊，遂使這本文獻不能表達其至高度的及至正確的史料價值了。首先指出忠王供辭內容有不符事實而一一簽駁之者，為干王洪仁玕。當其在江西被俘後，由贛撫沈葆楨親為審訊，於親筆供辭及詩數首之外，並得其「簽駁李秀成口供原本，（一並）咨送軍機處備覈」（見同治三年十月十三日日，沈撫「訊明逆酋供情摺」載《沈文肅公政書》卷三）。干王簽駁原文，尚未發現，無從參考，但由此可知忠王原供中錯誤之處實多。茲篇之作，立意將其中所書出之字、句、時、地、人、事之錯誤，或不全真之處，盡個人所知所能，為之考證，一一指出，庶可作為一般研究者之南針焉。

此供辭本非「自傳」，實敘述太平天國全部史事之始末，如自云：「將國來歷，一一用心，從頭至尾，起止反覆，得失誤國情由……逐細清白寫呈」（頁十七面十二行以下）。然而其中有許多戰役或重大事件，俱未書出，蓋其所書者只限於所歷、所知、及所能記憶者，而其所未歷、未知、未能記憶者，則遺漏矣。此篇不能一一補充內容。研究太平天國全部歷史者當參用他項史籍所載以窺全豹（可參用拙作《太平天國全史》或《清史》之《洪秀全載記》）。

時人羅爾綱曾撰《忠王李秀成自傳原稿箋證》一書（民四十年初版，四七年四版增訂本，以下簡稱「羅著」），對於全部供辭之字、句、時、地、人、事，均作詳細箋注。然而羅著所謂「原稿」，無非根據以前之流行本，其最後所得見者亦不過呂集義囊在湘鄉所補鈔之極不完備之鈔本。世界書局影印之親筆供辭真跡，他尚未及見。即在羅著所用之流行本中，其遺漏、訛誤、增改之處，亦有一百數十處之多（據梁峪廬之《忠王李秀成自述手稿》中指出）。是則羅著全書，未盡可信；除考證部分復經證實為正確者可以保留之外，其他遺漏，或訛誤之處，亦必須一一修正或補充。本篇對於全部供辭，不再如羅著之詳作「箋證」，但於字、句、時、地、人、事之錯誤處一一指出而已（間有意義莫解者，則直書「未明」）。其間，有引用他書者，亦各注明出處，但尋常別字人所易知者不在內。至原文錯字經曾國藩當時用硃筆改正者，亦多不錄。

當推究忠王手書供辭之所以錯誤迭見者，大概不外由於以下六種原因。一、由於不知真相也，以其於金田起義後，始在藤縣軍次加入太平軍，前事當然不知或模糊不明；其後執掌軍政於蘇浙，對於遠方事實，亦莫明真相。是故自言「不知者、不便及也」（頁五一面十二行）。二、由於記憶不確也，其在囚時記述前事，信筆疾書，未經覆勘，而且心神恍惚，情緒不佳，難免誤記或遺漏。三、由於嫉忌私心之歪曲事實也，彼原係東王楊秀清嫡系，痛恨燕王秦日綱之手刃東王，又因與干王洪仁玕及英王陳玉成不睦，故輒埋沒或掠奪諸人之功而故作失實或遺漏之記錄。四、由於剛愎性成，驕傲自大，以故動輙誇張己功而掩飾己過。以上是有關人與事者，以下則有關字典句者。五、由於方言難改也，彼為廣西人，土話、俗語及鄉音滿口，信筆書出，不知其為誤為俗也。六、由於教育程度之過低也，彼在村塾讀書不過兩三年，常寫別字或錯字，或行文不通，固然矣。

以下逐頁逐行指出其錯誤之處，先引其原語，後加注釋訂正之。原語頂書頁數面背及行數，如「三面四」，即第三頁之面第四行。至注釋則另行。凡字、句，則於其下括弧內書出正文以省篇幅。至於由曾國藩以至近人及共產黨徒之誤解供辭原文原意者，亦兼及之。

二、訂誤

（一面二）中承（丞）大人。日食資云（未明）。

（一面三）遂一大概情形。

「遂」下脫「逐」字（羅著頁一三三），「一」下脫「將」字。

（一面五）開塞（基）之情節，衣（依）天王。

（一面六）起義之田（由）。

（一面十一—十二）天王名洪秀全，同父、各母。其父△名不知。長次兄、是其前母所生。洪秀全是後母所生。

洪氏父名鏡揚。秀全兄弟三人皆其元配王氏所生，繼配李無所出（見《太平天國起義記》拙譯載《太平天國雜記》，原據洪仁玕口述，自可信。看《洪氏族譜》載《逸經》二期拙著〈遊洪秀全故鄉所得到的太平天國新史料〉。太平官書中屢見有「君王母李」之稱，是繼母之謂。汪士鐸：《乙丙日記》以為其母，語意含糊。羅著（頁一三六）信為生母，誤。又：洪氏、幼年名「火秀」，後自號「秀全」，婚後依族中班輩名命名「仁坤」。忠王皆不之知（看《起義記》及〈新史料〉）。

（一面十四）死去七日還魂。

秀全患精神病，約四十日，自覺昇天見上帝之事，忠王所知不詳不確。（看《起義記》、拙著《太平天國典制通考》下冊頁一六一四，肆及《太平天國全史》上冊頁二五—三四）

（一背三）具（俱）不敢。具（俱）是（以下同）。

（一背五）廣西尋（潯）州，象洲（州）、騰（藤）縣（以下同）。

（一背十二）聚（眾）（以下同）。

（二面十三）石達開亦是桂平縣白沙人氏。

石實是貴縣北山里奇石墟那幫村人。（見石供辭，看拙著〈翼王家世考證〉，載《金田之遊》，參看羅著頁一四一）。

（二面十四）秦日昌亦是桂平白沙人氏。

據《賊情彙纂》（卷二）及新《貴縣志》，秦為貴縣人。

（二背九）道光卅年十月、金田、花洲、六（陸）川。

所有流行本皆作「六月」，連呂集義也未改正，故梁、羅兩著均從之，真是以訛傳訛。大抵曾國藩幕下書手連夜趕鈔原供，筆誤一字，實無故意改寫作六月之動機也。然百年來，史家為其誤導不少矣。

（二背十）此之天機（「此」下應有「中」字）。

以前馮、洪、在桂平紫荊山設立「拜上帝會」事，全遺漏。

（二背十一）格而深信了。（「格」即「更加」土音。羅著頁一四四）

（三面二）仍言（然）在家。

（三面二──三）金田之東王，發人馬來花洲，接天王到金田會集矣。

此即所謂「花洲扶主」之役，發生於道光卅年十一月下旬。因洪等在花洲被潯州協副將李殿元等帶兵前往圍捕，楊等聞訊，從金田發兵往救，擊敗官兵，迎洪等回金田舉義。十二月十二日正式起義，全未提及。（詳看拙著《太平天國全史》上冊頁三一五，二二三以下）

（三面三──四）有大頭揚（羊）、大里（鯉）魚、羅大綱、三人，在大黃（湟）江口為賊。

當時，加入太平軍之匪首實共有八人，──男六，女二。其後獨羅大綱與蘇三娘留而不去，餘六人皆叛去，多投清軍。而其叛變之由乃因太平軍紀律過嚴之故。忠王所記，不詳不實。（看《起義記》）新墟之戰及突圍撤兵事，全脫漏。

（三面簿眉）中平、馬安（鞍）山之戰。

武宣、象州之戰事及突圍，紀述未詳實。

（三面十三）出到思旺思回（迴）（是為「官村」之役，地在思旺墟思迴村附近）。

（三面十五）由八筒（垌）水。

自三頁面以上事蹟，皆在忠王加入太平軍以前發生，故所知所述，未得詳實。

（三面一六）上（尚）在家中（以下同）。

（三背七）與我父母□（尋）食。

（三背八）是廿六、七歲，始知有洪先生（曾國藩改「是」為「至」）。

據趙烈文《能靜居日記》（同治三年六月廿日）載，忠王於同治三年（一八六四）被俘後自言四十二歲（羅著頁一六四），是則出生於道光三年（一八二三），後天王洪秀全十年，而於咸豐元年（一八五一）加入太平軍時為二十九歲。上言廿六、七歲，即在道光廿八、廿九年（一八四八、四九），亦即馮雲山於一八四六年創立「拜上帝會」後二三年間會務擴充至藤縣時也。

（三背十一）大黃（旺）圩。

（四面六）不悉（識）回頭。

（四面十）姑（古）穌（蘇）沖（湧）一條小路而過招（昭）平（下同）。

（四面十三）上（尚）不能得出。

（四面十三）永安、水斗（竇）。

（四背二）過仙回（迴）。

（四背五）死烏軍四五千。烏帥被傷，在六塘圩身故。

此數疑誇張。《永安州志》云千餘，又過少。大概有二三千。烏墜懸崖滾下，受傷是實，但再追太平軍至桂林將軍橋受砲傷，退六塘，後卒於陽朔。上文所述不確（看《全史》上冊頁三六七）。

（四背十）南王在全州陣亡。

南王先在全州受砲傷，後至蓑衣渡身亡。此據余前在兩地採訪（看《金田之遊》之〈全州血史〉，《全史》上冊頁三八四、三八六）。此時，在戎馬倉皇中，忠王仍在行伍，想未之知。蓑衣渡之役，太平軍大敗，全未提及，豈其有意諱言乎？

（四背十三）師到柳（彬）洲，入柳（彬）州（下同）。茶（茶）凌（陵）。

（五面四）官兵不能勇（湧）進。

（五面六）對面沙洲（即水陸洲）。

（五面七）以後破（攻）城。

（五面八）無有油口（鹽）可食。官兵（此指太平軍）心莊（壯），而力不登（未明，殆

「不足」之意）。

（五面十一）封王在前，天王呼萬歲在後。

據「天父下凡詔書」，封王二日後有「山呼萬歲」之語，可見同時已有此稱，非先後。又據干王供辭云：「合到金田，恭祝萬壽起義」，則「萬歲」之稱殆早在金田起義時乎！

（五面十三）靠洞廷（庭）湖邊（下同）。

（五面十五）過林子（臨資）口。

（五背一）盤（搬）運下舟。

（五背二）然後開道破城（「開」下脫「地」字）。

（五背五）到陽羅（邏）。

（五背九）將江南（南京）四面圍困。

（五背十）破由儀鳳門開道破城（上「破」字衍文。「開」下脫「地」字）。

（五背十二）心欲結（亟？）往。

（五背十五）河水小（少）而無糧。

（六面六）椺（駕）東王坐舟。

（六面十三）婦女亦由（同）。男與女不得談（「得」下脫「交」字）。

此指設立「女館」事，惟未明言。

（六面十六）左腳沓（踏）入（下同）。

（六背五）大齊（眾）（土語即大眾）。

（六背七）□□（順）而心怒不息，少怒積多（未明）。

（六背十）原是北與翼王二人密議，獨殺東王一人（「北」下脫「王」字）。內訌前夕，北王在皖，翼王在鄂。兩王倉卒間先後回京，奚能先事「密議」？當是北王與燕王（秦日綱）之誤（以下十四、十六兩行同此）。

（六背十一）權托太重（謂授權太重也）。

（七面一）原（元）清。

（七面五）紅（洪）山營中同曾錦兼（謙）、張瑞（遂）謀（下同）。

（七面七）將翼王所殺（「所」、衍文）曾國藩改作「殺害」，或可作「殺死」）。

（七面九）移紅（洪）山之軍。

（七面十四）眾人歡說（悅）（下同）。（「說」本同「悅」，但忠王未必知此，疑其誤也）。

（七面簿眉）帥將姓周，不知名字（此誤，是清提督鄧紹良也）。在蕪湖（宣城）灣趾（沚）。

（七背三）天王一□（樣）（曾國藩改作「一般」）。「押（壓）制翼王」（下同）

（七背四）三人結怒（怨）。

（七背十二）圖謀之實積（績）。

（八面一）自口（幼）。
（八面二）長恭理（里）。
（八面三）獨生李秀成。
秀成原名「以文」，其後天王改作「秀成」，此處未明言。
（八面七）此假（段）不說。
（八面十）前偏（篇）。
（八面十一）賊峰（烽）。分（紛）張。
（八面十二）張加（嘉）祥。
（八面十三）連年賊惡（粵桂方言，「惡」謂勢力兇猛凌人也。非善惡之「惡」）。
（八面十四）上下未亭（停）。
（八背五、六）守把（把守）太平門外（下同）。
（八背十）生性口（秉）直。
（八背十四）打破盧（廬）州府（下同）。
（九面四）二十指揮李秀成。
關於忠王自敘履歷，其陞級次序前後矛盾，當由記憶不清故有錯誤，於此不能作詳細考證（參考羅著頁一六六——一六七）。
（九面七）我招張樂（洛）行（此筆誤，其後忠王及英王均有致張洛行書，載《太平天國文書》）（下同）。

（九面十、十一）因翼王與安王、福王、三人不睦，出京遠去，軍民之心散亂，廬州被清朝和帥攻破。合（閤）城兵將盡亡。

自六年內訌而後，翼王入京主攻，「安王」、「福王」兩王號已廢，改為「天安」、「天福」兩世爵，居「天義」下。此處及以後仍稱為「安王」「福王」，不合。

考翼王於七年四月始出天京遠引，而廬州之失是在五年十月，當時東王仍掌握軍政。城破後，守將周勝坤率眾退回天京。上文時期與事實均錯記（參考羅著頁一七〇）。

（九面十三）秦九泰（定三）。

（九背一、二、三）謹（僅）有殘軍。……此人是翼王逃出誘去外，此是老若（弱）。

考自三年十月起由檢點梁立泰防守。至六年八月中旬以後，李秀成始由江蘇北來助守。是年秋間，天京內訌，翼王被北王疑忌乃出京。旋聞全家被戮，於是於十月初回皖北抽調各軍回師靖難，大概架立泰於此時率大部守軍隨去而留老弱殘軍交由秀成接防。此非指翼王七年四月分化離京事也。英、忠、二王桐城大捷，係在七年二月。時，翼王猶在京。余以為尤其派陳仕章赴援，以竟全功，而且全役計畫均原由翼王發動主持（《全史》下冊頁一五八三，《勦平粵匪方略》卷一七六）。然忠王絕不提及翼王之名，直以自己為功首，似有私意存焉。

（九背五）李招（昭）壽（下同）（忠王有諭李昭壽文，載《太平天國文書》）。

（十面四）由椶（樅）揚（陽）渡江（下同）。

（十面五、六）與成天豫細詳（商）。

（十面十）下湯（倉）頭鎮（下同）（羅著頁一七一）。

（十面十四）派軍把□（盧）江（「把」下脫「守」字）。

（十面十五）上界河（羅著頁一三九改「界」為「泮」河，未註出處）。

（十面簿眉）成天予（豫）。

（十背七）交張（洛）為家（「洛」下脫「行」字）。

（十背十一）與清軍兩（相）迎。

（十背簿眉）一覺（覽）可知。

（十一面三）其調用（「其」上脫「歸」字。）。

（十一面六）專信同姓之重（「重」意義未明，或下脫「臣」字）。

（十一背三）見國亂紛云（紜），主又懞（塵）（時，天王未離京，「蒙塵」二字錯用，或意謂「蒙難」）。

（十一背十四）故人而眾荐（「人」字，衍文）。

（十二面八）至七公橋（七橋甕，曾國藩既作「七瓮橋」。亦誤）。

（十二面十）姓吉（即江蘇巡撫吉爾杭阿）……當涂（塗）。

（十二面簿眉）兄襲職（「襲」下脫「弟」字）。

（十二面十一）儀征（徵）清朝帥臣，不知姓名（即欽差大臣托明阿）。

（十二面十三—十六）那時我上（尚）是地官副丞相。……下救鎮江。

此次鎮江之役，係燕王秦日綱為主帥（見《逸經》廿三期拙譯麥高文詳細報導，看《全史》中冊頁一二九二—一三〇〇。又看羅著頁一八一引《勦平粵匪方略》卷一百二）。但忠王完全不提其姓名，顯是埋沒其功，抑且藉雪私憤，蓋秦為手刃東王之人也。不寧惟是，據其以下敘述文義，簡直以其一己居全軍主帥地位，製定全盤戰略，指揮全役戰事，誇大失實，無以復加。據其自言，當時在五位副帥中，其官爵僅為地官副丞相合天侯（六等世爵），而冬官丞相成天豫（五等世爵）陳玉成，春官丞相涂鎮興，夏（官）又正丞相周勝坤、三人尚出其上，則又何能由彼高居主帥之位耶？

（十二面簿眉）三岔（叉）河。

（十三面二）旗播（幡）明現。

（十三面三）兩不能處所（「能」下脫「進」字）。

（十三面八）兩帥制（作）戰。

（十三背五）卜著（樸樹）灣。（羅著頁一七八）

（十三背八）此不知土橋將姓名（是副都統德興阿），已令日久矣（不明）。

（十四面六）齊兵定疊。（不明，「疊」或是「奪」）

（十四面十二、十三）吉帥自己用短洋砲當心門自行打死。

據奏報及社文瀾：《江南大營紀事本末》，俱載吉撫登高瞭望，中炮子陣亡。此係官報。但另據私人紀錄：趙烈文《落花春雨巢日記》六年五月初二日起，及滄浪釣徒：《劫餘灰錄》，則皆云其以洋槍自殺，與忠王供辭上文同（看羅著頁一八五）。孰是孰非，仍待證實。

（十四背十四）逼在燕子机（磯）（下同）。

（十五面四）次日開攻，移營由燕子机搖（堯）化門……

是日，仍由燕王會同由贛皖回師之翼王分路督戰。翼王爵位最高當為全軍總帥。供辭下文敘述戰事亦不提翼王、燕王為帥，仍以全軍主帥自居。

（十五面十四）到步助戰（「到步」方言，云到達其地也）。

（十五背二）獨乘（剩）向帥數營（下同）。

（十五背七、八）令我與陳玉成，……等領兵追由句容而去。

此軍仍由燕王率領，但秀成亦自居主帥之位（見麥高文報導）。

（十五背簿眉）此是五年間（時期誤，應作六年，五月廿八日天京解圍）。

此役戰事，於此來能一一勘覆，看《全史》中冊頁一三〇七—一三一〇。參考羅著頁一八六一—一八七所引奏報。

（十六面三、四）是以向帥自縊而死。張國樑與向帥拜為契爺。

據奏報，根據張國樑稟稱，向榮實病死（《勦平粵匪方略》卷一五八）。

粵、桂人稱義父曰「契爺」，或作「誼父」。

（十六面十一、十二）扯（移兵）攻打金口（壇）。……張國良（樑）。

（十六背二、三）逢向帥敗過而亂，此是天之所排，不由人之所算。

天朝內訌，實由東王乘全勝之後，蓄意篡弒而引起。供辭以為是「天意」湊巧在向榮敗亡後發生，是錯誤的解釋，有意為東王掩飾罪行者。

（十六背四）禍起肖（蕭）詳（牆）（粵語「詳」「牆」同音）。

（十六背八）讒□（佞）張揚。

（十六背七）我□（久）經力練（諫）（下同）。

（十六背八）因自□（幼）為民（下同）。

（十六背九）奇（騎）上虎輩（背）（下同）。

（十六背十二）有不才理（未明）。我生世（「生」下脫一「於」字）。

（十六背十四）何肯違紀（犯）。

（十六背十五）輩（背）并□（離）宗（家）（下同）。

（十七面一）應受折磨之當（罪）（或「苦」）。

（十七面三）即是□（似）雲而已。（羅著頁一九〇作「沙」）

（十七面七）揣沓（度）來情。

（十七面八）斬去萬千宇宙（未明意義，或於「宇宙」下脫「之神」或「眾神」）。

（十七面十一）為人□（那）肯。

（十七面十二）今國破被□（擒）。

（十七面十六）臨□（瑶）（意義未明，或誤解「瑶池」）。

（十七背十一）守將是□（藍）成春。

（十七背十三）軍行到無為州，三河敗退。

三河於六年八月十八日失守。秀成乃轉赴桐城。前文（九面九以下）所敘桐城大捷事，應在此時之後發生。供辭時期顛倒，史事凌亂，當辨正。

（十八面三）韋志□（俊）避（被）逼。

（十八面四）林紹章（璋）。

（十八面五）林啟容（他書多作「啟榮」。「容」「榮」國語音同，粵語則異。原名或正如供辭所書「啟容」，未定）。

（十八面六）張潮（朝）爵，陳得（德）才。

（十八面七）花洋（華陽）。

（十八面十一）固（故）而堅穩也（下同）。

（十八背一）東西樑（梁山）之固。

（十八背六）□（臣）堅，□「臣」力死報。

（十八背七）黃池、灣池（沚）之莊（壯）勢。

（十八背十一）獨有南門，將已實困（當時，南門未圍，故秀成可由此出京，比句欠解）。

（十八背十四）我欲出以為外調救解。（「出」下脫「京」字）

（十八背十五）眾朝苦留（「朝」下脫「臣」字）。

（十八背十六）肯（許或准）我出京。

（十九面二）復而明（鳴）鐘擊鼓（「而」，衍文）。

（十九面三）擎（擊）鐘鼓。

（十九面四）主即坐□（殿），盡而（心）力奏。

（十九面五、六）主而（又）復明……是次日出朝（「是」上脫「由」字）。

（十九面十五）□（同）進固治（始），雙（商）城等處。天王欲見（治）。

（十九背六）正是九年五六月（實是八年五月間事）。

（十九背十三）破招（昭）關。

（二十面五）勝功（宮）保馬軍來敵（下同）。

秀成於八年四月初一日佔來安。其時，勝保正在攻稔軍張洛行於六安，不能「來敵」。初九日，幫辦軍務侍郎翁同書攻復來安。供辭上文誤（參考羅著頁一九九）。

（二十面簿眉）這邦（幫）兵害起。

（二十背簿眉）天加封（「天」下脫「王」字）。故而自□（尊）。而百姓者（「而」下脫「害」字）。

（二一面簿眉）不而救民命（「不」，衍文）。

（二十面十六）此是九年之話（此誤，仍是八年）。

（二十背九）全椒重馬（重馬未明）。由橋陵（林）。

（二十背十一、十二）外有勝帥馬軍三四千頭見仗（疑為「頭次」或「開頭」。其時，勝保仍未來。）

（二十背十四）概到湯淥（泉）一帶。我自己數奇（騎）。

（二一面二）正是九年六月中期（間或旬）（仍在八年）。

（二一面九）烏依（衣）會與（遇）。

（二一面十五、十六）遇張國樑由江南統帶精兵前來。此誤，江南大營來將是總兵馮子材（《勦平粵匪方略》卷二百二）。

（二一背一）於（張）軍又敗（此仍是馮子材軍，曾國藩改作「張軍」，亦誤）。

（二一背十二、十三）□忽（忽）言（然）（□不明）。

（二二面七）塞舒城之不通（「之」，衍文）。

（二二面二十）李家手（部）將（下同）。

（二二面十四）陳玉成之兵而敗定也（「而」，衍文。供辭用「而」字，多不通順）。

（二二面十六）蒙（濛）霧甚大。□（只）聞人聲。

（二二背二）陳將之上前，（「上」，衍文），陳將之後（「在」字下脫「李」字）。

（二三面一）（李續賓）自縊而死。

據胡林翼奏案，「戰至三更，李續賓身面均受矛傷，力竭陣亡」（載《胡文忠公遺集》卷三二）。另據方玉潤之《星烈日記》：「十三日，糧盡□絕，始脫圍欲遁，而賊已近營濠。迪帥（即李續賓，號迪庵）陷泥中為賊所殺，全軍盡沒，有名可紀者九千餘人」（載《太平天國資料叢編簡輯》）。公私文件證據，如此有力，則李綺賓實是當場戰死者。況在戰場上，眾目睽睽，何能「自縊」耶？供辭此說，殆不可信。

又：曾國藩胞弟國華亦同時陣歿。此忠王所未知者，故不提及。

（二三面三）不防提備（應作「不及防備」）。

（二三面五）落我營具（俱）一而在（不明）。

（二三面六）我與李將（比指續賓）戰平（勝）三河之後。

據供辭自言及事後胡林翼奏報，秀成未嘗上前線實際作戰，只在後方，此語誇大。

（二三面九、十）在桐邑羽（呂）亭翼（驛）。

（二三面十六）忌（懼）意。

（二三面簿眉）桐城清將不悉姓名（是李續賓湘軍留守之總兵趙克彰等）。

（二三背五）此是一解天京（下應加「之圍」）故此頁簿眉云「連向帥算來二解也」）。

（二三背十一）青草隔（堝）進黃泥崗（港）（下同）。

（二三背十三）助宿松之（一）力。

（二四面三）我不欲願（「欲」、衍文）。其屢屢多言計（？）懇。不得不由（「不由」

應作「已」）。

（二四面五）同左（都興阿）將軍（下同）（曾國藩改作「多」。以為多隆阿，亦誤。參看羅著頁二一二）。

（二四面七）其被鮑軍（「其」字，衍文）。

（二四背一）又是為三困（「為」字，衍丈）。

（二四背九）追調前軍主將陳玉成（英王官階向在其上，何能「調」之？此字錯用，妄自尊大故也）。

（二四背十二）圍六合清將姓朱（此是福建陸路提督李若珠之誤）。

（二五面五）朱（李）軍失士（兵）甚多。

（二五面六、七）清朝周將（即湖北提督周天培）。

（二五面十六）又由黃宿松而來。（「黃」下脫「梅」字）。

（二五背十三）路隔千（天）涯。

（二六面一）甚為美甚（？）。……其欲□（創）立。

（二六面二）收服人心之（實？）為首。

（二六面七）荃（全）邦之幸也。（「荃」，避「秀全」諱。）

（二六面十）片（遍）地。

（二六面十五）我見時勢甚不同（「甚」字，衍文）。

（二六面十六）當金□（殿）典主辨（辯）白（下同）。

（二六背一）將主國臣籌算（「國」字疑為衍文）。

（二六背二、三）被（與）曾帥之兵敵。

（二六背六）英家會（殷家匯）。

（二六背七）已在南寧（陵）、灣趾（沚）。

（二六背九）為外來救（曾國藩在「為」上加「誰」字，仍不通順）。

（二六背十四）軍務概與（「概」下脫「交」字）。

（二六背十五）接鎮（統）。

（二七面一）九伏州（九洑洲）。

此次秀成之出京召援，原係精忠軍師干王洪仁玕（九年春間抵京）所獻攻杭救京之奇計：「此時京圍難以力攻，必向湖、杭、虛處力攻其背，彼必返救湖、杭。俟其撤兵遠去，即行返旆自救，必獲捷報也」（「干王供辭」，另見干王他供，載蕭一山：《清代通史》三冊頁二八八）。忠王為此軍略之負責執行人，但其供辭絕不提干王之名，是蓄意埋沒而攘殊功，以其嫉忌干王甚，早與不睦也。

（二七面四）鐵桶一盤（般）。

（二七面六、七）任我指陳（揮）。自困天京五次皆苦我一人，四（力）籌解救。天京第一次解圍，是東王主持，由燕、秦二王等主帥執行，此次係干王定計，秀成執行。

其他三次或由秀成定計，但多賴陳玉成遠道東來作戰，方收全功。此語以五役解圍全功盡歸一已，埋沒其他，誇張失實至甚。

（二七面十六）駙馬鍾姓（即金王鍾萬信，又名鍾英）黃姓（即凱王董棟梁及捷王黃文勝。參考羅著頁二二〇）

（二七背二、三）我不故（過）在秦為秦，在楚為楚，自盡一心。

供辭這幾句，大概是泛泛引用張儀為秦游說六國、在楚拜相之典故。細味其言亦不過泛泛表示凡為臣為將者，無論在那一國、那一朝，必要為那一方盡忠效力而已，並未涵有背叛天朝而投降滿清為其出力之意，讀上下文語氣可知也。即在歷史上亦未見張儀之背秦降楚事楚。近年乃有共產黨史家卻引此二話以為忠王投降清朝反革命之證，實是誤解——曲解文義，深文周內，強入人罪，厚誣忠王多矣，吾不取焉（下文再詳論）。不過，忠王之用此典，亦不無語病，易惹誤會。此則由於文學歷史太乏修養、亂用典故之啟也。但此語斷不能作「朝秦暮楚」解，明甚。

（二七背五）過青戈（弋）江。

（二七背十一）陳（陸）順德。

（二七背十五、十六）取四（泗）安，下紅心（即虹星橋鎮，參考羅著頁二二一），會家弟李世賢之口（隊）。

考忠王於二月初三日佔廣德後，即以輕師進入浙江。時，李世賢早已入浙。初八日，二人合佔安吉。翌日，共破李定太軍於梅溪。初十、十一兩日，連捷於長興之泗安及虹星橋，而進占長興。由是分兵二支，一由李世賢佯攻湖州，而忠王則向南進向杭州。據供辭，忠王佔泗安、下虹星後方與世賢會師，疑時間先後因誤記脫節。）

（二八面一）不欲人多（不須多人）。

（二八面四）三日三夜，……攻破杭州。

據「干王供辭」：「因忠王隊內貪獲馬匹，未得入城，即被緊困城門」，故須攻城三日夜方破之。此汙點也，毋怪忠王諱言之。

（二八面八）及我母親京。（「母」下脫「在」字）

（二八背十四）計（記）清明。

（二八背十五）出孝風（豐）。

（二九面三）此解京解（圍）（「此」下應有「次」字）。

（二九面九）攻溧揚（溧陽）。

（二九面十、十一）輔清□（更）克溧水，木（秣）陵關（下同）。

（二九背四）英王是不約而來。

此誤。縣「干王供辭」早已檄調之，謂「約英王虛援安省」。焉有不約而知自行東來之理？其實，英王早已遵命西來，先事佯攻江北諸邑以牽制清軍，至是依時渡江會戰。忠王不知干王檄調事，益可為是役之運籌決策確出自干王之證。

（二九背八）進北門紅（洪）山。

（二九背十一）不能救後（「不」上脫「前」字）。

（二九背十六）京圍此六解也。

上文二五面十五言「四困小解圍」，二七面二言五困，則此次解圍是第五次，「六解」有誤。

（二九背七）進紫荊山尾。

李圭：《金陵兵事彙略》卷三釋作「鍾山」（羅著頁二二六）。

（三十面一）具（俱）行（？）連夜。

（三十面七）幸未逢明主（「幸」上脫「不」字），忽（屈）誤英雄。

（三十面十）万不從容（「容」字，衍文），故而今日之難（「而」下脫「有」字）。

（三十面十一）勇勇（懵懵）而來。

（三十背八）自言（然）昇平之句。

（三十背九）被中承（丞）大人之（俘）獲。

（三十背十二）壞國根元素（訴）清。

（三十背十四）命我領本部人馬，去取稣（蘇）常。

地次東征之役，亦由干王在御前會議獻策：一、先行東取蘇滬；二、回攻上游（「干王供辭」一）。天王准奏，即詔令忠王執行。供辭只埋沒了干王獻策之功。東征並有英王、輔王、及黃文金、劉官方等部，非只忠王本部。此又是沒人之功，或偶爾遺漏。

（三十背十六）由（向）丹陽進發。

（三一面一）兵屯邑（「屯」下脫「丹」字），在丹……。（「丹」下脫「陽」或「城」字）。

（三一面二）勝富（負）未分。

（三一面五）寶□（塔）根下。

（三一面七）此是恤（識）英雄。

（三一面八）那時張帥之（「之」下脫「兵」字）。

（三一面十）並偶（遇）張玉良。

（三一面十二）是（日）開兵。

（三一背書心）到此總共一萬八千之敷（數）。

實則到此只得一萬六千一百廿餘字，相差約二千字。

（三一背一、二）何制臺自行偷般（搬）家眷下舟他逃。

何桂清實自常州府由陸路逃去蘇州。供辭所述，似由無錫東逃，誤。

（三一背四）鎮守宜興清將姓劉（即署道永鎮總兵劉季三）。

（三一背十）會（惠）泉山（即惠山）（羅著二三五）。

（三一背十五）舟往許庶（滸墅）關（下同）。

（三二面一）和春在許庶（滸墅）闕自縊而亡。

供辭記載清軍主帥之死，輒謂其自殺，或「自縊」，如前數役之吉爾杭阿、向榮、李續賓，及此役之和春是。其中，獨有此役所載為真確的。和春之死，據蘇撫徐乃壬奏報，係因傷發嘔血而死（《勦平粵匪方略》卷二三八）。然另據數家記載則與供辭相符，如《喬勤恪公（松年）奏議》卷一）謂其「自縊死」；佚名《東南紀略》云：「自縊」，及蕭盛遠：《粵匪紀略》謂其「以燒酒吞服洋煙……身故」，並言「徐中丞（有壬）「以因傷殞命，飛章馳奏。」」由此可信和春確是畏罪自盡。考蕭氏當時方在和春幕，故其言為親見事實，尤可信（參考羅著頁二二三五—二二三六）。

（三二面四）街方（坊）等村百多有來迎（「百」下脫「姓」字）。

（三二面五、六）同心殺盡張和兩帥官兵（「官兵」原文為「賊」，供辭忌諱。）

（三二面六）因將（自）丹陽

（三二背九）七困敗亡（天京「六困」、「七困」均有問題，見上文）

（三二背十）謀才福擇（澤）。

（三二背十四）派舟其往，非我參（貪）是好言。（「舟」下脫「送」字。）

（三二背十五）光我之溥（薄）面。

（三三面八）矛槍二（指）我。

（三三面十）收（下脫「之」字）。自舉安起（莫明句義）。

（三三面十一）以（由）近及遠。

（三三背三）將嘉（西）南兩門。

（三三背八）周文加（嘉）。

（三三背十三）得洋莊一百餘口。

「洋莊」究竟是那一種軍器？郭廷以：《太平天國史事日誌》（上冊頁六九七）改稱為「洋刀」。羅著（頁二四〇）釋作「一種前膛舊式洋砲」。但是役，華爾軍只有三百餘人，大炮、洋槍，幾盡被俘獲，未必再有如許舊砲，故此說可疑。最近，得友人安徽蒙山何家驊先生告我：「前數十年，彼之鄉人作戰多用『洋莊』；此為最舊式的長槍——長過近今之來福步槍，每次放彈一粒，由槍口入火藥圓彈，另有銅帽放在後膛，發放時彈機擊銅帽發火燃藥放彈」云。此即外人百年前所用之Muzzle Loading Rifle。忠王俘獲洋槍、大砲。洋莊，大概是番隨同華爾作戰之李恆嵩軍及炮船所得的。誌此備考。

（三三背十五）尚海。（太平天國改「上海」作「尚海」，以避上帝諱故，曾國藩改為「上」，實不知情（下同）。

（三四面一）周（徐）家會（匯）。誰（距？）□（離）尚海（下同）

（三四面八）兵馬不能企身（「企身」即「起立」）。立卻（腳）不住。

第一次上海之役，太平軍損失甚大，供辭諱言（詳看《全史》下冊頁一八一三——二二）。

（三四面十四）紅毛禮拜堂（常人稱英人為「紅毛」，但這是法國人的天主堂，忠王認識錯誤）。

（三四背三、四）分一軍上石門。

此為侍王李世賢前來參戰之軍。供辭遺漏（看《全史》下冊頁一八二四—二五）。

（三四背九、十）解圍定壘（奪）（即解圍已成定局之義）。

（三五面二）我身視（事）天朝。

（三五面七、八）集傳（全）許多亂星下降（「集傳」未明，或是齊集之義）。

（三五面十三—十五）先忠於秦，亦丈夫信義。楚肯容人，亦而（以）死報。收復部軍而酹高厚。

供辭此處明白表示先忠於天朝，但如曾國藩方面肯「容人」（即准許之意）亦以死報。所報者何？即樂為之用而為其收集本部殘軍解散，以免擾害地方人民也。此處及下文表示明白，仍無「投降」求生及賣國求榮之意，不可不辨。但用典有語病，見上文。

（三五背二）而成□（未明，或是「功」字）於今日也。

（三五背三）秉直心□（未明，或是「輭」，粵語與「院」同聲）。

（三五背四）我□（未明，或是「作」）一心。

（三五背八）直□（表）真情。

（三五背十）代收齊此人（意謂收集餘部遣散，並無「投降」字樣。下同）。

（三六面五）命我上由（？）。

（三六面七、八、九）隨州、義寧、武寧、大冶、興郭（國）、池（蘄）水、池（蘄）州、武昌、江夏、金年、寶（保）安、甫祈（蒲圻）、加（嘉）魚、通山、通城。（以上各地，除義寧、武寧，仍屬江西外，皆湖北郡邑。供辭混亂。）

（三六面十二）雖回如是（「回」下脫「奏」字）。

（三六背七）切等敘云（莫明其義）。

（三六背九）和張三（二）帥。

（三六背十）院為（未明或是「願」）。

（三六背十一、十二）此軍常勝，未見敗過。

此是大誤。湘軍屢次大敗於湘、鄂、皖、贛，如供辭上文已詳述三河之敗。又如湘軍在贛水師大敗被困，供辭未言。

（三六背十三）如省不固（「如」下脫「皖」字）。

忠王既明知皖省之重要，而後來則不赴援，亦不圖恢復，是自相矛盾，足見其後軍略之大錯。

（三六背十四）我奏主亦然（言）如是。

（三七面二）首堅江東門（「首堅」應作「堅守」）羽（雨）花台。

（三七面三）我這出京（「這」下脫「回」或「次」）。

（三七面五）那時洪姓出令……非我洪（下脫「姓」字）（此指洪仁發、仁達。）

（三七面九）自害此也（「此」，衍文）。

其時，精忠軍師干王洪仁玕綜理朝綱，掌握軍政全權，忠王權位實居其下。然供辭於出京前預囑各重臣諸事，絕口不提干王，且自居主持朝中軍政身分，可謂專擅之極，蓋其對於干王嫌隙已深，且有鄙屑之意（如「忠王供辭別錄」有一條云：「偽玕王所編各書，李酋皆不屑看也），其後不聽命令，獨斷獨行，誤國殊甚，不可不知。

（三七面十一）上石□埭，到移（黟）縣，偶（遇）鮑軍

（三七面十四）由岳（箬）嶺到徽州，遇屯溪，上□（婺）源。

（三七面十五）十一年正初二。（「正」下脫「月」字）

（三七面簿眉）因與鮑軍戰敗……屯祈（祁）門。

是役，忠王初與鮑超交戰，敗後（實不只一次），即率兵避去，不敢再戰以攻破曾國藩之虛空的祁門大營，使其死裡得生。據其自述理由：「我非是欲爭此處，實上湖北招兵」（同頁簿眉）。既如此，又何必進兵作戰於初時乎？是自諱自解之遁辭也。此著已是大錯。尤甚者，自是即染上「恐鮑病」。以後凡遇鮑軍，無不退避，乃影響到不救皖省而轉圖浙江，於是軍略上又鑄成大錯。

（三七背一）外清軍（「外」下脫「有」字）。

（三七背二、三）李錫揚（或作「李金暘，但曾國藩未改）……其兵與兵（「與」下脫「我」字）。

（三七背四）故而和我之故也（「之故」，衍文）。
（三七背五）由撫州灣（「灣」上脫「滸」字）。
（三七背六）到章（樟）樹、新金（淦）（下同）。
（三七背十二）本不欲札（紮）。
（三八面一）招齊大概三十萬之數（數）。

供辭關於此役遠征的目的，謂為招收贛鄂義民，這是錯誤的記述。原來那時安慶已被湘軍圍困，前在天京定計有五路救皖的大戰略。其主要的二路，乃由英王由皖西進，忠王由贛西進，合成大箝形攻勢共取武漢，復另以三路牽制皖南曾國藩各軍。如計畫實現，不特安慶之圍立解，而曾家兄弟也成甕中之鼈，不被俘虜必致滅亡了（詳看《全史》廿二章之陸頁一八四一—四五）。這戰略，原是干王前時所獻出之軍略之第二步：「一俟下路（即蘇、常、上海）既得，即取百萬元買置火輪二十個，沿長江上取，另發兵一枝，由南進江西，發兵一枝，由北進蘄（州）黃（州），合取湖北，則長江兩岸，俱為我有，則根本可久大矣」（干王供辭）。攻滬計畫既失敗，而安慶又被圍急，於是實行此第二步，大概多添中三路以使此新戰略更為完密。如各路主帥，照計執行，必可奏功無疑者。此全盤軍略大概係由英、忠、二王先在蘇州後在天京與干王詳細擬定，經天王裁可，復由掌握軍政全權之精忠軍師干王發令各軍依計進兵，再密令安慶守將堅守待援。未幾，英王受英人巴夏禮威嚇不敢即攻兩漢，仍須奏明天朝候旨定奪，再由干王嚴令其照原定計畫進攻時，英王大軍已撤回安慶。戰略粉碎後，干王乃有

「遂失前議大局之計」之語（干王供辭），可見干王在天京仍係發動及主持全局者。忠王供辭全不提及干王及英王，尤其不以此救皖大戰略為出兵目的，分明是有意諱言，以掩飾其破壞全局之罪也。

抑且前時約定於十一年春英、忠二王會師於武漢。英王果依期於二月中到黃州，轉趨鄂北，因忠王失約未來，故於三月中自率大軍回救安慶而留兵二萬於鄂以接應忠王。忠王則遲遲至五月中旬始到鄂南，已愆會師之期三個月了。此又是軍事行動上之大錯誤，故於供辭上諱莫如深，一字不提。

（三八面一—五）後鮑軍由宿松扯兵上到黃州府，湖北巡撫兵亦來，□（離）金牛，寶（保）安二三十里。那時正逢六（五）月之中，所招之兵，具（俱）未經戰，是以未敢與鮑軍開火。

供辭以不敢與鮑胡軍作戰為放棄救皖戰略而撤兵東返之原因，即此已明白顯出「恐鮑病」之作祟了。再考史實，則鮑超於五月初二日尚在安慶攻破英王軍之赤崗炮壘，隨於十五日西開屯兵宿松，直至六月始渡江赴贛（見陳昌：《霆軍紀略》卷四頁十一）。是則在六月初忠王開始撤退之時，黃州一帶何嘗有鮑軍影子？是殆情報有誤，聞風先退也。至胡林翼是時駐節太湖，於五月中確西援武昌，但在十五日與曾國藩會商於望江之華陽鎮，並無派兵到金牛、保安之事。且於是月初四日忠王軍已擊敗鄂軍余際唐於興國，繼於初八日又拒退湘軍蔣凝學於武昌縣。而其時武昌省會空虛，防軍無多，攻克甚易，況且英王留在黃州、德安之賴文光及陳時永二軍仍有二萬人，準備接應會攻兩漢（賴已有函稟知忠王）。然而忠王一意孤行，退兵惟恐不速。於是乎五路救皖之全盤戰略為之完全粉碎。安慶一失，天京隨之，革命運動終歸失敗矣。（關於是役英王、忠王進兵退兵詳情看《全史》下冊頁一八五〇—五五，一八七三—七六）。

（三八面六—八）李世賢亦由徽州而到景得（德）樂平一帶……到樂平一敗（此為三月初中旬事）。

（三八面七）黃文全、胡□（鼎）文、李遠繼、由東流、建得（德）、饒州一帶（此為去年十一月間事。）

（三八面六）劉官芳（方）、古隆賢、賴文鴻，這支人馬（此為十一月、正月間事）。

（三八面十一）所制（衍文）……之相應（「之」，衍文）。

（三八面十五）胡□（鼎）文中砲身死。

此誤。孝王胡鼎文實於同治二年（一八六三）三月二十五日始戰歿於皖南（郭廷以《日誌》下冊頁九九〇，《全史》下冊頁二二〇一）。以上所敘祁門一帶之戰均以前之事。供辭是追述舊事，故時期顛倒不清楚。

（三八背六）其（甚）不美事。

（三八背九、十）不與鮑胡軍戰，一因兵新，二因接李世賢來報。

此供辭自言退兵之由。除因誤信鮑胡來攻，恐新兵不能作戰之外，又因接其堂弟李世賢三月中旬在樂平之敗訊，催其回救，故即放棄會攻武漢之救皖戰略而返軍「接護」之。

（三八背十一、十五），因私廢公，以致大誤戎機，責無可卸。

（三九面一）一由遂安而回（「遂安」應作「德安」或「靖安」）。

（三九面三）後將（由）此經過。

（三九面五）荃（全）軍片（遍）地而下（「荃」避秀全諱）。

（三九面十五）悉聽其由（「由」上脫「自」字？）

（三九背一）被擒不（無）奈。

（三九背七）那時知（以為）家弟。

（三九背九）欲相（想）

（三九背十）後家弟。（此非指李世賢，實指宗弟李愷運兄弟二人，下同。）

（三九背十一）派令鮑昭（超）一軍亦到，在豐（下脫「城」字）

（四十面一）百姓口（撤）開。

（四十面三、四）將已過齊，鮑軍亦到，此時傷官兵數十名。

此豐城遭遇戰發生於十一年七月二十四日。據曾國藩八月初二日奏報，稱為大捷，共斬太平軍七八千名，與供辭之數相差百倍有奇。如不是曾之誇功，則是忠王之諱敗。但照供辭所敘當時之情勢而觀，則忠王軍避戰急退。過橋將完，鮑軍始追到，則死亡必不多，或不只數十名耳。羅著頁二五〇、二五八，作「數百名」，則是傳鈔本之錯矣。

（四十面七）遠以（已）過了撫州滸灣。

（四十面十一）攻打金□（華）

（四十背三、四）到□（鹽）嶺舖至姑唐（塘）

（四十背六）分軍據淨。（「淨」土話，言「完」也。）

（四十背七）涕（梯）王練業坤

（四十背八）□（未明）衢郡清兵

（四十背九）金化（華）（「化」，避「耶和華」聖名諱，下同）

（四十背十四）首王范汝曾（增）。

（四十背十六）洋鬼之通誘軍（「軍」上脫一字，未明，或是「我」字。）

（四一面三）求限五日，戴王不准。其（至）三日

此事記載大錯。先是，當侍王軍主將黃呈忠、范汝增逼近寧波時，寧波英、法、美、領事等於十一年十一月初一日（一八六一、十二、二）南往奉化謁范，請延期一星期乃進攻寧波（非五日），原非欲「將寧城內洋行什物運出城」（頁四十面二），實為緩兵之計，意欲俟英軍艦由滬前來援寧，海軍力量加強，方再強硬干涉也。至初八日，期滿（非第四日），黃、范軍即佔領全城，而英艦「蘇葛」號始到，已不及矣（詳看《全史》下冊頁一九四〇—四一）。

（四一面五）以及四民公（供）應。

（四一面六、七）洋鬼帶戴王去取海門廳（鎮）鎮海縣。

此處時期與事實俱誤。黃呈忠部何文慶等先於十月二十六日克慈谿後，即分軍於十一月初

六日佔鎮海，並無外人帶引而去之事。郭廷以《日誌》（頁八三二）言「一說文慶等曾得英法軍之引導」。此或引用忠王供辭。然此說無確據，不可信。蓋當時英法軍已決定反對太平軍佔領各商埠，且已密謀助清守衛寧波，斷無助之導之以攻佔寧波外圍之理。太平軍之佔領鎮海一帶地方，原係得本地土匪之勾引與嚮導也（看許瑤光《談浙》卷三「寧波失守事略」）。至海門鎮在寧波南之台州（即臨海縣）台州早於十一月初一日為侍王本軍佔領，海門當在內，更無外人帶引事。（看《談浙》卷三）

（四一面十六）此時當即（下脫「由」字）。

（四一背一）武康、得（德）清，亦是天朝兵把（下脫「守」字）

（四一背二）□（高）敦（淳）

（四一背四）亦是兵屯（「是」下脫「我」字）

（四一背五）海□（鹽）縣。（下同）

（四一背六、七）我軍一到海寧州，守將張威邦獻城而降。

清統領虎威軍副將張威邦獻海寧州降於忠王部將蔡元隆，係在十一年十二月初二日（見陳錫麒：《粵逆陷寧始末記》），是後於杭州之易幟四日（十一月二十八日）。供辭此處日期先後倒置。

（四一背十二）出軍□紮（攔截）。

（四一背十三）內外押（來）戰。

（四二面二）我為（圍）城

（四二背二）滿州（洲）之人（下同）

（四二背七）培（賠）命

（四二背十四）業亦（已）給費其（放）回

（四三面三）王有齡與其師爺計及，托（「傳」或「付」）與忠王。

粵桂人稱官吏之幕友曰「師爺」。

（四三面十五）排（擺）與眾視是否。

（四三背三）部下之之（文）員，當眾明喧（宣）。

（四三背十四）此出我之心院息（惋惜）不認（願）加刑。

（四三背十五）上（尚）有米賢招（興朝）。（下同）

（四三面十六）外有林麟趾（「林」，衍文，下同。）

（四四面三）與我文官閒及（敘）

（四四面十四）未偶（遇）明君，好（可）惜好（可）惜。（粵語「好」「可」音相近。）

（四四面十五）此時十二（一）年（誤記一年）。

（四四背一）此時在穌（蘇）省。

「在蘇省」是筆誤也。其時忠王仍在杭州，至十一年十二月初八日，方率一部大軍北上圖滬。

（四四背十、十一）十二月回穌州（蘇州）過年（羅著頁二七〇讀作三十過年，誤）。

（四四背十一、十二）安省被九帥之兵克復。全城餓死。

以下敘安慶失守事，時期又先後倒置，應視為追述。安慶於十一年八月初一日失陷，時在克復杭州前整西個月，忠王大軍尚未入浙。其時，太平軍非戰死則退卻，無一存留城內（見朱洪章：《從戎紀略》），惟非作戰之人民尚有萬餘。曾軍盡屠之，即官報所云「殲敵萬六千餘人」是也。供辭語不確（詳看《全史》下冊頁一八九三—九四）。

（四五面十三）昌（瑲）琳（下同）

（四五面十五、十六）頋（顧）王吳如孝，具（俱）在同（桐）城。

其時，干王洪仁玕親督大軍赴桐城援安慶。供辭又未提及。輔王楊輔清最後方到。列名於此，時間與次序俱誤。

（四五背六、七）被鉤（鈞）舖，青草隔（塥），黃埿（泥）崗（港）

（四五背八）被左（多隆阿）將軍（下同）

（四五背十四）該（？）至到桐城。（「該」下脫「將」字）後英王只親自回京。

英王回京摧救事，未見諸各籍，或有其事。據載籍，五月二十日，英王與輔王相約會商於皖北無為州。時在集賢關赤崗嶺之四壘被鮑超攻破之後（五月初二）。英王就於此時回京，於歸途中在無為與輔王會商。後，輔王於七月初一日由皖南寧國出發渡江赴援。如此，時期符合。

（四六面五）後劉昌（瑲）林，李四福具（俱）是陣死。此誤。李四福等守三疊，先於五月初一日被攻破，全體兵將千餘人均被擒斬（據曾國藩五月初四〈家書〉）。次日，劉瑲林等堅守所餘一壘之七百餘人，以勢孤力薄，棄壘出走。曾國藩手批供辭頁四六面簿眉云：「劉瑲琳是外江水師生擒。」審是則劉等向南逃，至江邊始被擒也。

（四六面八）圍困之濠格（更）而深壘（文義不明，當是深濠堅壘之意）。

（四六面九）城邊草（菱）湖……放炮而入（「炮」下脫「船」字）。此處時期又誤。早於三月二十二日，曾國荃商請楊載福調蔡國祥炮船二十餘艘由東岸擡入菱湖內作戰，旋續調舢板十餘隻入內（見王定安：《求闕齋弟子記》卷七）。

（四六面十二、十三）城內無糧，後被九帥攻破。……張朝爵坐舟逃生。據供辭別錄，忠王有云：「力王張朝爵在城內，想已死了」。是自相矛質。忠王為未期最高統帥，張朝爵生死必知之，故死於此役之言可信，至稱為「力王」則或事後天王追封之爵銜也。供辭以「城內無糧」為因，而「後被九帥攻破」為果，這是不錯，但不是全其真，蓋「無糧」也是一種果而不是主因。其最重要的原因，乃是英國的助力，此不特忠王所未知，抑為凡研究太平天國史者所未注意的事實。緣湘軍圍困安慶年餘，不能拔。太平軍堅守孤城，其糧米油鹽，甚或軍火彈藥之接濟，幾全賴外國商船（或中國船而懸英旗者）自上海源源不斷的運來，清軍與洋軍均莫之能禁，因有准許英船航行長江的條約為護符也。由是洋商偷運，固獲利甚厚，守軍卻能賴此嬰城固守。此事實曾引起湘軍主帥曾國藩莫大之憂慮，嘗嘆曰：「目下可慮之端，第一洋船接濟，安慶承無克復之期。」（見十一年四月二十六日〈家書〉，另見同月二十日兩〈家書〉。）由此可見洋商之接濟對於安慶攻守之重要。其後，國藩設法運用政治外交，於六月間，透過清廷恭親王與英人交涉，英公使於十六日訓令駐滬英領事，嚴禁外商偷運接濟安慶，乃由游弋長江之英軍艦二艘嚴密封鎖，禁絕洋船停泊安慶。於是乎自七月起，守軍紛紛斷絕，而安慶爭奪戰乃進入最後一階段。卒因糧食告盡，守軍紛紛出降，終至失陷矣。是故英國之助力，實為湘軍攻破安慶之主要原因。苟不明其中因果，終不能完全了解此役之真相也。（看《全史》下冊頁一八九〇—九一）

（四六背七）□（革）其職權。心緊（煩）意亂。

（四六背九）後曾（多）帥發兵而來困，被逼不甚（堪）。

（四六背十二）被苗佩（沛）林（霖）

關於此役，供辭大致不錯，但仍未全真。全役實為英王大舉北伐，先遣三路出發北上，其自己本軍則留在廬州。尚未開拔即被多隆阿、袁甲三大軍圍困。英王孤軍不能守，乃突圍赴壽州苗沛霖處（苗早投天朝，封奏王）。不料苗適已再降於勝保，乃俘英王以獻焉。此中真相，重要點在英王之北伐動機及計畫，而忠王或未全知，或知而不表彰者。（看《全史》下冊二十四章頁二〇二五以下）

（四六背十五）過南不得（不明）。後調陳得（德）才到穌（蘇）省，當面訂分（明）。

此事有誤。自同治元年五月初八日，英王在河南延津殉國後，其北伐軍之兩路主帥扶王陳德才一軍已達入豫陝作戰。忠王在蘇奚能知其行蹤？縱使知之，又奚能調其東回？供辭此句所載，實絕無可能之事。（看《全史》下冊頁二〇六〇）不知忠王何故有此誤書。

其後，至同治二年春忠王統大軍西征，於三月下旬軍次桐城，有英王遺下之北伐軍中路主帥馬融和會同捻軍張宗禹等由鄂東開至此間，果與忠王會師，合攻六安。但未幾，兩軍又分道揚鑣矣。如供辭所述係誤記此事，則時期、地點、人物俱錯了。

（四七面四）十三（二）年（此據天曆，即同治元年）

（四七面五）那時，我尚（上）江西、湖北招兵之時。

此追溯十年十月以後事。

（四七面八）不甚（堪），良民流淒（淚）來稟。

（四七面九）對我不能（住）。

（四七面十三）買此王而據（拒）我也。

（四七背一）見此各心不分（忿）

（四七背九）發十萬餘千（「發」下脫「錢」字）。

（四七背十五）日（越）奏日（越）怒（下同）。

（四八面六）輩（背）而（我）我（而）逃。

（四八面七）暗放遙（謠）言。童容海他心者（「海」下脫「有」字）。

（四八面十三）昆（崑）山等縣。

（四八背一）其攻城□（爾？）處無救。

（四八背四）接到驚（警）報

（四八背六）助其之（攻）戰。

（四八背十二）制我萬之人。（「我」下脫「一」字）

（四八背十三）到來處。（「來」下脫「該」或「此」字）

（四八背十五）松江、四（泗）境（涇）、青甫（浦），加（嘉）定、保（寶）山

（四九面一）我到太倉……云云。

考之載籍，當時太倉無洋軍，只有清知府李慶琛自率劣軍六七千人來戰。同治元年四月十九日，忠王施計大敗之，斬慶施等將，無與洋軍作戰事，是誤記（看《全史》下冊二〇一一）。

（四九面二）自至午（「自」下脫一字）曾國藩改作「辰」）。

（四九面八、九）上海來救之鬼，是廣東調來之鬼。

供辭所載又誤。赴援嘉定之英軍，非新由廣東來，原是攻陷北京之軍，前由天津調來者（同上書頁二〇一一—一二）。

（四九面十、十一）連戰三日，具（俱）是和戰，兩家傷二三千人。

此記載又不確實。當時英司令在南翔，以兵單畏戰，只遣裨將率五百人衝入嘉定城，救出被圍之英法軍，焚城而去。四月二十八日（西曆五、二十六），英法全軍退上海，此後，兩軍並未在嘉定作戰。（同上書）

（四九面十二）時見不得（下脫「利」字），飛調聽王陳炳文。

嘉定之役，陳炳文於洋軍盡退後始由青浦前來，未作戰。

（四九面十六）即下青甫（浦）云云。

青浦、泗涇、松江等戰況，供辭所載均不實不盡。青浦係由華爾及英將率一部常勝軍於五月十三日夜間乘英法軍艦各一艘往救。只救出駐防之常勝軍及英軍六百人，放火焚城而退回松江，無激戰。華爾佐將富爾思德撤退不及被俘，此供辭未言。太平軍即佔領全城。

（四九背一）及尚再調來（「尚」下脫「海」字）

原意調赴援青浦之洋軍一部由上海來，非是。

（四九背四）初一炮正中其舟。

據李鴻章奏報，華爾放砲攻城，開至第四發炸裂軍艦。或係鴻章諱言（看羅著頁二八二）（《全史》下冊頁二〇一五）。

（四九背十五）用舟莊（裝）洋藥、洋砲千（十）餘條。

此當指先於五月初六日（西曆六、二）忠王大敗英軍於廣富林，截獲大批軍火事，但時日顛倒，砲數誇張（看同上書頁二〇一四）。

（五〇面四）由上下（「上」下脫「而」字），衍文）
（五〇背二）久而必而無鬥戰之心。（下「而」字，衍文）
（五〇背五）正當議楚（未明，疑其原欲謂「議左」，即粵俗語議完了也。）
（五〇背九、十）□（仰）莫仕蔡（睽）專推（催）起馬。
（五〇背十二）無心在□（未明，疑為「埸」字）
（五〇背十六、十七）此爭（筆）破壞了。今將三万七八千字矣。
字數錯誤。供辭以上寫了五十頁，第一簿完，合共僅為二萬五千二十餘字。
（五一面四）將前部（簿）鑒（校）對
（五一面十一、十二）少何失漏（「少何」、粵俗語「無幾多」也）。
（五一背六）六十餘旬（歲）。
（五一背十一）寸（以）表我之愚忠。所交合（閤）
（五一背十六）□□（牽牽）纏纏。
（五二面三）因何而止□乎（未明）
（五二面八）三四十日（應作「四十餘日」）。
（五二面九）壘（下脫「堅」字）
（五二背八）石崗鋪（石澗埠）
（五三面五）迎（回）軍返佩（旆）。

（五三面六）民家苦於（楚）。

（五三面十）派鮑昭（超）軍一路攻彼。

此誤。巢縣於同治二年四月二十二日，被湘軍水師成發翔、張錦芳、會同陸師劉連捷等攻破。越二日，鮑超、劉連捷佔含山（郭廷以《日誌》下冊頁九九五）。

（五三背八）前後失去戰士數萬。

流行傳鈔本改作「十數萬」（羅著頁二一八九），不對。據當時親自駕小輪由江北迎接忠王回京之英將林利報告，返旆饑軍十餘萬人。又據李鴻章奏報：「其在九洑洲過江者僅存四、五萬人（羅著頁二一九三引），則喪失當在十萬左右，不至十數萬人也。（詳看林利報告載譯文《全史》下冊更二二三四—三七）

（五四面十二）費糧費□（餉）者多。……沒（滅）絕。

（五四背七）令國之事（「今」下脫「將」字）。

（五四背十一）此番死□（實）。

（五四背十三）一月之（有）餘。

（五五面四）所由□（惑）主

（五五面六）龍白（游）等處

（五五面七、八）寧波郡，前是鬼子誘引而得寧城。

此說錯誤。寧城克復，非英法所欲也（見上文）。

（五五面十一）餘姚、乘（嵊）縣。
（五五面十四）是清□（滿）餉銀（應作「滿清」）。
（五五背六、七）左京堂亦隊伍甲（交）爭。（「亦」下脫「派」字）
（五五背九）我力據（「我」下脫「軍」字，忠王未預斯役）。
（五六面四、五）然後洋鬼子攻打乍浦、平湖、加（嘉）善、三處失守。

考平湖太平軍於同治二年十一月初八日舉城降於李鴻章部之潘鼎新。乍浦於同月十二日降於李部之潘鼎新等。嘉善則於同月二十八日降於李部之程學敬等，皆非洋兵攻破者。忠王不在浙，故不之知而有此誤（看郭廷以《日誌》下冊各日事。參看羅著頁二九八—二九九）。

（五六面六）具（俱）被李撫臺清（請）。
（五六面九）□（印）子山營又失。□主其格（更）。
（五七面十六）久知生死之期近以（矣）。（「生」字，衍文）
（五七背一）不意該等（「該」下脫「將」字）。
（五七背四）少年結怒（怨）至今。
（五八面十三）劉朝（肇）鈞（均）。
（五八背一）再將京中壞政敗亡之陳（陳之）。
（五九面七）合（闔）城具（俱）食咁（甜）（下脫「露」字）。
（五九面十）天王云曰（「曰」，衍文）。

（五九面十三）制（製）作一團。

（五九面十四）降照（詔）□（飭）眾遊行。各而被備食（「被」，衍文）。

（五九背十一）□（未明）要米二擔，具（俱）到保偃領取。

（五九背十六）丹而至三坌河、龍都、胡（湖）熟，洒（解）溪（「丹」下脫「陽」字）（羅著頁三〇九）。

（六〇面四）明列我耳（不明）。

（六〇面七）是以辭心（粵俗語，「辭心」謂灰心也，今人謂之消極態度）逼氣而培（陪）其亡（「逼氣」，粵語謂受其氣也）。

（六〇背一）要閣內外（「閣」下脫「朝」字）

（六〇背三）字樣安入□內（「安入」，即「放入」，粵俗語也）。

（六〇背五、六）營天營（「天」上脫「稱」字）……獨我與李世賢不服聲稱。

據供辭，天王去年改政，似指天曆癸開十三年（即同治二年）。然早於十一年間之太平文獻及拙藏之天朝公據上已屢見此新名稱，而在十二、十三年之文告印信中則普遍照改矣。供辭又謂，他自己與李世賢不服。李世賢方面未知如何，但忠王於壬戌十二年致劉肇均諭文及十三年給英將林利憑照上，亦已有此名稱。可見供辭失實。或者其「去年改政」一語，係泛指「昔年」亦未可知（參看拙著《太平天國典制通考》上冊頁十一——十二，及羅著頁三一一二）。

（六〇背十四）我（稱）為我隊我兵者。

（六一面五）格外歡天（喜）（或原意欲寫「歡天喜地」但下脫二字）。

（六一面六、七）到京未滿半月，封為軍師，號為干王。

供辭於此時期有誤，應作「未滿一月」。仁玕於九年三月十三日到京。初封「干天福」世爵。二十九日擢陞「干天義」。四月初一日，晉封開朝精忠軍師干王福千歲，因此惹起忠王等之嫉忌，以後嫌隙日深（看《全史》下冊頁一六九七，據干王供辭）。

（六一面八）封過後，未見一謀。

供辭此言，不特大錯，且表現忠王因嫉忌積怨，蓄意厚誣干王，埋沒其功。考干王執掌軍政全權後，在政治方面即獻呈建國大方略《資政新篇》，及實行多種新政嘉猷與改革，而在軍事上則亦屢獻奇計。其所陳之幾種偉大軍略中，只有十年攻杭救京之計為忠王徹底執行而成大功者。其他則因忠王專擅獨斷，不肯執行或違反定策而致計畫失敗，誤國至甚；如二次攻滬之舉，干王本主與外國和好而忠王「偏要與洋人為難」（見在撫衙供辭，載蕭一山：《清代通史》新版三冊頁二八六）；又如十一年五路救皖大軍略，則忠王不攻武昌、畏難徇私而退兵，復棄皖圖浙以致安慶失守；及咸豐帝死後，干王主張乘機「伐喪」大舉掃北，而忠王復畏難抗命，是也（干王政績及謀略詳看《全史》下冊第二十章之伍，頁一七〇八以下）。

（同上）心不分（忿）（「心」下脫「中」字）

（六一面九）自翼王他向（去）。

（六一面十二、十三）其弟初來封長，又冇（無，粵俗語）才情，封有兩月之久，一事無謀（此誣蔑干王之辭更甚於上文，見前註）。

（六一面十五）對我不能（住，或起）。

（六一背一、二）在傍（旁）看見，其心不分（忿）。行文勸我投其（渠）。

（六一背十）李老大人處等云（「等」，衍文）。

（六一背十三）來□（未明）時

（六一背十五）□（未明）定有他變。

（六二面二）奏到天王耳日（未明）。

（六二面八）前勞（未明）之不服。

（六二面十三）觀之不分（忿），力少從戎（謂作戰不力也）。

（六二面十六）言（然）如箭發難收。

（六二背十、十一）自封忠王之後，其（渠）改我號為李秀成（上云在家書名「以文」）。

此亦誤。前在八年九年，已有「李秀成」之稱（羅著頁三一四）。

（六二背十二）業懞（蒙）塵失國（言天王出奔「蒙塵」，不合，蓋尤其誤解蒙塵為蒙難也。）

（六二背十五）內外□（慌）張，……無法挽就（救）。

（六三面一）京內繁繁（煩煩）

（六三面五）將自谷米（「自」下脫「已」字）
（六三面六）又不資云（未明），或是「濟匀」）
（六三面十）不資（濟）於事。
（六三面十五）我亦不樂之心（「亦」下脫「有」）。
（六三背三）可久（救）民生。
（六三背四）足有十三、四萬（疑數目太誇張，「十」字後和加，原書三、四萬可信）。
（六三背五）用廣（下脫「東」）
（六三背九）然各出城門（「然」下脫「後」字）。……國出孽璋（障）。
（六三背十）□（許）多有……不修正（政）事。
（六三背十一）賊盜峰（蜂）張（起）。
（六三背十六）京之事日變一（下脫「日」字）。
（六四面三）何人什（拾）到（得）。
（六四面十）陳得（德）風通於東外（門）。
（六四面十一）朱逃（兆）英。
（六四面十四）□（鎖）拿松王。
（六四面十五）七十餘旬（歲）。
（六四背四）此（經）過未久。

（六四背五）部下司（師）爺（幕友也）。

（六四背七）戴□頂子（曾國藩改□作「紅」字）。

（六四背十四）好還（還好）飲酒。

（六五面五）干王長子洪蔡（葵）元（「葵」，或「魁」，客家語讀如「魁」）。

（六五面八）並踴（湧）。

（六五背十二）四月廿一日。

此誤。天王駕崩之日為天曆四月十九日，即陰曆四月二十七日（據幼主及干王供辭）。不可不注意。天王病亡一段全經曾國藩幕僚（趙烈文？）刪去，代以天王服毒而亡三十三字，傳鈔本均照刻親筆供辭內。

（六五背十五）洪有福（幼主全名為「天貴福」，忠王不之知，殊可異）。

（六六面二）□（無）福處。

（六六面三）城開壠（「城」上脫「沿」字）。

（六六面六）無決斷之才人（人才）。

（六六面七）曾帥之兵□（每）日。

（六六面十三）九帥用火藥攻倒京城。

供辭又將攻陷天京之全功歸之曾國荃，但事實上仍是得力於英國之助力為多。此固忠王之不知，而一般研究太平史者有亦多未注意者。緣天京末期，糧食接濟多由上海洋商運來，一如安慶情形。先於同治二年（一八六三）曾國藩〈家書〉有云：「九洑不克，斷不能斷洋船奸民之接濟。接濟不斷，不能克金陵」（五月十四日）。又云，「只要水路無接濟進城，陸路縱有接濟之報，賊亦終無可久之道」（六月十二日）。可見水路洋商之接濟實為天京存亡之生命線。國藩隨於五月二十七日，奏請飭令總理衙門照會英法各國公使，於金陵未克復以前，不得在該城外停泊輪船，以斷太平軍之接濟。七月初四日，清廷總理衙門奏稱，各國公使已允嚴禁商人接濟金陵。十三日，清廷又命蘇撫李鴻章令英、法、美、領事嚴禁各國流氓偷入接濟太平洋軍。結果：以後一年期間，天京水陸接濟果完全斷絕，卒至失守。再觀供辭（同頁上文）有「自幼主登基之後，軍又無糧，兵又自亂」（此缺糧之果），及「此官兵日夜未得飯食，天明各已去了」（散去也），足證明助力，斷絕其接濟之效力也。

（六七背一）智才口（韜）略。

（六七背十六）而上清涼（下脫「山」字）。

（六七面二）雖言（然）不修得（德）政。

（六七面三）過次（「過」，衍文）。

（六上面五、六）旨旨（時時？）報占（？）過情者不亡（忘）（全句意義不明）。

（六七面十二）自向（未明）。

（六七面十四）我此者（「我」下脫「為」字）。

（六七面十五）而救口「危」或（「幼」）主。

（六七背十一、十二）逃上荒（方）山暫避。

南京城東南郊有小山，三面方形，名「方山」。粵語「方」「荒」同音。余以為忠王當時實逃上方山，誌此質疑。

（六八面四）寬身呈（乘）涼。

（六八面十）將我改依（衣）。

（六八面十六）勸我涕（剃、或薙）頭（下同）。

（六八背三）我亦不能復語（活）。

（六八背十）爾必拾（捉）獲此頭目，云言□（該）百姓。

（六八背十一）藏不往（住）。

（六八背十二）被兩國（個）奸民。

（六九面九、十）陸續收荃（全）（「荃」下，流行刊本以及羅、梁、呂各著皆有「投降」二字，是曾幕客後加）。

（六九背二）敢（感）帶（戴）靡涯。

（六九背三）此舉實及（乃）。

（六九背五）若我能此本事收復（服）。恐□（不明）我他心，（「能」下脫「有」字。）

「復」字曾國藩親筆改作「服」，甚合，但其幕客再改作「降」，大違原意，流行各本皆作「收降」，大錯特錯。

（六九背六）是定我（下脫「為」）。

（六九背八）仍鎖在禁（監）（粵語稱監牢曰監）。

（六九背十一）揣度否合（合否）。

（七十面八）發一二同我（「二」下脫「人」字）。

（七十面十）帶民（文）前往（粵語「民」「文」同音）。

（七十面十四）溧揚（陽）帶云（去）。業寬養重代（待）（「漂」上脫「由」字）。

此非事實。戈登破溧陽後，保護敵帥李世賢家眷，先派專員護送至崑山，旋復送往世賢處（見西籍）。據同治四年三月二十九日左宗棠奏報，緝獲世賢在閩派往上海接家眷之美國人（羅著頁三二九）。又據康祖貽（有為）：「康公（國器）事略」，國器於同治四年五月初二日大敗李世賢於福建永定，覆其全軍，並虜其王娘及貴內使多人。可見世賢家眷果曾到達福建。忠王供辭謂被李鴻章所俘，是不之知；若然豈能倖生？

（七十背五）成此事□（不明）

（七十背十）被為（圍）嚴緊。

（七十背十一）在外許廣（曠）野（疑「許」下脫「多」字。全句文不通順，只可以意會）。

（七十背十五）又再計效（較）。

（七一面二）其去必成（承上文「非」字，「必」應作「不」字）。

（七一面十二）記話而從（不明）。

（七一背三）善心撫□（恤）。

（七一背四）罪將邦（幫）

（七一背七）□（捻）匪作亂。

（七一背十一）不計何（下脫「人」字）。

（七一背十五）被獲罪孤何（不明）。

（七二面八）天朝之失誤有十（實是九誤，六誤重。）

（七二面十三）臨青（清）。

曾立昌赴援北伐軍之大軍，由臨清回師，於四年四月初旬，至黃河漫口支河覆沒，未回至天京。獨許十八（宗揚）一人率少數回京。供辭模糊不清楚。

（七二面簿眉）不能記得□名（足貴州提督秦定三）。

（七二背一）去相（湘）譚（潭）。

（七二背五）「君臣而（疑）忌（專語「而」「疑」同音）。

（七二背六）翼起狽（狼）心。「翼」（下脫「王」字）

（七三面七）及過（「及」上脫「談」字。曾國藩改「及」為「敘」）。

（七三面十）談及肯（「肯」上脫「不」字）。

（七三面十四）今上少我國尾（全句不明）。
（七三面十五）待為（？）我（羅著頁三三三，改「為」作「回」）。
（七四面四）通（聽）明（粵土音有讀「聰明」為「通明」者）。
（七四面七）百發百（下脫「中」字）。
（七四面十）我乃天清民根（莫明其義）。
（七四背五）鄉（香）巷（港）。
（七四背五）欲同步戰之利（「同」下疑脫「得」字）。
（七四背七）各食砲（下脫「子」字）。
（七四背八、九）定用手搶（槍），甚（其）打遠過。

忠王親筆供辭之初步研究

太平天國忠王李秀成親筆供辭之真跡原本，一向祕藏於湖南湘鄉曾國藩家中。其後，由曾氏後人攜往臺灣，埋沒至今，垂百年了。最近，始由曾約農先生拿出來，付與臺灣世界書局楊家駱先生印行面世。這曠代的文獻瑰寶，對於研究中國近代史、尤其太平天國史者，具有相當的、特殊的史料價值，自不待言。舉世文化界應向曾、楊兩先生感謝此一大貢獻。（楊先生另撰〈李秀成供考〉，五十一年十一月由世界書局印行小冊，足資研究供辭之參考。簡稱「楊考」。）

於今對此新出現的史料作初步的研究。惟只側重幾個問題之探討：一、版本，二、名稱，三、字數，四、誤導，五、刪改。至關於全部供辭之內容，即所述史實之考證，與夫忠王才能、韜略與人格之批判等等，則弗及。（本篇之內容及見解，均由筆者負其全責，謹此聲明。）

一、版本問題

茲先將自始至今，忠王供辭之各種重要版本列舉及略述於後方。

（一）這篇供辭係從同治三年六月二十七日開寫，至七月初六日，即忠王殉國之日（陽曆一八六四、七、二七—八、一七）一共寫了八日有多（陰曆六月小無三十日，首尾共九日，但末一日酉刻受刑，當不能全日寫供）。次日酉刻，曾國藩即以李秀成「淩遲處死」事入奏，並以曾經刪改之原供進呈。據其自記（七月初七日《日記》），將親供「分作八九人繕寫，共寫一百三十葉，每葉二百一十六字，裝成一本」（大概連夜趕鈔）。據此則所進呈之鈔本全部共有二八、〇八〇字。這是最初的鈔本，亦是以後各種傳鈔本之祖本。這一鈔本從來人所罕見，亦不在清故宮檔案中（簡稱「進呈本」）。（其後，曾氏奉諭補錄前所刪去之「十要」「十誤」繳上。此補本近已在故宮發現，未見刊布，故未知共有字數多少。按：原供此兩段及其前數語，由第六九頁背十行起，共刪去二千零五十餘字，但據楊家駱考證頁四，只刪去一千五百字。）

（二）「進呈本」同奏摺發出後，曾國藩即將另一分鈔本「寄皖刊刻」（見七月十一日曾《日記》）。據謝興堯考證：曾在故宮發現曾氏奏摺一件，稱奉到七月十四日上諭，因前於初七日進呈之供辭隨奏摺咨送軍機處，但摺到而供辭未到，故即將經已刊刻之一本補送備查（發此摺及刊本之日期未詳，當在七月下旬）。（上見謝著：《太平天國史事論叢》頁「六〇」）。由此可見此刊本早於七月下旬出版。八月中（西曆一八九四年九月），李鴻章在蘇州友人處借觀之（見十七日李致曾國荃書）。這是海內流行的第一種忠王供辭。全篇共二七、八一八字。（見羅爾綱：《忠王李秀成自傳原稿箋證》頁一六〇，謂除去「進呈本」文內各空格及曾氏批語，刊本供辭字數相同。）（簡稱「曾刊本」）

（三）「曾刊本」印行後才月餘，即有英人李泰國（Walter T. Lay，前任中國海關總稅務司），譯為英文，自九月廿三日（西曆一八六四、十、廿二）始，在上海英文《華北先驅》

周刊（North China Herald）連續發表，標題曰：「忠王的自傳」（The Autobiography of Chang Wang）。（按：Chang應作Chung。）翌年，上海基督教長老會印書局（Presbyterian Mission Press）將全文成書。（上據MacNair: Modem Chinese History, Selected Readings。）（簡稱「李譯本」）

（四）同治三年十月，有書賈將「曾刊本」改頭換面，木刻翻印圖利。封面冠以新名曰：「永安州英雄起義」，其右一行曰：「洪秀全三人結拜，錢江演計取金陵。」左一行曰：「曾大人克復金陵，生擒李秀成親供。」供辭全文共二萬七千餘言，分為三卷。在卷二之末加插「若知後事，且聽下文分解」字樣，恍如小說體裁。供辭末，仍照錄曾國藩批語。其下另有卷四，錄曾氏等奏摺三。（以上參考「嘯風本」薛澄清序，及「楊考」。）（簡稱「木刻本」）

（五）以後，又有多種翻印本或傳鈔本出現。其較著者，有北京九如堂翻印之「曾刊本」（年期未詳），重印「木刻本」（年期未詳），《金陵紀事》（同治九年鈔本，刪去舊版本一萬六千餘字），木活字排印本（同治間），及《繡像勦逆圖考》袖珍石印本（光緒十九年）等等。（以上參考「楊考」頁六、七。）（按：《勦逆圖考》為筆者校勘時所用版本之一種。）

（六）光緒三十年，有「捫蝨談虎客」（即韓文舉，字樹園，號孔厂）鈔錄供辭，編入《近世中國祕史》第一冊（日本東京廣智書局鉛印本）。內容文字經其潤飾，較為簡潔雅馴，惟史實多有歪曲之處，且經節刪。比之「曾刊本」少一、一八三字。據其自云：「採官牘」，實則以《繡像勦匪圖考》為藍本，而復任意刪改者也。楊家駱評論云：「李供諸本以此本竄亂為最甚」（「楊考」頁七），信然。（按：羅爾綱《箋證》誤以韓氏名「孔厂」，又謂其「在日本翻刻」，見頁一三〇，此大概是引自謝興堯《太平天國史事論叢》頁一五九，謂係「鈔錄自日本者」。兩者均未提廣智書局之名。）（簡稱「祕史本」）

（七）「祕史本」流行最廣，各方翻印者不可勝數。其著焉者有如：《滿清野史》（第四編）（在成都出版，年期未詳），《清華周刊》（民國十七、十八年連載卅卷各期共六號），羅邕所輯之《太平天國詩文鈔》（民國廿一年新版上冊），書末附錄「十誤」兩大段，錄自《太平天國軼聞》，是贋鼎也。又：左舜生選輯之《中國近百年史資料續編》上冊有「太平天國始末」一篇，下注：「李秀成供辭」，亦錄自「祕史本」者（民國廿二年上海中華書局出版）。各本展轉傳鈔，以訛傳訛，距離親筆供辭原文愈去愈遠矣。（按：筆者從事校勘兼用羅氏左氏兩鈔本。）

（八）民國廿四年，福建廈門大學噓風社再將一種重印的「木刻本」用二號鉛字粒排印，題簽：「李秀成供狀」，有薛澄清序。全書分四卷（訂裝上下兩冊）。內容悉如「木刻本」，甚至每行之字數亦相同，惟封面原有之三行則删去。（按：此即筆者現在從事校勘所用版本之一種。）（簡稱「噓風本」）

（九）民國二十五年，北京大將其圖書館所藏九如堂翻印之「曾刊本」影印，有孟森序。此即後來呂集義攜往湘鄉從事校勘所用之版本也。（簡稱「北大本」）

（十）至民國卅三年（西曆一九四四）春，廣西省政府主席黃旭初，致函湘鄉曾氏後人，擬派員前往將忠王親筆供辭全部攝影以資研究。果得同意，遂派廣西通志館祕書呂集義往焉。詎料呂氏並不將供辭全部攝影如原定計畫，只將其中刪改最多之兩頁拍照四張，及曾國藩所全刪之最後部分，即「十要」「十誤」，拍照十張，另封面一張（一共攝影十五張）。其餘絕大部分則只以當時所攜帶之「影印北大本」「拿來對照，把國藩刪掉的部分一一補鈔」（呂自述）。回桂後，呂氏將所得照片及補鈔供辭繳交通志館，便算銷差。（以上根據黃旭初：「太平天國忠王李秀成供辭真跡面世經過」，載香港《春秋》半月刊，一九五七年七月十六日第七三、七四期。）（簡稱「呂氏本」，包括攝影及補鈔部分。）

（十一）廣西通志館得此「呂氏本」後，主事的老先生等，初以為忠王有「投降」、「招降」、「十要」等等刺目痛心句語，認為有玷忠王的令譽與桂省的光榮，將其擱置下來，不予發表。其後，大概因受了羅爾綱一篇考證（斷為「偽降」）的影響（說詳下文），卒將此「呂氏本」交與羅氏研究。至民國四十年（西曆一九五一）一月，羅氏所撰《忠王李秀成自傳原稿箋證》，由上海開明書店印行。書分三部，先有「原稿考證」，次為鈔錄「呂氏本」，於原文分段加以「箋證」，末則附錄「忠王自傳別錄」（由《逸經》廿九期拙著〈吳中文獻展覽會中之太平文物〉篇內「忠王供辭別錄」轉錄，但未註明出處。）據其所錄之忠王原供全文共有三萬三千三百餘字。至同年五月，已再版。四十三年六月，改由上海中華書局三版印行改訂本。四十六年四月，又印行四版增訂本。（一九五二年七月上海「神州國光社」出版之《中國近代史資料叢刊》第二種《太平天國》八冊之第二冊，所載「李秀成自述」及「別錄」全文，與一九五四年楊松、鄧力群重編之《中國近代史資料選輯》，所載忠王供辭，均由羅氏《箋證》之初版或二版鈔錄者。）（按：拙著《太平天國典制通考》及《太平天國全史》兩書，間有引用忠王供辭原語者，亦錄自羅氏「箋證為多」，因當時信為真正原本。附志於此，以明責任。）（簡稱「羅鈔本」口版）

（十二）梁峪廬於民國四十三年（西曆一九五四）將呂集義所拍照之十五張影印，加上題記，印成專冊，題簽《忠王李秀成展真跡》，由「上海公司」出版。其後，復借用「呂氏本」（大概由呂氏於通志館散後抽出，私自保存），以與「羅鈔本」對照，「發現羅著在『自傳』裡遺漏、訛誤、增改之處，有一百數十處之多。」於是，將「呂氏本」全部加以整理，另行刊印，題簽《忠王李秀成自述手稿》，冠以具有考證性之自序，四十七年由「科學出版社」出版。所錄供辭全文共三萬三千四百三十餘字（比之「羅鈔本」多出百餘字）。（根據《春秋》七十四期黃旭初文下篇。）（簡稱「梁鈔本」）

（十三）直迄民國五十一年（西曆一九六二）七月《「忠王李秀成親筆供辭》始由臺灣世界書局影印發行。全部真跡由曾約農先生慷慨借出，經該書局主事人楊家駱教授慘澹經營，這曠代文獻瑰寶乃得面世。題簽：《李秀成親供手跡》。無序，書末只有曾氏寥寥數語的跋文。聞係因曾、楊事前二人協議，書內不容別人贊一辭，只將真跡原樣印出云。此係忠王於被俘於金陵，經曾國藩親訊，乃逐日作供，由同治三年六月二十七日起至七月初六日止，共寫了八天有多（見上文）。（供辭全部字數，詳後節。）供辭原用曾國荃湘軍圍攻南京時，「吉字中營」之流水帳簿所寫，前後共二本，第一本五十頁（有面有背），第二本則寫至第二十四頁末行為止，語氣尚未完，一共七十四頁。今之真跡影印本，「板框、尺寸、字蹟、大小、及墨色濃淡，悉照原式」（見內封面頁背說明）。而且原帳簿之淡藍色間行，及書心「吉字中營」四字，與夫每頁曾國藩之硃筆批語，刪改字句及標點符號，均一一如原樣原色。其為「親筆供辭」真跡，一望而知，絕無可疑。封面用深藍色絹製，線裝，其餘全部用臺灣毛邊紙印成，共一冊。印刷製作，精美名貴，迥非凡響，洵近代不可多見之珍貴出版物也。（簡稱「真跡影印本」。臺灣臺北市重慶南路一段九九號世界書局發行。基本定價每冊十二元五角。）

二、名稱問題

這篇文獻，歷來無劃一的名稱。最初時，曾國藩稱之曰「供」，曰「親供」（分見曾氏奏摺，日記、家書，亦不一致）。清廷諭旨則曰「供辭」，曰「親供」。奉曾氏命審訊忠王之龐際雲稱曰「手供」（見「忠王供辭別錄」跋）。李鴻章稱曰「供辭」（見致曾國荃書）。曾國荃稱曰「供辭」，文曰「親筆供辭」（見覆李鴻章書）。「曾刊本」題簽大概是「李秀成供辭」（見李鴻章致曾國荃書）。「木刻本」題簽「李秀成親供」。「李譯本」題簽「忠王的自傳」。羅邕稱曰「供狀」（或是沿用「祕史本」題簽）。左舜生別稱曰「大平天國始末」，而下加「李秀成供辭」字樣。神州國光社《太平天國》二冊，所錄各供辭，一律稱「自述」。羅爾綱稱曰：「自傳」。梁峪盧稱曰「自傳」，曰「自述」。最近「真跡影印本」題簽《李秀成親供手跡》（「親供」二字，大概沿用最初時曾國藩所用名稱之一）。由是觀之，「供辭」之稱為最多，而筆者以為亦最合，故從之。

羅氏「自傳」之稱，實不能贊同。理由一：全篇文體，確係被俘的囚犯受審訊後的供狀；即忠王亦於曾國藩「駕至訊問」（第一頁面三行，第六八頁背十四行）之後，自言「所作之書供」（第五一頁背一行），及「我心自願將國中一切供呈」（第六八頁背末行）。理由二：其內容主題係敘述太平天國全部史事之始末，而非其個人畢生的事蹟，故忠王自云：「將國來歷，一一用心，從頭至尾，起止反覆，得失誤國情由，……當承訊問……自行甘願逐細清白寫呈」（第一七頁面十二行以下）。可見這篇確係「供辭」而非「自傳」，不過係就其個人所知道，所經歷，所想者書出，故富有濃厚的主觀性，但非以其自己為中心也。

英人李泰國譯本，始用「自傳」名稱，因其漢學程度不高深，逞意妄稱，猶有可說。但羅爾綱、梁峪盧之稱其為「自傳」（當非受「李譯本」之影響，恐兩人並不知有此譯本，以未見提及），顯係源於主觀的成見，由於對太平革命表極端的同情，故對於其領袖人物，尤其忠王，作民族英雄之崇拜，遂不願稱此為污辱忠王的「供辭」乃強改稱曰「自傳」耳。由來，共產黨黨徒有一慣技——每憑主觀的意見或情感的愛惡，製造種種或美或醜的名稱，強行加諸所喜或所怒之對象身上，以利主義之宣傳，而絕不顧客觀的真正性質為如何。（例如：妄稱太平天國為「階級鬥爭」「農民革命」，拙著〈馬克斯學派的太平天國史觀〉詳載駁議，載《問題與研究》月刊，民國五十一年十二月第二卷第三期。）黃旭初對此名稱有所評述，其言曰：「羅梁兩位所印行的書，都不再用『供辭』兩字，羅氏改為『自傳』；梁氏也用『自傳』，又用『自述』，以表示對忠王的忠烈行誼致其欽崇之意。其實，革命者倒不以作敵人的階下囚為辱的。」（見上引，《春秋》七三期）（按：黃氏自己亦用「供辭」名稱。）

至「親供」名稱，亦可解作親口供狀，未必確指親書。同樣，若徒稱「供辭」，亦可能是口供之由書吏筆錄而加以刪改者，或先由供狀者自行書出而由清吏刪改者。故兩者皆不無可議之處。

但是這篇原莊影印的「忠王供辭」，又大異於「曾刊本」「木刻本」「祕史本」等，及其他太平天國諸王將之供辭之曾被刪改後乃為發表者。是以稱為「親筆供辭」（上引曾國荃亦曾有此稱），而於今所印行者乃「忠王親筆供辭」真跡影印本。

若以「忠王供辭」與其他諸王將之供辭（十種看下文〔注釋〕）互相校勘，則見前者具有五種特別優異點：（一）全篇完整無闕，（二）親筆自書，（三）真跡保存（於今公開面世），（四）字數最多，（五）紀事最詳（敘事可信與否，茲不論列，亦不與其他諸種供辭比較）。上文許其為「曠代文獻瑰寶」，豈溢美哉？

注釋

考太平天國諸王將被俘後的供辭而流傳至今者，除忠王供辭外，尚有十種。茲臚列後方，並略述其性質，以資比較及參考。

1. 洪大全供辭：湖南興寧書生焦亮，於太平軍起義後赴桂平投効，改名「洪大全」（或自號「天德王」）。咸豐二年二月十八日，即太平軍自永安州撤退後二日，為清軍督師賽尚阿部下所俘，留有供辭。經筆者細為考證，乃斷定全篇除三數句原語外，其大部分實係賽之僚幕所偽造。及解京會審，復有另一供辭傳世，則全部皆是偽造者，內容又與前供大異。此外，尚有洪大全呈遞清帝之表文一道，筆者亦信為贋鼎，茲不及詳論。〔以上參看拙著《太平天國全史》上冊第六章頁三三二以下「洪大全案之研究」，及「洪大全案之再研究」兩篇。羅爾綱：《太平天國史辨偽集》中「天德王洪大全考」，結論與拙見有同有異，彼此曾有劇烈辯論。郭廷以：《太平天國大事日誌》頁一六七—一六八，對此問題意見大致與筆者同調。蕭一山：「天德王洪大全事蹟考」，載《慶祝朱家驊州生七十歲論文集》，持論特異，與拙見頗有出入。鄧嗣禹：《太平革命史之新光》（英文原著*New Light on the History of the Taiping Rebellion* Chap. 3）贊同筆者之結論。〕

2. 黃生才供辭：冬官正丞相黃生才，廣西永安州（蒙山）人，係北伐軍後援軍主帥，於咸豐四年四月初旬進兵至山東臨清，旋南退，在冠縣屢戰敗，大隊衝散，易服逃亡，被俘於孔家集。隨在曹州府作供，卒殉國。供辭載《山東近代史資料選集》，一九五九年山東人民出版社出版。全篇首句曰：「據黃生才供」，顯見原係口供而由書吏錄出，不盡不實可知。

3. 陳玉成供辭：自咸豐十一年八月安慶易幟後，英王陳玉成回駐廬州。隨於十一月遣兵分四路作第二次北伐之壯舉。自居後方，據守廬州，待機出發。同治元年正月，清軍圍攻。至四月初，英王率三千餘人突圍至壽州，擬投已歸太平天國之練總奏王苗沛霖。不料苗復降於勝保，乃擒英王以獻。勝保在潁上親訊之，錄有供辭，旋解北京，至河南延津殉國。其供辭原載金陵大學所藏之《雜抄咸同疆臣奏疏》中之「欽差大臣勝保奏疏」。經羅爾綱錄載《太平天國史料考釋集》，拙著《太平天國全史》下冊（頁二〇四六）。其末句曰：「所供是實」，可見原係口供而由書吏筆錄者。其後復經勝保幕僚裕庚（朗西）刪改始行進呈及發表（參考羅著《考釋集》）。所幸末段有「我受天朝聖恩，不能投降。敗軍之將，無顏求生」數語尚得保存，其忠義節烈之英雄氣概與本色，猶活現於楮上，永垂不朽。

4. 李尚揚詞：宗王李尚揚為侍王李世賢愛將，鎮守浙江湯溪。同治元年冬，左宗棠率蔣益澧等湘軍攻浙急。翌年正月初，有湯溪太平軍朝將誘擒宗王等以降。殉國前，錄有「李逆親供」，於同治十年刊行（見《太平天國資料目錄》頁三七，一九五七年上海人民出版社出版）。（筆者按：此供辭尚未得讀。）

5. 石達開供辭：翼王石達開於咸豐七年五月脫離天京，自動由皖北統率大軍西征，轉戰贛北、浙西、閩南、贛南、湘南、廣西、四川、貴州、雲南、各地。卒於同治二年三月杪到達西康越嶲廳紫打地。全軍被困於大渡河南岸。翼王於四月杪獻身於清軍以贖全軍生命。五月初，被解至成都，由總督駱秉章親訊之，派員錄其口供。六月廿二日被殺殉國。供辭首句曰：「據石達開供」，末句曰：「所供是實」。駱秉章奏摺稱為「自供」，可知原是口供而由書吏筆錄，復經刪改後進呈及發表者。（載《駱文忠公奏議》）

6. 幼主供辭：自天京淪陷後，幼主洪天貴福（原名三字）出亡，播遷於浙贛各郡邑。卒於同治三年九月二十五日在江西石城被俘。十月初，解至南昌。巡撫沈葆楨親鞫之，錄有口供。二十日，殉國。據沈奏，幼主於被俘後，即有「親書供單」，於解赴南昌時一併送呈。此供辭首有「洪福填供」，末有「是實」等字樣，且考其全文句語，當係據原書供單及審訊口供，刪改而成。（此供辭最初在《逸經》廿二期發表，他書轉錄）

7. 洪仁正供辭：卹王洪仁正為天王從兄，於同治三年九月中在江西石城被俘。十月廿五日在南昌殉國。供辭文體及首末句，與上供同，可見原亦是口供而經書吏筆錄復加以刪改者。（同上載《逸經》廿二期）

8. 黃文英供辭：昭王黃文英為堵王黃文金之弟。同治三年九月在江西廣昌被俘。十月廿五日在南昌殉國。（考證及出處同上）

9. 洪仁玕供辭：干王洪仁玕係天王族弟。咸豐九年由香港到京，膺封精忠軍師干王，執掌國政，大展新猷，屢出奇計作戰。天王駕崩後，遵遺命任顧命大臣，時在浙江。及護佐幼主蒙塵浙贛兩省。後與幼主衝散。於同治三年九月初九日，在廣昌被俘，解至南昌，親書供辭，敘述天王出身及建國始末，大致翔實可信。十月二十五日殉國。供辭內容、文字、及體裁，信為親筆所書，惟所流傳於今者，極疑其間不免刪改或增加之句語（詳下文）。（原供載《逸經》廿期，闕下半。另有拙譯全篇係由英文譯本回譯，其下半可補原文之不足，載《逸經》九期，又干王有絕命詩數首，原文佚，惟英譯本載「華北先驅」一八六五、三、二五，第七六五號，今轉錄於《太平天國全史》下冊頁二二八七。）其供辭自言效法宋季之文天祥，從容就義，而絕命詩則有「我國祚雖斷，有日常復生」之句（回譯），可謂求仁得仁，英名不朽，足與文信國公及史閣部共垂千秋，（時下坊間冊籍多載有「干王供辭」，或回譯文，皆自《逸經》轉錄，輒有不注明出處者。）

10. 賴文光供辭：遵王賴文光原為英王健將，參預第二次北伐之役，轉戰數省。至同治三年冬，各路北伐軍相繼消滅。獨遵王部眾，以孤軍奮鬥，與部分捻軍聯合，馳騁中原，苦戰三載，至六年十二月中乃被俘，慷慨成仁。有自書供辭傳世，中有「惟一死報國家、及全臣節」之忠烈悲壯語。精忠大節，青史流芳矣夫。（據李鴻章同治六年十二月二十七日奏報賴文光死事有「該逆詞氣倔強，……親筆供辭」字樣。考其內容、文字、體裁、可信為真正親筆供辭。獨惜真跡不見留存耳。羅邕：《太平天國詩文鈔》新版轉錄。）

三、字數問題

關於忠王供辭的字數問題，本來枯燥無味，但一經仔細的，透徹的研究，卻顯出有趣的發現。歷來，這篇供辭全部字數究有多少，絕無確鑿的答案。最初，就是忠王本人對於自己所寫的字數，也屢算錯了。例如：在第卅一頁背之書心上，他記注「到此總共一萬八千之數」（據此，每頁兩面平均五百六十餘字）。但細數之，則到此頁背之末，僅得一萬六千一百廿餘字，相差約二千字。又在第四十頁背之書心上，亦有「二萬八千五」之數（平均每頁七百一十餘字），但實得二萬零三百四十餘字（平均每頁約五百字），相差八千餘字。再在第五十頁背（第一本帳簿之末）自言「今將三萬七八千字矣」（平均每頁七百四十餘字）。而其實則不過二萬五千零廿四字，相差一萬二三千字了（平均仍是每頁約五百字）。再加上最後的廿四頁一萬一千一百餘字（實數），照忠王的計算，全篇至少有四萬九千餘字（大數約五萬）。

其次，據曾國藩當時所計算，供辭數字又屢異。初言「約四萬餘字」（七月初六日《日記》）。繼言「五萬餘字」（同月初七致兒書）。此兩數目，當然是因為未經詳細核算而只看忠王自己的計算便信以為真，即信筆書出。其後，既經細為核算，乃謂「共寫三萬餘字。刪其重複誅言，尚近三萬字」（覆錢子密書）（上據羅《箋證》頁十九、二十）。這最後一數目是最近真的。

今據此「真跡影印本」細心計算，則全部供辭共得三萬六千一百三十餘字。（按：據楊家駱計算，「都凡三萬六千一百字」，見「楊考」頁九。此與上數極接近，相差只卅餘字耳。確鑿數目極難得，且各人計算的字數亦很難一致，因其中有些字蹟，潦草模糊難辨，又有些似是自行刪改者，可取可捨，故不免少數之差別。）分析研究之：寫到第一本帳簿之末第五十頁，共得二五〇二四字，即是第六天——七月初三日寫完，即以繳呈曾國藩審閱（見下頁第一、二行自言）。平均每日約四千餘字。從五十一頁至六十九頁背之末，大概係書於第七、八兩天——即初四、初五兩日（第六九頁背之末留空三行半未寫，顯是一日寫完，即以繳呈）。此兩天共寫九千一百零二字。平均每日四千五百字（略如前數）。自七十頁面以下共五頁，則為第九日，即最後一天——初六日所書，共寫二〇〇八字，大概不滿一天，即便奉令擱筆，繳去供辭，準備受刑，故七十四頁末行句語未完也。

其後各刊本、印本、傳鈔本字數問題，可置不論。獨是梁峪廬之《自述手稿》一書原係照呂集義之補錄專及攝影而經其細心整理一過乃以付刊，故可云是「呂氏本」之化身（比之「羅鈔本」較近真），不可不加以研究。據梁氏自言，供辭全文「共三萬三千四百三十多字」，此即「呂氏本」之字數。比較「真跡影印本」之三萬六千一百三十多字，實少了約二千七百字。（據「楊考」頁九核算謂「梁鈔本」遺漏二千六百七十字，大致與上數相同。）筆者曾將「真跡影印本」與「梁鈔本」細細校勘，竟發現後者實是遺漏二千八百八十字。但若將此數加入該鈔本之三萬三千四百三十多字，所得三萬六千三百字有奇，則又突出原有之字數約二百。這大概是於供辭真跡之外，曾等另行加補之字，而呂氏又未為刪去者。（例如：關於天王之死事，曾氏在真跡刪去原文，但另補加三十三字，「呂氏本」一字不刪，其餘散字尚多，未及一一指出。）

推求此一大脫節，大差別之原因皆由前奉廣西省政府命前去湘鄉工作之呂集義粗心疎忽不能盡職。（「楊考」亦責其「工作不甚細心」，見頁八；又謂「其漏略之多，粗忽之甚，誠堪驚異」，見頁十。）他既不遵命將全部原文攝影（只拍照十多張），而其「補鈔」之大部分又不字字盡鈔，竟爾脫漏了二千八百餘字，更未將曾氏所後加之字句刪去，乃即以此不完備之攝影及漏遺之補鈔本攜歸桂林，銷差塞責。以後「羅鈔本」及「梁鈔本」均照此轉錄面世。二十年來，使舉世誤信為真正原供全文焉。若無此次臺灣之「真跡影印本」及時刊出，則一般世人與歷史家幾何不永被蒙蔽與誤導，而歷史真相亦將永被湮滅耶？這大罪過，呂氏理當負其全責的。

四、誤導問題

筆者便是一個被其蒙蔽與誤導，以至實際上成為一個不幸的受累至甚者，因為所撰《太平天國全史》內有些一資料是採自梁氏鈔錄之「呂氏本」的（因堅信為完全真品）。出版後，始得讀這「真跡影印本」，因而發現「呂氏本」漏略之數處竟致令拙著幾個結論陷於重大的錯誤，而今又無法補救，不禁驚憤交集。於今特舉出其最重要之四條，藉以更正拙著，並以明告世之研究中國近代史，尤其太平天國史者。

（一）起義日期不是「六月」

「真跡影印本」第二頁背第九行原文曰：「道光卅年十月，金田、花洲、六川、博白、白沙、不約同日起義」。惟「木刻本」（亦即「曾刊本」）改作「道光三十年六月，金田、花洲、六川、博白、白沙石、同日起義。」「呂氏本」未改正「十」字，仍作「六月」。「羅鈔本」與「梁鈔本」均照錄（「羅鈔本」去「石」字）。此或為曾氏或為當時鈔錄「親筆供辭」者所竄改之字無疑，其原因，或有意或無意（筆誤），不可知，然呂氏之粗心校勘，未為改正，則一字之差，誤人甚矣。

拙著《全史》（頁一六九）載：「洪秀全乃於六月間向各處拜上帝會下總動員令」，未注明出處，但實受忠王供辭（「木刻本」及「梁鈔本」等，）之暗示。由於個人之考證結論，固不信六月起義之說，但因其言之鑿鑿，故斷定為下動員令之時，因是年七月間金田總部確已成立，有梁立泰到此入伍也（見《全史》頁二〇四、又見頁二二四注釋之二）。忠王於起義後多時始從征，宜其於前事多所「未知」（尚有他種事蹟誤書者）。其所以言「十月」者，徒因十月初一日，楊秀清病癒復出，親到金田執掌軍務（見同上），乃積極發動各處教徒就地舉事，前來「團營」（集中），故忠王即指為「起義」之意也。據云：各處「不約同日起義」，則非全體教徒於十月在金田起義可知。至在金田全軍大舉正式起義之日，經筆者考證（根據是年十、十一、十二月連續發生之史實及最重要的太平文獻——「干王供辭」），確定為是年十二

月初十日（即洪秀全卅八歲誕辰，又即西曆一八五一、一、二）。（見同上書頁二二三及以下各頁注釋）

（二）遺漏東王兄弟之名

「真跡影印本」第七頁（背第一行）敘述內訌事云：北王等「密議殺東（王）一人，兄弟三人，原（元）清、輔清而已。」此即謂原議只殺秀清、元清、輔清、兄弟三人也。曾氏在真跡原文上用硃筆刪去「原清輔清而已」六字，故以後各傳鈔本均無此。呂氏未將此六字補鈔，故羅、梁、兩鈔本，均無「原清、輔清」之名。

考當時東王直接屬下親兄弟之擁兵權最多者，為元清、輔清二人。北王等欲駢誅之以除後患，殊為合理。但因此種下切齒深仇；東王死後，元清、輔清、與北王韋氏兄弟誓不兩立。北王胞弟韋志俊，後因忠王之保薦而得天王赦罪封爵，且得任右軍主將，駐守皖南池州。詎元清、輔清等不忘舊仇，從事威脅，致令韋俊惴惴不安，乃獻城降於湘軍。楊等更乘機與他軍聯合悉力圍攻之，卒將其逐出池州，稍雪積恨，想猶以未得得手刃大仇為快也。是役之個人背景如此，苟不得「真跡影印本」而讀之，殊不易了解其因果關係焉。

（三）天王絕非「服毒而亡」

百年來，全國全世人士皆被曾國藩欺騙了，咸信天王洪秀全的結局是仰藥自盡的。此偽說最初見諸曾氏同治三年七月廿三日（即湘軍攻破南京後之第七日）從安慶所發紅旗報捷之奏摺（以官文領銜）。其中有云：「又據城內各賊供稱：首逆洪秀全實於本年五月間官軍猛攻時服毒而死，瘞於偽宮院內。」國藩到金陵後，於七月初七日（即殺忠王後一日）再上奏云：「有偽宮婢者，係道州黃姓女子，即手埋逆屍者也。臣親加訊問。據供，洪秀全生前，經年不見臣僚。四月二十七日，因官軍急攻，服毒身死，祕不發喪。」同時，附呈所刪改之忠王供辭。其中，於「斯時我在東門城上」（原文）之下，加入三十三字云：「因九帥之兵處處地道近城，天王斯時焦急，日日煩躁，即以五月二十七日服毒而亡。」（「木刻本」、祕史本」一作「四月二十七日」。上據「梁鈔本」，即呂氏所用之「北大本」，作五月。）具有如許似是而非之證據，無怪此說之得普遍的接受了。

然而「真跡影印本」卻無此三十三字。在「斯時我在東門城上」句之下，原文卻是：「天王斯時已病甚重，四月二十一日而故。此人之病，不食藥方，任病任好，不好亦不服藥也。是以四月二十一日而亡。（按：此當是一時誤記，應作天曆四月十九日，即陰曆四月二十七日，看下文幼主供、干王供。）那時天王又死，九帥軍逼甚嚴，實而無法。後，天王長子洪有福登基，以安合朝人心。天王之病，因食甜露病起，又不肯食藥方，故而死也。」（見第六五頁之背十一行以下）

夫忠王既能詳述其病狀病源，兼及致死之由（不肯食藥），且反覆言之，其後更有幼主與干王兩供辭為證，則天王絕非「服毒而亡」，實是「臥病昇天」，毫無疑義。不過，「呂氏本」既不補鈔供辭真跡原文，又不刪去竄加之卅三字，但卻聲言已「把國藩刪掉的部分一一補鈔」（呂氏原語），又幾何不令人更堅信此卅三字為天王果然服毒自盡之鐵證耶？

推原曾氏之所以刪改此段之動機，大概有二。一則前任安慶報捷時，倉卒間摭拾讕言，居然奏明洪氏「服毒而死」。以後遂不得不多方設法以維持原奏語，冀彌縫其欺君妄上之罪。是故於黃氏宮女之供辭加上「服毒」二字，更於忠王供辭刪去病死一段，另在「進呈本」及「曾刊本」再加上上錄卅三字以作印證。而且強改供辭作五月廿七日（陰曆），亦使與安慶前奏「五月間」之日期符合，作偽心理，完全暴露矣。（按：宮女所言天王崩於四月廿七日，是以陰曆計算，即天曆十九日。此與幼主及干王兩供辭均符合，可信為真。）其另一動機，則以天王之臥病駕崩，壽終正寢，是清廷及曾氏等所不樂聞的，以為太便宜了此「逆首」，故強改作「服毒身亡」，如此便是「天奪其魄」，「不得善終」，無異卒受天殛天罰，稍快仇者之心，亦足以迎合上意了。幸而「真跡影印本」於今面世，這一宗經歷一百年的蓄意作偽的歷史大公案，終得大白於天下。

筆者一向懷疑天王自盡之說，以為必曾氏所刪改者，故拙著《太平天國全史》正文（下冊頁二二五二）只言其「臥病」「駕崩」，而不言其「服毒而亡」。原有兩大根據。一是「幼主供辭」：「本年四月十九日（天曆），我主老天王臥病死了」（載《逸經》廿二期）；次是「干王供辭」（上半）：「至今年四月十九，我主老天王臥病二旬昇天」（載《逸經》廿期）。相信這兩語是干王真正原文而未經刪改者。但「干王供辭」之下半又有：「天王之自殺，更令全局混亂」，及「其（天王）結局並非喪在妖軍之手，卻在自己之手」二語（載《逸經》九期筆者回譯文後段），顯與上文「臥病昇天」之言前後矛盾，更是互不相容，信為沈葆楨等所竄改的。及得閱羅、梁兩鈔本，則「服毒而亡」之卅三字赫然在目。此既為呂氏親到湘鄉從供辭真跡「一一補鈔」之本，不得不信為真有其事。本著科學精神與客觀態度，乃不固執己見，虛心接受，於《全史》正文之後，加入一段「注釋」，取折衷辦法，照「干王供辭」解釋為先臥病，後自盡，以使各種文獻史料之得湊合無間（見《全史》下冊頁二二五二）。如今此「真跡影印本」揭出真相，乃得有曾氏等偽造「服毒而亡」之鐵證在手，自不能不推翻此偽說而斷定其為「臥病昇天」，壽終正寢，因為幼主、干王與忠王，三篇供辭均有一致的說法，自然可信也。至於「干王供辭」末段所云「自殺」兩語，則因「臥病而死」之結論既得確定，自不能不信為沈葆楨等所竄改之語，大概已受了「曾刊本」之影響故作同調耳。（按：干王作供，時方十月，已在「曾刊本」公開面世後兩月餘，沈等當如李鴻章之得見之。）（按：拙著《洪秀全載記》載《清史》八冊頁六一三一亦言天王病死，但後加或謂具服毒升天一段，亦是受「梁鈔本」之惡影響。合併聲明。）

（四）忠王並無「投降」「招降」之語

據各種鈔本均載忠王有「我願將部下兩岸陸續收全投降」，及「若我有此本事，收降我之部眾」兩語（見「梁鈔本」頁四六，其他鈔本均同）。但一細閱「真跡影印本」，則見上語原文只是「我願將部下兩岸陸續收全」而其下無「投降」二字（第六九頁面第九行）。（其下復有「收齊人眾」等句，呂氏未補錄。）其下語則是：「若我能此本事收復」（曾氏硃筆改作「收服」）（第七十頁第五行），而並無「收降我之部眾」各字。即曾氏本人亦未曾在其「親筆供辭」上加此諸字，則當然是在「進呈本」及「曾刊本」上面後加者，各種傳鈔本均照錄焉。「呂氏本」亦未改正，於是百年來人皆相信忠王果作此乞降語。尤其因上語可改作收全部眾而自己投降，誠足為忠王名譽之玷矣。可謂歷史上一大冤獄，不可不辨。

考忠王臨終獻策將餘部「收全」、「收服」、「收齊」，其深心真意實欲曾氏等招收其眾，釋之歸農，此與普通戰役中之招降收編截然不同明甚。論其獻此策之動機，據羅爾綱解釋為「偽降」，有如三國時蜀漢姜維詐降之舉，謂：「忠王以為提出這個問題（即「收全投降」），一定可以誘動敵人，等到敵人釋放他了，他便可以借招降之名，利用機會來恢復太平天國。忠王在自傳中所以有宛轉請降與自卑自污之辭者，其原因即在於此。」（見《箋證》頁三〇，又見《春秋》七三期黃旭初述語。）此無非欲為忠王洗刷乞降之惡名與自卑之醜語，蓋羅氏心裡認為此舉是其一生之大汙點也。筆者卻以為這種辯詞，太幼稚了，太牽強了，太不顧史實與環境及文獻了，不能苟同。

以余觀之，忠王本是一個極端迷信「先天之定數，下民應劫難」（見「真跡影印本」末頁背十二行）的宿命論者。那時，他明見「天朝數滿」（同上六六頁背一、二行）、「天王氣滿」（同上六七頁面六行）、「天國已亡」（同上六九頁面五行），是不可挽回的定數、運氣、及天機、天意。若令戰事延續下去，固無補於絕對已經失敗的革命大業，反而令地方糜爛更慘，人民受害更深。因此立志以收拾殘局為己任，先在供辭前部已表示「收齊此眾，免亂世民」（三四頁背十一行）。是故他獻策的動機乃在「實因保民之意」，原是極純正，極崇高的。（按：忠王施政行軍，時時處處愛民保民，事實俱在，與獻策之宗旨一貫。）他又覺得此舉並不違悖忠君衛國的道德原則與標準，所以說：「若我主在邦全，我為此事（指收齊遣散），是我不忠。今主死國亡，我兵數十萬眾，亂壞世民。我不能衛國，固（故）害其民，皆我之罪也。」（此指如再致令人民續受兵燹之災之罪，非叛清之罪。）是故毅然負超保民救民之超級的道德責任。

筆者又想到，在主觀方面，他此舉實是兼欲拯救他的至親人等，即是他的老母、妻室、幼子、義子、胞弟、胞姪、堂弟、族弟、族人、同寅、親戚、以及曾共患難生死之愛將多人，與嫡系部屬數十萬忠勇之士。他明見人人生命皆在岌岌不保之中，全軍必不能免覆滅之禍。如果他這最後的策略見納，則全體得生了。

是故這不是「偽降」之計，期得「釋放」以圖再舉兵恢復，因為他已深信大事早完了，不能復興，而且他更獻議施行此策期間，「仍賴在禁，容我辦為」，是則斷無「偽降」之理（有如羅爾綱之解釋）可知矣。他亦絕非賣國求榮，靦顏降敵，因他從未說過一個「降」字，如曾氏所強加於其供辭上者，亦絕無「投降」之心意與表示。他又不是求立功贖罪，苟且偷生，如曾氏所謂「宛轉求生，乞貸一命」（見「木刻本」末曾氏「批記」），因為他早已置生死於度外，且自分必死，準備殉國，故先言「我今臨終之候，亦望世民早日平寧」（同上第二六頁面十一行），最後在「十要」之末更宣言「定要先行靖一方……死而足願，歡樂歸陰」。真是「視死如歸」，「慷慨成仁」，悲壯之極。求生乞命云乎哉？可謂厚誣之矣。

總而言之，忠王臨終獻策收齊部眾之舉，實為保民救民計，確是至仁至義之表現（忠王素以仁義著），其保親救軍亦是合情合理之所宜。非大忠大勇、敢冒天下之不韙、肯犧牲個人之小節者，不能出此。此舉之道德價值等於翼王石達開之被困於大渡河南岸絕無生路之時，自獻己身以贖全軍生命。然因環境關係係與責任問題又不同於英王陳玉成，干王洪仁玕與遵王賴文光之可以毫無顧慮而從容盡節者。是故論史者斷不能視此為其一生之汙點，亦無謂為其曲解強辯焉。如今因「真跡影印本」之印行，真相終得揭露，而忠王之忠節仁義亦可流芳百世，真無愧天王所頒「萬古忠義」之褒語矣夫。最可惜者，則曾氏自有難言之苦衷，終不能嘉納其良謀，而必需即致之死地，遂使浙、贛、閩、粵、四省之地方與人民多受災害，而且為民族革命而奮鬥之太平軍再要犧牲多人。忠王死不瞑目，含恨九泉，其在茲乎！關於曾氏急殺忠王之原因，參看謝興堯上引書。茲不贅。

五、刪改問題

現在尚留下一個問題，需要研究的：即是，關於曾國藩刪改供辭之事。歷來，因為一般人多誤以為忠王供辭原有四五萬，甚至六、七萬言。（按：此大概由於曾氏自己屢次錯計字數之誤導，如先則言「約四萬餘字」、「五萬餘字」、「三萬餘字」，尤其後在供辭「批記」所云，「每日約寫七千字」一語誤導更甚，因據此則九日內當有六萬三千之數了。如此，亦無怪人言嘖嘖了。）但各傳鈔本至多不過二萬七千餘言（以「曾刊本」及「木刻本」為例）；如是，曾氏所刪去者當有二萬至五萬字了。現今核算「真跡影印本」字數實得三萬六千一百餘字，而所刪去者僅約七千二百字耳（另補約加一百六十五字，就原字改正者不計）。（按：「楊考」頁十云：「計刪五千一百四十九字」，疑誤。）據此，則歷來傳說或誤算之刪改數字，應大大修正。不特此也，因為這神祕失蹤的大量字數，一向又不得真跡稿本之校勘，於是每每惹起一般人士多方忖測及幻想其內容為如何如何，馴至謠諑繁興，對於親筆刪改的曾國藩之名譽，至為不利。據當時曾氏自書「批記」於供辭之末云：「其別字改之，其諛頌楚軍者刪之，閒言重複者刪之，其……言招降事宜有十要，言洪逆敗亡有十誤，亦均刪之」。今以「真跡影印本」及各傳鈔本互相校勘，則見曾氏所言，大致是符合事實的。如今刊行的「真跡影印本」，關於這方面，可為其廓清不少誤會。有這表現真實之價值，足為毅然將此家藏祕本公開面世的曾約農先生告慰了。

不過，於曾氏所言刪改的理由之外，尚有其他「別有會心」的理由未便盡說出來的。試舉出四條為證。如刪去忠王在杭州西湖從一老僧學天文一段（第八頁面簿眉上），是掩沒忠王之特殊將才，此其一。又如刪去「攻克穌（蘇）州等縣」之下，「非算李鴻章本事，實得洋鬼之助」二語（第五三頁背十二行），是有意顧全嫡系李鴻章之體面，維護其功名，但不免埋沒戈登之大功及歪曲此役之事實，此其二。再如刪去忠王最後條陳購砲製砲以禦外人，及刪去敘述天王拒絕接受外人以平分中國為援助滅清之條件（第七三頁第六行以下），是不欲表彰天王忠王之民族大義愛國（中國不是清國）精神，此其三，其四。尚有其他，不及備舉矣。

偶然在「影印本」第五四頁之背（第十二行）見有極饒趣味之句。忠王述天王口諭有云：「……朕之天兵多過與（於）水，何具（懼）曾△者乎？」國藩閱其辭至是，即補書「妖」字於空格側，成為「曾妖」。其實，太平人物罵一切清軍清吏為「妖」，這空格原是「妖」字，不過忠王在被俘中以待敵帥以禮，故作此忌諱之舉。而曾氏固明知其是此字，即振筆直書「妖」字以其真。兩人之風度，有足多者。此太平文獻之小幽默，特為錄出以博一粲。

平心而論，曾氏在真跡原稿上所刪、所改、所補，所加之字，其影響於後人之歷史知識與學術研究（即誤導）不至如其後以「進呈本」為藍本之「曾刊本」與「木刻本」等所刪、所改、所補、所加者之甚（如上節所舉「六月」、「服毒」、「投降」諸條）。不過，以後諸本所刪、所改、所補、所加者容或非盡出曾氏手筆，而為其時幕僚（如趙烈文之司校閱及其他趕鈔寫者，「楊考」頁四，提出此疑點），揣摩奉承，率意為之，或有出於無心之筆誤。（如「十月」變為「六月」大概是筆誤，因以前清吏公牘並有六月起事之言，而當時一般清吏亦不知其事，即各處拜上帝教徒亦未有於六月舉事者，故毫無理由立意改作「六月」。）誠如是，曾氏雖仍當負其責任（因用其名義發表），而實際上則其後諸本誤導之過應由曾預其役之各人分任之，後人未可盡為曾氏詬病。此不能不補說之公道話也。

最後所當研究的小問題乃是：真跡原稿末頁（末行到「如知」二字即無下文，適到本行底），分明詞義未盡；那麼，究竟其下是否還有字句為曾氏所刪去，抑或全篇供辭恰寫到此處即行停筆呢？羅、梁、兩人均思疑「如知」二字之後還有下文而被曾氏刪去者。羅氏「估計這部分缺文還有四五千字」，而且推測其內容是「再學姜維的故智，用反清為帝去誘曾國藩以希冀萬一」（上見《箋證》頁二二二）。竊以為這是由於錯算字數，「想入非非」的幻想，毫無根據，難以置信。再以字數論，上文已算出在最後之第八日，七月初六日，只寫了二千零八字。若其後還有缺文四五千字，則是其日當寫六七千字了。這是在酉時行刑前絕無可能寫出此數的。至於梁氏之懷疑亦出於字數之錯計，以為全篇還有末頁，缺了一百二十多字，「被曾國藩抽毀」（梁鈔本」序頁三）。這也是根據不確鑿的忖測，一般難以置信。

楊家駱則作寫到此二字全供已畢之結論，若曰：「末頁書至末行末字，詞雖未畢，然細繹全文，所供天國滅亡之結論，招降防外之建議，亦均已完具，其未畢者文中自怨自艾之語，當以繳至是頁（據楊前言『四十一頁起……隨寫隨繳』），刑期已屆，遂未卒書。」筆者以為如此肯定的斷語，亦同樣缺乏確鑿的根據。這固是大有可能性，但同時亦有缺文被毀的可能性——所缺的最多不過一千或數百字斷不超過二千字，因為行刑在是日酉時，在刑前猶需繳其最末一頁與曾氏也。（但這後一種可能性不是如羅、梁之根據錯算的字數立論，只是就常識判斷，凡為已所不知者當有此兩種可能性）。本著「知之為知之，不知為不知」之古訓，與科學史家務崇實據的精神，筆者不敢憑空臆測，只好以「不知」二字作此問題的答案。至如確有缺文，則所言何事，更不可知，無謂亂猜了。

關於忠王親筆供辭

前作〈忠王親筆供辭之初步研究〉在《思想與時代》（二月份一〇三期）發表後，繼續研究，察覺內容有應修正或補充者共五點。茲分別書之後方，以告讀者。

一、關於忠王供辭「祕史本」，原係由韓文舉（捫蝨談虎客）先在日本東京鈔錄刪改，然後付回上海廣智書局印行者，該書局在上海，見馮自由之《革命逸史》。

二、頁三，關於「呂氏本」，前年由呂集義將「影印北大本」與其在湘鄉所補鈔之部分，以及所攝得之照片，一並影印合為一冊，標題《忠王李秀成自述校補本》，一九六一年五月中華書局出版。呂氏在「前言」謂羅爾綱、梁峪廬，兩鈔本均有遺漏處，故以自已補鈔本付印，但當年在湘鄉曾家校勘補鈔時，只在兩日間倉卒竣事，不免脫漏云。此一版本應稱為「呂氏影印本」，編排在頁四，為第十三種，而世界書局之「真跡影印本」，應改作第十四種。

三、頁五下第六行「宗王李尚陽」，應作「王宗李尚陽」（據〈忠王親筆供辭〉真跡影印本，頁四十，背第七行）。第八行「誘擒宗王」應作「誘擒王宗忠裨天將李尚揚」等。

四、頁七，關於東王兄弟二人，「元清」之名不顯、事蹟亦不詳。其名偶見諸太平天國四年及八年之「太平禮制」，但可見其於六年內訌之後尚生存。郭廷以《太平天國史事日誌》下冊附錄頁三十七，謂其「大約死於一八五六」，疑誤。至常與輔王楊輔清在外統兵作戰者，實為老國宗楊義清也。

五、頁十，關於趙烈文校改供辭事，茲蒙中央圖書館館長蔣復璁先生錄寄該館所藏趙烈文《能靜居日記》第二十冊中同治三年七月初七日自記云：「中堂（即曾國藩）屬看李秀成供改定，咨送軍機處，傍晚始畢。」又：初十日自記云：「中堂屬重看李秀成供，並分段將付梓。」由此可證實趙氏一再奉曾氏命閱改忠王供辭，而為「曾刊本」定稿之最後負責人，確應與曾氏分負刪改之責矣。

也談李秀成
——李秀成伏誅之謎讀後

編者按：王公璵先生〈李秀成伏誅之謎〉在《中外雜誌》二十卷三、四、五期連載期間，接到許多讀者來函和電話，對王先生的大作深表贊佩並提供補充意見，經由本誌轉交王公璵先生後，曾由公璵先生約集有關讀者舉行一次座談會，就李秀成的籍貫及伏誅之謎，發表意見，座談紀錄已刊本誌二十一卷第一期六十六年七月號。頃由祝教授秀俠先生轉香港簡又文先生來函一件，對王公璵先生的論著持不同的看法，謹將原函照刊如後以供讀友參閱。——編者

秀俠吾兄史席：久未通候，時以為念。來示殷殷垂詢對於《中外雜誌》連載王公璵〈李秀成『伏誅』之謎〉長篇之意見。弟對此文頗感興趣，見獵心喜，原擬撰長文解答。奈因年老，精神體力不支，未能再作精詳考證文章，一一表達研究所見。無已，惟有如命將個人意見約略書出以報。此不過解答該文所提出之問題犖犖大端，拉雜不成文章，佇候明教。恕未能詳及細節也。

王先生多年前在江蘇東北徐海一帶地區淮河下游舊碩頂湖心，晤見老者李學富，自承為忠王李秀成的庶子。據稱，此地為忠王故鄉，少時販馬醫馬（兼擅針灸）走遍南北，後來落戶廣西云云。這是絕對不可信的。因為忠王「親供」屢言原籍廣西梧州藤縣，家居大黎里。有父母、母舅、胞弟（明成）、從弟（世賢）；以及戚族多人，聚族而居，顯見落戶已久。（余前在粵得友人函告，李族實由廣東從化遷居。）廣西該處多邑居民，實由廣東各處「客家」遷往。李族大概亦是如此。所講土話為客話，雜以廣州話。（「親供」即多此種土話，如「契

爺」是獨特粵語。）其籍貫如此，故忠王在「親供」中兼屢言是廣西人或粵人。又有英王陳玉成是其同鄉同里者，自幼認識玉成之叔承鎔等自然早就相熟，更可為其原籍藤縣之證。太平軍過大黎北上永安州時，李族及其他「拜上帝會」教徒聯翩入伍，隨軍北上。忠王敘其家世，本為貧農，自幼八九歲讀書二三年，即務耕種，直至卅歲前始加入太平軍。大概從未出廣西境。此為絕對無可疑者。徐海故居之說，不攻自破矣。

其家世籍貫如此，則早年販馬至鎮江，結識李學富之母一事自無可能，而且太平軍攻破南京後多年，秀成任軍中低級軍官，鎮江人民多已逃散，其母何從與秀成相會？此事亦難置信。

若謂忠王作供先由曾國藩授意原籍廣西藤縣，動機何在？殊不可解。觀其屢言廣西原籍，均自動書出，一氣呵成，斷非曾氏授意者也。

其次，關於湘軍曾國荃攻破天京戰況，斷非事前「默契」或協議偽攻讓城。試讀朱洪章《從戎紀略》，可知其詳實戰況，皆其親歷之經驗，尤其掘地道、埋火藥、轟城牆，而領頭隊登陷口，犧牲了數百人乃得入城。他軍繼由各路攻入，始陷全城。城內亦並無先一日佯運糧入城，有湘軍千人混入作內應之事。且轟城之前，尚屢有太平軍攻襲湘軍之舉。湘軍幾為所乘。則「默契」佯轟，放走忠王幼主之說誠不能信。（以前湘軍攻陷安慶，則確事前有讓城之協議，太平守軍安全退出。湘軍陷城，只殘殺老弱傷病及婦孺萬餘人。此事由朱洪章前書照實寫出，毫無諱言。南京之破則無此記載，只據實書出力戰破城作大犧牲。曾國荃帶一愛將李臣典亦死於斯役掘地之時。可見非虛構。）復次，破城之後，缺口及各城門內外均有湘軍嚴密把守。忠王如何能使家將背負庶子（李學富）從缺口逃出？若有此事應先使嫡子其祥先逃。當時，長江一帶，盡是湘軍兵船緊守，家將二人，如何能渡江？此皆難以解答的問題。

天京破後情形，李學富說來很動聽，但俱與史實不符。例如：曾國荃未嘗於此時患霍亂，要忠王針治。國荃隻身統兵並無家室隨軍。國荃恨忠王入骨，嘗以錐遍刺其體血流如注，以雪私恨。（在昔雨花台之後，曾受砲彈碎片傷刺）絕對未有妥協善意，若非幕友趙烈文勸阻，早已親手殪之為快。

曾國藩抵南京經親訊忠王後，即命書親供，連寫八日有多，由六月廿七日至七月初六日酉刻。全供未完，即命停止，立刻處死，蓋此時已得接清廷諭令檻送入京，國藩斷不能從，以免暴露國荃及湘軍沒收天京各王府宮殿財物，並不能令忠王供出歷來戰況真相，甚至天王病死罪自盡之事，以免受罪致全功盡棄也。釋放忠王之事，實絕無可能。且生死之權操之國藩之手，國荃無與焉。李學富所言尚有一大漏洞，即是說天王吞金而死。忠王「親供」明言天王病死，其自盡之說係國藩趙烈文所改，刪去此敘而竄加自盡卅三字。則李學富所言亦非尤其父口說當係受了供辭改訂本之影響，由此可知忠王被釋說之不實。又言幼主乳名「有福」亦是受忠王供辭流行本之影響。

縱使忠王果被釋放，何以要放回徐海故鄉，使人易於認識，大不利於曾氏？而且與學富離京相距多日，父子何能重會於故鄉？凡此皆不能解答之問題，只可說從無其事而已。

據王君言，與李學富晤面時，是在民國廿八年春。清社既屋多時，如其果是忠王遺裔，為何不表露身分，顯揚先德，而還是閃爍其辭，故作神祕之態，只私對一二人說明家世？此其不可解者也。然此人究是何等樣人？所為而私向人承認是忠王遺裔，還作絕對無根之談，以忠王原籍是處販馬至廣西落戶，乃結識洪楊加太平軍等……被捕後又不「伏誅」而被私放回故里，老死鄉間？凡此皆不明動機，不能詳解的。其他支節訛誤之處尚多不及一一辨正。

以上所陳鄙見至請指正專此即頌

撰祺

弟簡又文謹啟　民六六、五、廿五

五十年來太平天國史之研究

一、引言

五十年來，我國人對於太平天國之流風餘韻，一向均有異常濃厚的興味。以故，凡有關太平人物與遺事之作品（包括專著、散文、筆記、小說、戲劇、電影等）均大受歡迎，而且對其史蹟與真相之談論與追尋，無時或已，至今不斷。在學術界中，以往數十年間，海內學人對於太平天國革命運動史之研究，極為注重。專門著述之刊行（包括書籍與論文）無慮數百種，而新史料之發現，層出不窮，蔚為學術上史學界最有成績之一宗門。其在海外則一般歷史家之研究中國近代史者，對於太平天國之史蹟與制度亦甚為重視，興味日增，專著疊出。誠如林仰山教授所謂：「在現代，太平天國吸引學者們很大的注意，於當世的事件中作為一種比較的研究，兼於追溯今日各種運動之元始中作為一種歷史的搜索。」（原文及譯文載拙著《太平天國典制通考》引言。）是故太平天國史已成為具有世界性的而且十分重要的學術研究對象了。

茲篇之作，是要將數十年來海內外學人辛勤努力研究太平天國史之成績，分期摘要舉列出來，試作一次總結算。因篇幅關係，不能一一作詳細之述評，惟其有特殊貢獻或比較重要者，則為之表彰或敘述出來。此是一種「文獻學」（或「歷史學」），亦可作此一專門歷史的歷史讀也。

二、清季之革命黨與太平天國

在開始表述本題範圍內五十年來研究工作之前，應先將五十年前清季革命黨人對於太平天國之觀念與著述，略為書出，好作背景。其實，前後的工作，在歷史上是一貫相連的。「但開風氣不為師」，合為此詠。一般言之，因清季民黨所提倡之革命運動是繼續太平天國的民族革命運動，而紹述其興漢倒滿還我河山之大志，故一是對於太平人物與史事均非常尊敬與注重，視為新起之國民革命運動一脈相承之前驅。（按：從歷史上言，這是正確與合理的。）今且引革命黨領袖國父孫中山先生及其他幾位表表者之言論為徵。

國父之倡導國民革命本來深受太平天國之影響。然其對於太平天國之觀念，並非徒由愛國保種之情感主義而出發的空論，實則對於是役史事曾有深邃的學術研究及透徹的思辨，乃發為一種史學的判斷。據馮自由記載：「先生尤好讀《太平天國史》……。凡英美人所著關於太平天國記載……均搜羅靡遺。每與人談論洪秀全、楊秀清、石達開、李秀成……諸人攻戰策略及行軍險要，口講指劃，如數家珍」（見《革命逸史》，載《逸經》第二期）。（按：國父曾以英人林利所著《太平天國史》贈與《太平天國戰史》著者「漢公」，可見上言為實。）

由此看來，他實是對太平天國史作科學的研究之鼻祖。英女著者安德生夫人更謂他是「第一位移轉現世的注意，而指出太平運動是中國民族主義之最早表現，因為這革命之目的是要推翻滿州皇朝及滿人統治的」（見F. Anderson: *The Rebel Emperor*, p.7）。此言適中肯綮。因為國父所得的史料是由外國源頭而來，多為紀實之作，所以能不受清方官私著述之惡影響，而能洞矚太平天國民族革命之真義真相，且能獨下新穎不凡的論斷。如陳少白云：「同時，孫先生又感覺到：當時洪秀全的事業，可惜半途失敗；否則他能夠成功，由中國人當權，就可以不致再受人欺侮。所以心裡真有以洪秀全第二自命的志向。」（見《興中會革命史要》，頁七一八）

國父自己在《太平天國戰史》序有暢快透闢之論云：「朱元璋、洪秀全，各起自布衣，提三尺劍，驅逐異胡，即位於南京。朱明不數年奄有漢家故土。傳世數百而皇祀弗衰。洪朝不十餘年及身而亡。無識者特倡種種謬說，是朱非洪，是蓋以成功論豪傑也。胡元亡漢，運不及百年，去古未遠，衣冠制度仍用漢官儀。加以當時士君子，半師承趙江漢、劉因、諸賢學說，華夷之辨，多能道者。故李思齊等擁兵關陝不出。劉基、徐達、常遇春、胡深諸人，皆徒步從明祖群起亡胡，則大事易舉也。滿清竊國二百餘年，明逸老之流風遺韻，蕩然無存，士大夫又久處異族籠絡壓抑之下，習與相忘，廉恥道喪，莫此為甚。雖以羅（澤南）、曾（國藩）、左（宗棠）、郭（嵩燾），號稱學者，終不明《春秋》大義，日陷於以漢攻漢之策。太平天國遂底於亡。豈天未厭胡運歟？漢子孫不肖應使然歟？抑當時戰略失宜有以致之歟？……」（見漢公原著）。「中國之見滅於滿清，二百六十餘年，而不能恢復者，初非滿人能滅之，能有之也。因有漢奸以作虎倀，殘同胞而媚異種，始有吳三桂、洪承疇以作俑，繼有曾國藩、左宗棠以為厲，……」（見《總理全集》第一集下冊，頁一〇七二）。（按：曾國藩等之被稱為「漢奸」，蓋自此始。）

在一方面，他固盛稱太平天國之民族革命，但在他方面他卻根據他新創的《三民主義》，借其史事以教人徒然實行民族革命之不足法，而演證〈民權主義〉之重要與必要，純是借鑑取資的教育作用也。試讀以下三段，可知其深心：

洪秀全當初在廣西起事，打過湖南、湖北、江西、安徽、建都南京，滿清天下大半歸他所有。但是太平天國何以終歸失敗呢？……最大的原因，是他們那一般人到了南京之後，就互爭皇帝，閉起城來互相殘殺。……，因為當時洪秀全、楊秀清，爭皇帝做，所以太平天國的洪秀全、楊秀清、韋昌輝、石達開，那四部分的基本軍隊，都完全消滅，太平天國的勢力便由此大衰。推究太平天國勢力之所以衰弱的原因，根本上是由於楊秀清想做皇帝一念之錯。洪秀全當時革命，尚不知有民權主義……！（見《民權主義》第一講）

嗟乎！洪氏之覆亡，知有民族而不知有民權，知有君主而不知有民主，此曾國藩諸人所以得奏滿清中興之績也。（《太平天國戰史》後序，為光緒卅年，即西曆一九〇四年之作，惟原書未見刊出。原文由著者劉成禺先生投交《逸經》十七期發表。）

五十年前，太平天國即純為民族革命的代表，但只是民族革命。革命後仍不免專制。此

等革命，不能算成功。（見《總理全集》第二集，頁一二三）

由此可見國父對於太平天國研究有素，乃能下如是鞭辟近裡之論斷，而借作建立中華民國「前車之鑒」（亦原語），雖有「洪秀全第二」之稱而不愧出藍之譽，因得太平天國革命經驗之寶貴教訓而繼往開來，懲前毖後，革命手段與理想又進一步而超越前人，故卒有辛亥革命之成功也。（按：以上所錄為國父對太平天國革命之一般的認識與評論，其他論及其社會革命特點之語尚多，茲不及。）

當時民黨健者國學大師章炳麟（太炎）先生對於太平天國亦屢發揮意見，一是從民族主義出發者，亦殊足代表革命黨之理論。如在《洪秀全演義序》有言：

余惟滿洲入據中國全土，且三百年。自鄭氏亡而偽業定。其間，非無故家遺民推刃致果，然不能聲罪以致討伐，虜未大創，旋踵即仆。微洪王，則三才毀而九法斁。洪王起於三七之際，建旗金田，入定南都，握圖籍十二年。旌旄所至，執訊獲醜，十有六省。功雖不就，亦雁行於明祖。其時朝政雖粗略未具，而人物方略，多可觀者。若石達開、林啟榮、李秀成之徒，方之徐達、常遇春，當有過之。虜廷官書雖載，既非翔實，盜憎主人，不時以惡言相詆。近時始有蒐集故事，為《太平天國戰史》者，文辭駿驟、庶足以發潛德之幽光。然非里巷細人所識。夫國家種族之事，聞者愈多，則興起者愈廣。……余知尊念洪王者，當與尊念岳（武穆）葛（諸葛武侯）二公相等。昔人有言：『舜何人也？余何人也？』洪王朽矣，亦思復有洪王作也。（見黃世仲原著）

又於覆李法章書中，章氏根據民族大義重申其對太平天國之觀念云：

洪王奮志攘胡，為百王雪恥。功雖不終，足伸大義於天下，……洪王發憤存漢，其志與臺灣鄭氏相似。然起自布衣，與鄭氏之素有憑藉者不同。及其拔武昌、舉江寧，遣將北伐，則鄭氏所不能行者。然政事所可紀者寡。晚年，勳舊相殘，授權近屬。又：其用兵，不嫻地利，越國遠攻，仍有流寇風味，以此卒為曾氏所敗，其失亦無可諱。然兩軍相對，往往沫死力爭，絕無退縮。……其軍法之嚴，軍氣之壯，兩家（太平軍與湘軍）洵足對壘也。……（見李法章《太平天國志》，附貼民國十三年五月九日章氏原書。）

但燾先生（原署「天囚」）為《太平天國戰史》題詞有以下諸句云：

禹域神洲竟陸沉，洪朝信史不堪論。

望斷金陵龍虎氣，漢家正統十三年。

胡虜未亡仇未報，故園梅鶴莫關情。

痛神洲陸沉，大仇未報，至稱太平天國為「漢家正統」，其尊重之意為何如也！民族主義、彰彰睹矣。

自入民國後，國民黨的領袖們對於太平天國之觀感，仍為革命黨一貫相承的民族主義正宗。如今總統蔣公對於此革命運動一向心焉嚮往，立論不凡，有曰：

> 太平天國之戰爭，為十九世紀東方第一之大戰。太平天國之歷史，為十九世紀在東方第一光榮之歷史。而其政治組織與經濟制度，則尤足稱焉。余自幼習聞鄉里父老所談，已心嚮往之。吾黨總理又常為予講授太平天國之戰略戰術，及其名將李秀成、陳玉成、石達開等治兵安民之方略，乃益識其典章制度之可儀。（見《增補曾胡治兵語錄注釋》序）
>
> 往者，洪楊諸先民，崛起東南，以抗滿清，雖志業未究而遽爾敗亡，而其民族思想之發皇，轟轟烈烈，在歷史上足以留一重大紀念焉。顧當時公私記載，處於專制淫威之下，既不敢公然表彰，而曲筆阿諛之徒，又妄肆詆諆以媚時君。遂使興復之旅，等於新市平林之兵；革命之師，夷為黑山白波之眾，被誣至五六十年之久，無能是正。吁，可慨

也！（《太平天國詩文鈔》序）

他甚至欲躬自撰著太平天國戰史以表彰此「興復之旅」，「革命之師」（見同上《語錄》序），則其師承國父之教而傾倒於此民族革命運動可謂至矣。

胡漢民先生有詩二，足以反影其對於太平天國民族革命之思想。其一，〈題翼王祖墓殘碣〉（四首錄三）云：

斬荊披棘事萬千，曾孫名字此中鐫。
太平有道無人說，鬱鬱佳城過百年。

同記玄孫三十六，水源木本有如斯。
奈何構撼金陵者，煮豆燃萁快一時。

懸目東門看沼吳，怒濤終古有臣胥。
河山還我公無恨，休靳尋常百姓居。

胡氏又題翼王聯（二首錄一）云：

甲兵無暇洗銀河，民族英雄語不磨。

蜀道泥深蒼隼沒，傷心遺札較如何。（按：此聯是贋鼎，胡先生當時未曾考證。）

（以上二詩見《不匱室詩鈔》卷八）

國民政府監察院院長于右任先生，一向對於太平天國民族革命極為尊重。其在《太平天國詩文鈔》題詞曰：

一塵之星不可滅。一縷之電不可絕。元精耿耿百千劫。詩耶文耶，是為革命之魂，民族之血。讀者蒼茫肝膽熱。是非成敗，史家著論如一轍。當時記載多殘闕。茲之存者什一與千百。以揚我先民作始之大烈。

國民政府司法院故院長居正先生，題〈廣西貴縣中山公園翼王亭〉五絕一首，曰：

不飲黃龍血，人頭作酒盃。（按：相傳此為翼王句，實非。）

破家懷漢室。攢轡軼群材。

羽翼原無忝，荳萁實可哀。
蜀山駏不逝，魂魄好歸來。

白崇禧將軍在《太平天國詩文鈔》序發揮太平天國民族革命之意義亦極為透闢。其言曰：

種族革命起於朱元璋，而太平天國實為民族革命之動機。自吳三桂假滿兵以逐李闖，滿族遂乘以入據中原。順康之間，中國遺民未忘復仇，時有計畫。暨雍乾用種種利誘威脅政策，日遠日忘，民族性遂漸致淪亡。嘉道繼之，政治既日趨於昏暗，外患又來自海上，文恬武嬉，不可終日。洪秀全等以金田布衣，崛起嶺嶠，出衡永而略武漢，沿長江而下江西，得金陵而建太平天國。……夫以六葉全盛之天子，秀全等振臂一呼，勢如破竹，幾取清鼎而代之者，蓋中國民族性，雖受惡力壓迫，而根荄所結，磅礴滋育於二千餘年。其印象於全國人心者至深且固。徒以為世界大同之說所迷惑，日漸衰歇。一旦經先覺提撕，其生機自勃發而不可遏。……惜乎主義未樹，而內訌日烈，東北自殘，授人以隙。其結果遂致滅亡。然太平天國雖亡，而石達開、陳玉成、李秀成輩皆一代人傑，憤宗族之淪亡，與滿酋拚生死。凡其發為文章，著為詩歌，慷慨激昂，均屬民族血淚之結晶。徒以異族專制，事蹟多湮，……諸君子廣編博搜，允為激發民族主義之一助，誠有心人也。……自太平天國之亡不及七十年，我黨孫總理，卒以提倡民族主義，顛覆滿清，而成中華民國。則信乎民族之深入人心，歷海枯石爛，其根荄依然存在。而太平天國在革命史上自有相當之價值也。彼執成王敗寇之見者過矣。

甚至夙為革命黨人摯友而力助國民革命之日本俠士宮琦（白浪庵滔天），對於太平天國之看法亦與民黨中人完全同調，其言曰：

亡滿雖不成，痛快已甚，其《太平天國戰史》之餘味乎！漢家豪傑，當勿忘九世之仇也。（《太平天國戰史》題詞）

以上所引詩文，僉以太平天國為民族革命運動，殊足以代表革命黨人同一系統之一致的觀念，而為後人之研究太平天國史者之喤引焉。

至勝清末年，更有民黨中人假借太平天國史蹟以為宣傳民族革命之助者，於是有幾種劃時代的著作出現。

《太平天國戰史》，著者「漢公」，即武昌劉成禺，字禺生（以生長粵東番禺故），別號壯夫。光緒廿六年為兩湖書院高材生。後赴日，肄業東京成城學校。早從國父倡革命，即有志纂《太平天國戰史》，以宣揚民族革命。得國父贈以英人林利所撰《太平天國史》，又得日人曾根俊虎贈以自著之《中國近世亂紀》。乃根據中外書籍多種而成《太平天國戰史》前中二編（所舉列參考書「中國逸本」五種，曰《太平實錄殘本》，《楊輔清福州供辭》，《南都新錄》，《忠王隨征日錄》，《金陵圍城記》，迄今尚未得見。）其前編於光緒廿九年（西曆一九〇三）在東京祖國雜誌社出版。其中編書至咸豐十一年底戰事為止，於光緒卅二年（西曆一九〇六）出版。其後，赴美留學，主編《大同日報》。另於宣統三年（西曆一九一一）由《共和日報》發行，中華書局出版，兩編合為一冊，有章炳麟署眉，封面兼題「漢族流血書之一」。國父所撰序文之末極為稱許，有「揚皇漢之武功，舉從前穢史一澄清其奸，俾讀者識太平朝之所以異於朱明，漢家謀恢復者，不可謂無人」等語（序文大半已見上錄）。新版合編，除「天囚」、「白浪庵滔天」題詞外，另有「白浪庵滔天」加題七絕四首，及「漢南」題詞七絕十首（漢南亦即著者劉氏之外號也。另載《逸經》廿四期詞句略異。）卷首並載美國三藩市《中西日報》及《大同日報》對是書之評語，推崇備至。更附錄《大同日報》論文一篇，「神聖洪楊，盜賊曾左」，且以滿清竊據時代為「斷統」而以太平天國為「正統」。著者〈例言〉以此書「屬紀事兼編年體」，而「以太平天國紀年，存漢朔也」。是即認為「正統」也。考此書著作動機正大，用心良苦，殊可敬佩，然語其內容，則史料不足，而且史事真偽攙雜，紀事統系亦淆亂不明，然（一）因其為宣傳民族主義之作，對國民革命有相當貢獻，（二）且因其為近人研究太平天國史之最初的專著（即是站在滿清立場外之作），而企圖敘述其全部戰史者，故在文獻學上自有其歷史價值也。今不憚煩而詳述之如上，原因亦端在乎此。（以上參考

《逸經》卅四期馮自由：〈美洲致公堂與大同報〉，《大風》卅七期馮自由：〈辛亥前之革命書報〉，及《太平天國資料目錄》頁，一五八）（按：原著者劉氏後任國民政府監察院監察委員，兩廣監察使，一九五二年疾終漢口。）

《太平天國人物考錄》，「冷眼鐵面冰心袖手人」輯，光緒三十二年（西歷一九〇六年）日本東京出版一冊。有吳凌漢黨氏序、逋庵題詞。此書「鼓吹反清，蓋為當時留日革命黨人所著。所錄各傳均極簡略。」（見《太平天國資料目錄》，頁一六〇）

《石達開遺詩》，「剩水殘山樓主人」刊本，光緒三十二年（西曆一九〇六）上海出版。據柳棄疾（亞子）之〈石達開遺詩書〉後云：「剩水殘山樓刊本《石達開遺詩》共二十五首，〈自答曾國藩〉五首見於梁任公《飲冰室詩話》外（按：此五首實黃世仲所杜撰，詳下文），餘二十首悉出亡友高天梅手筆。時在民國紀元前六年（即光緒卅二年，西曆一九〇六），同講授滬上健行公學。天梅為余言，將撰翼王詩贋鼎，供激發民氣之用，遂以一夕之力成之，並及敘跋諸文，信奇事也。封面題字亦天梅所書。（按：高天梅，原名旭，江蘇金山人，南社社員也。柳氏原文及影印高氏祖本封面，見《廣東文物》卷十，頁一〇六七，及拙著《太平天國全國史》十八章頁一三〇——一三一。參看《太平天國資料目錄》頁六六五。）

《中國滅亡小史》，內第三章〈洪氏之光復軍〉，載《復報》六號、七號，光緒卅二年即西曆一九〇六年，日本東京出版（見《資料目錄》，上頁一八五）。

《洪秀全演義》，著者黃世仲，字小配，號世次郎，別署禺山次郎，粵番禺人。自幼有文名，弱冠熱心革命。先在香港革命黨所辦之《中國日報》著論提倡革命，筆鋒犀利。繼任《有所謂》小報記者。後於西曆一九〇七年自創小型之《少年報》，均宣揚民族主義者。在此期間，撫拾太平天國遺聞軼事，及參考流行官書或一二祕籍，撰有《洪秀全演義》長篇小說，先後在上兩小報連續發表。光緒卅四年戊申（西曆一九〇八），由《中國日報》排印單行本問世。（以上見《大風》六期馮自由：〈《洪秀全演義》作者黃世仲〉，惟另在卅七期一篇則馮自由以此書出版於乙巳，西曆一九〇五，前後不符。據其辦報年期，則以前說為合。）全書倣羅貫中《三國演義》體裁，為章回小說，各有回目，至卅四回敘事至咸豐八年而止，都卅萬言。（另有秋庵：〈嶺南奇人黃世仲〉一篇，載香港《新希望》卅期，謂《中國日報》後來發行有六十四回本，待考。）其目的固全為民族革命作鼓吹者。自序有云：

吾觀洪氏之起義師，不數年而天下響應，……人才彬彬，同應漢運，即漢唐宋明之開國名世，寧足多乎？當其定鼎金陵，宣布新國，惟得文明風氣之先，君臣則以兄弟平等，男女則以官位平權，凡舉國政戎機，去專制獨權，必集君臣會議，復除錮閉陋習，首與歐美大國遣使通商，文物燦然，規模大備，視泰西文明政體，又寧多讓乎？惜乎天未祚漢，饉疫洊臻，而貪榮慕祿、戕同媚異之徒，又從而摧之，遂致所事不終，半道失敗，智者方憫焉。而四十年來，書腐亡國，肆口雌黃，髮逆洪匪之稱，猶不絕耳。殆由曾氏《大事記》一出，取媚當王，遂忘種族。……

著者黃氏本此宗旨，以三年時間而成是書，「即以傳漢族之光榮」，固自詡為「史筆之傳記」也。（另有章炳麟序，見上錄。）馮自由述是書對於革命之效力有云：「出版後，風行海內外，南洋美洲各地華僑幾於家喻戶曉，且有編作戲劇者。其發揮種族觀念之影響，可謂至深且巨。」（《大風》六期）

憶余年前親到金田採訪太平軍起義事蹟，當地人士輒有以此書內容虛構之故事相告，而群視為史實者，亦可見其影響之大矣。余前曾評論是書有曰：「但既因資料之不足，復因宣傳之需要，更因行文之點綴，自不免穿鑿附會之事與潤色寄託之詞，甚至杜撰詩翰文告以求充實內容，誠韓愈之所謂『鋪張對天之閎休，揚厲無前之偉蹟。』此書出版，影響人心，甚深甚烈，革命工作，收效實宏，特別是在南方（包括各國華僑）。是故從革命立場上或文藝立場上觀之，此作與其他革命文獻或創作小說固有歷史的極相當的價值，自無待言。但若從史學上言，則其中所載之殊非事實，或遠離史乘者，與乎各種文獻贗鼎，則其價值又斷不可與真實史料作等量齊觀明矣。」（見〈太平天國之文物〉載《廣東文物》卷十，頁一〇五四）（按：《大風》廿三期載有郭青山評黃著《洪秀全演義》一文，批評是書劣誤七點。錯是不錯，但其全用歷史考證眼光來評論此革命宣傳品與歷史小說，是誤認對象了。）再者：書中所載石達開〈討滿清檄〉，有膾炙人口、感動人心之一聯曰：「忍令上國衣冠，淪於夷狄？相率中原豪傑，還我河山。」據馮自由親聞著者言，此聯確為真確的太平軍原文，而得自太平遺老者；著者即根據此二語而杜撰全篇云。今無從考證其出處，似可入信也。又書中廿四回敘及太平軍之克金陵係由先派軍人假裝僧人溷入城內及時響應。此事見之於夏燮（謝山居士）《粵氛紀事》卷四，則確有所本，全書固非完全向壁虛構者。其他事蹟與文件不及一一考證真偽矣。（拙著《太平天國全史》中有考證該書數事，如張國樑之出身，載第六章頁三七四以下，又如翼王報曾國藩詩五首，載十八章頁九六。另載《廣東文物》卷十，頁一〇六〇）（按：著者黃氏於民國成立後，在粵任民團局長，旋被槍決。）

三、民國初期之作品

自中華民國成立，民族革命成功，國人以河山光復，漢族重興，乃一反前人「成王敗寇」之說，對於二百餘年來之興漢反清者，凡昔所視為大逆不道之叛匪，幾至一體認為民族英雄或革命先烈，而對於建國十四年勢力被十九省之太平天國人物尤尊崇備至，朝野上下，風靡一時。不獨其風采偉蹟受人欽佩，即所遺之斷簡殘篇，吉光片羽，無不膾炙人口。於是有關太平天國史事之著作紛紛應時出版。或則為發潛闡幽、光大偉蹟之嚴肅作品，是為初期的研究成績。或則為投機取巧、迎合時好之出版物。甚至有向壁虛構之文章、詩詞、文告、書翰、軼聞、史事、日記等等，充斥市上，則無非一般投機文人或奸狡書賈為弋名或牟利計，固不可列為學術研究之作者也。茲按出版年期略舉十數種於後，優劣並列，以見斑斑。

《太平天國戰紀》，羅惇曧編撰，民國二年癸丑（西曆一九一三年）鉛印本，載《滿清紀事》第一種，另載《滿清野史》四編第十種。著者為粵順德人，字癭公，清季任京官，夙以詩文名。據其自言，此書原係北王韋昌輝嫡子以成所著《天國志》，傳之其子師洛，而由著者盡取其事蹟重加編述，易為今名。余曾加以考證，斷為贗鼎，絕不是根據北王子「韋以成」原著而完全是羅氏偽託其名自行杜撰之作，即「以成」之名亦由其一手偽造者。其所根據者為當時極為貧乏之史料，無非忠王〈供辭〉，幾種官書，及道聽塗說之傳聞軼事。內容所敘事實、人物、時期、地點、制度、輒有不符史實，訛誤殊多。（詳看《廣東文物》頁一〇六五）（《資料目錄》頁一五八，書名誤作「戰記」。）此固一時投機之作，為前時文人自逞才智杜撰偽書之惡風氣，可視為「遊戲文章」，至在學術上水準則低極矣。

《太平天國外紀》，孟憲承譯，民國四年（西一九一五）商務印書館出版。原著者英人林利（Lin-le即A. J. Lindley），因懷正義感，贊助太平革命運動，投効忠王李秀成，領炮隊，屢隨征，立功不少。蘇州失後，以病回國。太平軍消滅後，乃以所見所聞撰成《太平天國史》二巨冊（Ti Ping Tien Kwoh: the History of the Ti-ping Revolution，一八六六年發行）。內容盡力傳播太平天國史蹟與典制各方面之真相，所引用當時書報甚多，於研究參考至有價值。此為太平天國方面代表人物報導作品，對於英國之助清平亂極力反對，闢斥時論，針針見血，為研究太平史者必不可闕之參考書，未可以「宣傳品」厚非之。（關於林利之事蹟詳載拙著《太平天國典制通考》中冊頁一一三八以下。）聞譯者孟氏得國內某政要假以是書，限數日內即須璧還，故窮數日夜之力倉卒間簡譯全書，即以印行。此雖「急就章」，卻是嚴肅的具有學術性的出品，非投機之作也。惟其譯辭過於簡略，未能詳細傳譯其系統的紀事及盡達其議論涵義，且未能詳譯其所引出當時各家書報之言論與報導，（按：此為原著之重要的貢獻極利便於研究者之參考。）重以譯者不熟識太平史事與人物，譌誤不免。此為太平文獻（以其出於太平軍洋將手筆之故）之最初介紹於國人者，所載推陳出新，資料得未曾聞，在民國初年史學界初嘗此一臠，固已得益不鮮矣。（最近大陸有新譯本看下文之伍。）不過，原書內容亦非完全無訛誤者，大抵因著者不諳華語，未能直接採訪，只靠英語不流利之人傳譯，自難得全真。且亦有事屬傳聞未經證實，即率爾編入書中，內容難免蕪雜，故引用是書者仍當審慎採擇，披沙見金，庶不致誤，且得其益矣夫。

廣東中山容閎，吾國留美學生之第一人也。畢業歸國，適當太平天國時代，曾親到蘇州、天京、安徽一帶視察，兼訪問干王洪仁玕，條陳建國大計，終以「此行結果毫無所得」而去。後著書自述生平。徐鳳石、惲鐵樵譯為中文，標題《西學東漸記》。（民國四年商務印書館出版）。其第十、十一、十二、三章，專敘視察所得，報導詳實，持論平允，為直接第一手史料，足供研究者之參考。

《石達開日記》，武進許指嚴作，民國十一年（即西曆一九二二年）上海世界書局出版，民國十七年七版。據其〈弁言〉云，有友人先世為蜀藩庫吏，得睹石達開手書《日記》，乃節錄其詼詭奧折可喜者，與官私書所傳敻異，後手錄副本付許氏。自云：「因考訂各家記載，聯綴其事，潤色其辭。……若以嚮壁罪我，則燕郢之編寧求大雅一賞哉？」考翼王《日記》留存於蜀之說，久已傳聞海內。（捫蝨客韓文舉之《舟車睡醒錄》及其軼史有此記載，謂《日記》真本在蜀臬司，副本在藩庫。）然迄今尚未見公之於世。抗戰期間，蕭一山教授曾親到成都四川省政府搜索舊檔案，亦無所發現。余以為根本並無翼王手書日記，實為翼王當日押解至成都後受訊時〈供辭〉之訛傳（〈供辭〉早已流傳）。許氏之作，余斷定為其投機偽造者，適能迎合社會人士興味，轟動一時，至翻印多次。但只可以小說視之，絕不能目為史料也。從史學上看來，此為偽書無疑。曩年余執教鞭於燕京大學，有學生李崇惠者，方以考證此書真偽為畢業論文，就余問研究方法。余答以最好是施用內證法，仔細查考書中所言之日期、地點（路程）、人物、事蹟、名辭、制度……，真偽易判矣。他如法進行，果著成具學術性之洋洋大文：〈石達開日記之研究〉（載《史學年報》第一期，一九二九年出版）。

許氏之書確為贗鼎之憑據甚多，茲不必贅述，以省篇幅。只就其內容人物言，凡翼王遠征軍中大將多名之顯著於史冊者均鮮見，而其所敘述之大將，如趙如龍、黃蓋忠、楊中眼、黃得功、陸起蟄、陸成樑，戚朝棟等，無一見諸記載者。至其故事中心則側重韓寶英四姑娘及其夫代翼王被俘事。考此故事本由王韜筆記所濫觴，實齋東野語，非史實也。又據此書，翼王《日記》最後一頁書於五月初五，經許氏指明「絕筆於此，蓋不出二日即為清帥駱氏所擒……」（頁一二二）云云。但翼王獻身清營之日為同治二年四月廿七日。（《平定粵匪紀略》作廿三，上據郭廷以《太平天國史事日誌》下冊頁一八六三）。又如此書誤以太平天國十年為同治元年（頁九三），實即咸豐十年，而同治元年則為太平天國十二年了。其他謬誤之點，幾每頁皆有，無庸列舉。總而言之，此書之為許氏嚮壁虛構者，可以斷定。（參看《廣東文物》下冊卷十拙著頁一〇六〇及拙著《太平天國全史》十八章之末注釋之三）。

《太平天國野史》，凌善清編，民國十二年（西曆一九二三），上海文明書局出版。此書內容大都採自《賊情彙纂》，本自有史料價值，惟另加軼事傳聞，甚至有時人杜撰之作，真偽混雜，每多失實，不可盡信；如〈太平朝之外交〉載洪仁玕使美事，黃公俊遺作（詳下文）等等，不勝枚舉，可謂「狗尾續貂」「畫蛇添足」，反令全書價值下墜。初出版時，適投時好，因其他真實史料不多見，故能風靡一時，成為最上乘的太平史料，中外史家多有不察不辨而引用之者。迄今太平文獻與多種珍貴史料已大量出現，考證工作亦有大發展，此書已成過時的作品矣。參考採用者，當特別審慎焉。余所撰各書多不敢引用之。

《太平天國志》，李法章著、民國十二年（西曆一九二三）常州華新書社發行，有章炳麟等序（章序節錄見上文）。著者李氏，字繹之，武進人，江西優級師範畢業，其時方任南京中學文史教員。自述其著此書之宗旨云：

維思天王建國，與戰鬥相終始，雖享祚不長，而戰功赫奕，其光輝我漢族人民，一灑外族憑陵之恥。……法章軫念炎黃苗裔為敘外族侵陵之源，積漸而熾。至有清中葉，威稜已極。天國以後，漸就衰歇。革命傳播，隨絕跡於赤縣神洲。……飲水思源，不有當日，安見今時？於是網羅六十年放失舊聞，規模《三國志》體。……拾遺補藝，詳著興衰存亡之迹，成一家之言。（書末〈自敘〉）

此書內容有缺點三：（一）資料不足，敘述錯誤百出，不及一一指出。（二）體裁略仿陳壽《三國志》，自天王以下均作列傳而無其他表志，於太平天國史無一貫的敘述；（三）即就其著書動機言，既極端尊崇太平天國，而又不為天王及幼主立本紀，斯可異矣。然而著者下筆嚴肅，立論純正——揭櫫民族大義，則有足多者。至其只根據當時所得之史料辛勤編纂，確曾下研究工夫，未可厚非。揆諸「作始也簡」之理，用歷史眼光觀之，是為最初期史學界努力創作之成績也。

《洪秀全傳》，《清史稿》列傳二百六十二，卷四百八一（見《清史稿》目錄），由王樹枬稿本節刪而成。「或以為羅癭公撰者非是」（見《資料目錄》，頁一六一）。考《清史稿》纂修之經過，由總統袁世凱於民國三年設清史館，以前東三省總督趙爾巽（漢軍旗人）任館長，後於十六年秋，將所成史稿付梓，未完成而趙病故。後由任校刻之滿人金梁以史稿運至奉天，竟逞私意竄改及增加內容，是為「關外本」，以別於先成之「關內本」。自北伐成功後，國民政府「因其內滿清而外民國」，禁止發行。「該書之失，端在修史諸人，多遜清遺臣，眷戀前朝，主揚清室，命意既差，義例遂失。」（上見清史纂修委員會發表之〈清史稿纂修之經過〉，載臺灣《中國一周》五五七期，並見《清史》卷首。歷來抨擊《清史稿》義例與內容之不當者多人。如彭國棟氏《清史纂修芻議》詳細批評其關於傳之方面，有兩條云：

《清史稿》於列傳中，凡革命黨事蹟，多略而不書。偶有記載，皆以「黨人」「有人」等書之，蓋以《春秋》書「人」賤之之例以示貶也。夫以民國修《清史》，而自賤之，亘古以來，無此書法。執筆者不惟反對民國，抑且無民族觀念，亟宜改正，以風示來茲。（另有清史纂修委員會所訂之〈清史敘例〉對此亦有評論，詳下文之陸）。

洪秀全創太平天國，定都南京，稱天王十餘年。其典章制度，燦然可觀，……乃《清史稿》仿《漢書》〈王莽傳〉例，厠於列傳之末，名曰「賊」曰「偽」，其義何居？夫《漢書》乃東漢人所作。東漢承西漢之餘緒，於莽之篡位，可深貶之。若洪秀全之革命，乃申民族之大義，豈可與王莽同科？且以民國人修史，自貶其革命先烈，庸有當乎？（見國防研究院所印單行本）

以上所錄關於《清史稿》〈洪秀全傳〉之評語，足稱定論。余曾撰〈重修清史中太平天國專史纂述體例之商榷〉亦有一段評論其內容者，茲復錄出，以表我見：

考《漢書》於列傳末附〈王莽傳〉，藉以貶之。《清史稿》仿其體例，依樣立〈洪秀全傳〉厠於列傳之末，竟以民族革命領袖與古代篡竊奸雄同科，已屬不倫不類，貽譏當世。況其於名稱上則目之為『偽』、為『寇』、為『酋』、為『股』、為『悍黨』。為『兇焰』、為『倡亂』。其措辭輒曰『陷』、曰『擾』、曰『犯』、曰『竄』、曰『遁』、曰『授首』、曰『正法』，居然視同大逆不道之叛賊。至語及清方，則稱清帝曰『上』，清軍曰『我軍』；而與對太平軍作戰事，乃曰『勦』，曰『克』、曰『誅』、曰『殲』。夫以民國之官，修勝朝之史，而著筆仍自居清臣立場，奉滿清異族為主體，待華夏同胞若寇讎，自貶其民族革命，自賤其民族英雄，自污其民族偉蹟，篇末論斷更有「嚴種族之見，人心不屬」之惡評妄語。似此華夷不辨，敵我倒置，是非淆亂，分明違反《春秋》大義，揚棄民族精神，抹煞道德原則，史德史筆之卑劣無可比擬……綜觀全篇，其詞義、語氣、觀點、與清官書（如杜文瀾之〈平定粵匪紀略〉等）文告（如曾國藩之〈討粵匪檄〉等），如出一轍，誠怪謬絕倫、貽笑中外、遺臭千古之穢史。至一究其內容，事實則譌誤百出，評論則厚誣謾罵，尤辯不勝辯，實不值得一一考證，姑置勿論焉。（載民國四九、十二、廿九、香港《華僑日報》）

《太平天國革命史》，王鍾麒撰，民國二十年（西曆一九三一）商務印書館出版，一小冊，為「新時代叢書」本，編入《萬有文庫》內。此書為太平天國史略，史事編比得體，頗有條理，足為太平戰役有用的手冊，比以前諸人所撰之太平史為佳，足見著者亦有研究工夫，不過仍因其時史料貧乏，考證不足，故未臻完備。這是初期一般的太平史之通病，不能獨為此書詬的。

《太平天國詩文鈔》，羅邕（鴻濤）沈祖基同輯，民國二十年（西曆一九三一）初版三冊，民國廿三年（西曆一九三四）改正本新版二冊，均由商務印書館印行。有蔣中正，白崇禧序及于右任題詞（節錄見上文）。其〈自序〉云：

昔者洪楊諸王，倡民族之主義，導革命之先聲。金田起義，響應者幾遍全國。縱其後舉事不終，然其豪氣所鍾，發為文章，吉光片羽，留傳人間，則固皆可歌可泣。……務使洪楊一代之文章，燦然具備。

內容皆散見諸書籍軼史及報章雜誌者。所錄有文百卅篇，詩百餘首，後附聯語鈔及天朝爵位封號表等。編者站在民族主義立場，費七年之時間，資料搜羅詳盡，幾無遺漏（至出版時止），苦心努力，有足多者。獨惜其未下考證工夫，絕不甄別真偽，凡有標題太平天國人物之作，無不編入，（包括三合會文告及時人偽作）以故贗鼎充斥，魚目混珠，致令研究參考者，輒受其誤導，以假作真。新版稍有損益，增刪內容，比初版略有改善，然仍未一一加以考證，真偽混雜，未臻完善，斯為缺憾。惟新版內有幾篇為天王洪秀全早年作品，得張菊生先生以俞大維先生在德國圖書館所攝影之原本照片，逐一為之校正增補，持與其他太平文獻書籍所載者互相校勘，可得見先後版本之內容異同，斯為此書之特色也。書末附有羅氏上國民黨中央黨部呈文，以太平天國為民族革命，請禁止國人加以輕衊之名詞如「粵匪」、「髮匪」、「髮逆」、「偽賊」等。多年前羅君又曾告余，擬為太平軍撰「洗寃錄」，惜未見完成，誠有心人哉！亟附筆傳之。

《抱一遺著》之著者姓李，名抱一，湖南人，為名記者。抗戰期間在長沙任日報編輯，其《遺著》何年出版未詳，湖南抱一遺著刊行委員會印行。卷三載有〈太平天國戰事本末〉及〈李秀成大事年表〉二篇。行文清晰可讀，敘事亦有條理。其〈戰事本末〉，大致根據流行之官私史籍採摭編排，按年期先後分段簡略書出，各有標題。〈年表〉則大致根據忠王供辭及他籍。兩篇所用史料未一一敘明出處，不合科學著作體例，且未及引用新發現之太平文獻及史料。內容難免訛誤之處，不必一一指出矣。著者李氏於太平史顯見曾下研究工夫及整理工作，尚不失為初期中一本比較上可讀之書。

其他作品尚有多種，類皆因史料缺乏，或觀念錯誤，未能令人愜意者，有如丁紹曾撰：《太平天國制度之研究》，民國廿二年（西曆一九三三）上海大夏大學史地學會出版；陳醉雲編：《太平天國史》，民國廿三年（西曆一九三四）上海新生書局出版；吳繩海編：《太平天國史》，民國廿四年（西曆一九三五）上海中華書局出版；……等等是。

另有幾種左派作品，亦屬此期幼稚之作，有如李一塵著：《太平天國革命運動史》，民國十九年（西曆一九三〇）上海光華書局版；張霄鳴著：《太平天國革命史》，民國廿一年（西曆一九三二）上海神州國光社出版；李群傑撰：《太平天國的政治革命思理》，民國廿六年（西曆一九三七）上海真理出版社出版（《資料目錄》誤作李祥傑撰）；《中國現代革命史》上冊，第一講太平天國革命運動（一九三三年中國現代史研究委員會編，原著者及出版處未詳）等是。這些左派作者，自始即注重太平天國史且自始即假借其史事以為宣傳他們的理論之工具。他們自始即陷於雙重的弊病，即是：於缺乏充足的史料——幾等於羌無事實——之條件下，加以施用其先天的謬誤的定論以解釋這革命運動。據朱謙之教授早年的批判，他們只是拾托拉斯基派拉狄克（Radek）理論之唾餘。以上幾種書「均理論多而事實少，只知有史料之解釋，而不知從事史料之搜集……在這樣貧乏的史料基礎之上，試問怎樣能夠建立科學的理論解釋？結果還不是遷就事實，來完成他們空洞的理論？」對於李群傑之以太平天國為「市民性的農民革命，農民性的市民革命」（見原序）一語，朱氏更譏嘲為「這種互不相容的怪誕的名稱……一樣地難於了解。」（以上統見朱氏〈太平天國史料及其研究方法〉，載《現代史學》五卷一期。）綜而言之，無論那一種的太平天國史，大凡無充足的、證實的史料為根據、為基礎者，此大革命運動之全部事蹟與真相固無由披露，而其結論或對或不對；縱或對矣，亦等於猜謎之偶中耳，是去科學的良史之鵠的甚遠矣。而況一般輒持先天的空論，用演繹的方法以解釋史料，更錯上加錯乎？

筆記、軼聞、小說、戲劇之類，這時期產品有如雨後春筍，出版特多。難以盡列，姑略舉其尤：如柴萼：《梵天廬叢錄》；丁國鈞：《荷香館瑣言》；裘毓麟：《清代軼聞》；徐珂：《清稗類鈔》；楊道公：《太平軍軼事》；鐵梅：《紅楊軼事》；藕香室主：《洪秀全全傳》；陳天隨：《洪楊演義》（小說）；徐哲身：《曾左彭李四傑傳》（小說）；捫蝨談虎客

（韓文舉）：《滿清紀事》（載《中國近世祕史》第二冊，託名為日人所撰）；峒道人：《革命脛》（小說）；黃花奴：《江上青峯記》；胡儀撫、徐枕亞同撰：《戰血餘腥錄》；張恂予：《紅羊豪俠傳》；許國英（指嚴）：《天京秘錄》，《太平天國軼聞》（進步書局編印四卷）；及《太平軍軼史》，《太平天國軼事》，《紅羊軼聞》，《石達開全集》；韓寶英、歐陽予倩：《忠王李秀成》（戲劇）；陽翰笙：《天國春秋》（戲劇）；陳白塵：《金田村》，《大渡河》，《石達開的末路》（均戲劇）……等等是。以上所載或為失實之傳聞，或為虛構之事蹟；或為杜撰之詩文，或為小說家言（包括戲劇）；然亦間有確為事實者，大都不能引用為研究資料；偶或用為參考，仍當慎之又慎也。（以上所舉各書出版時期或有稍後者，因性質同屬此一類故併編於此。）

除上文所指出之偽文、偽書、偽詩、等等之外，同樣，此期出產之太平文物贗鼎尚多。略舉其較著者數種於後，如：黃公俊其人及其遺作斷句，係由胡寄塵「一手假造出來的」所以提倡革命者。（見民國廿四、四、一、上海《時事新報》〈學燈〉胡氏文自承偽造事）。如太平天國篆文金幣及〈宮女紀恩詩〉，見民國十三年五月十五日上海《晶報》袁克文撰：〈太平天國金貨記〉，所載天朝宮女荅謝天主頒賜新鑄之金餅乃作詩紀恩並有小序，附以金幣拓片。其人、其事、其詩、其幣、胥由袁氏假造者。（按：天朝確曾鑄造金幣、惟式樣大異於此，看拙著《太平天國典制通考》上冊〈泉幣考〉頁五八〇——五八三及頁六一三，引譯外人專著。）

其他如天王墨蹟「民聲」二字，錢江山水畫，翼王花卉畫，翼王書聯（所見有二種：其一有胡漢民先生題詩，其一翼王署款「精忠軍師」實為「公忠軍師」之誤，而翼王似未嘗用此銜），翼王告示，翼王真柬偽書，翼王女石筠照遺詩（見《梵天廬叢錄》），忠王上〈天王札〉，忠王〈感事詩〉（見《梵天廬叢錄》），忠王〈醮聯〉等等。此外，尚有偽造之錢幣、錢票、碑碣、鐵劍、翼王竹筆筒等物。於茲不及一一詳為考證矣。（看《廣東文物》卷十，拙著《太平天國之文物》之七〈太平天國文獻贗品考〉，頁一〇五三以下。又看羅爾綱：《太平天國史辨偽集》及《太平天國史料辨偽集》。）

至近廿年內，太平天國贗品，絕少得見有新出者（雖曾屢有所見，都為前期舊製品）。這也許因在大動亂期間，我個人「孤陋寡聞」，見識不多，採訪未周，然偽造的書籍、文件與品物，似乎確已絕跡於市上。推原其故，大概首因在戰亂期間，一般文人無興味、無閒暇執筆杜撰此等遊戲文章，而一般奸商市儈亦不能藉此圖利。復因真正的太平天國文獻與遺物已大量出現，天朝之真相大明，真偽之標準已立，遂令人不敢亦不易向壁虛構，即有大膽嘗試者，亦容易為人揭發戳破，不值一錢，反招惡名。再因一般對太平天國有特殊濃厚之興味者，因史料充足，乃將時間精神從事研究工作，為有價值的學術貢獻。是故前期杜撰投機之風氣乃變為科學研究之風氣，是吾國文化進步之一象徵，而吾人對於真理真知必得勝利之信仰，愈為增強矣。

四、海內學人之工作（上）

入民國後，方一般幼稚的、杜撰的、或投機取巧弋名圖利的太平天國書籍文物紛紛產出、充斥市上之際，另有史學界南北學人之對於太平天國有特殊興味者，埋頭努力，運用科學精神與方法從事此專史之研究。經四十餘年許多學人之辛勤苦幹，乃有今日之成績。茲將種種工作成績分別表出，以個人或機關為本位，各作綜合的敘述，但側重其特殊貢獻，揚其功勳而略其錯誤。蓋到現時為止，無論那一家的作品（連筆者個人的在內），無一堪稱為完全絕對毫無訛舛者，只大小、多少、輕重、程度之異而已。一一考證、篇幅不許，而且亦非本篇主旨所在也。茲將海內學人之研究工作分為上、中、下、三節，分別表出。

這一節所表出的大致係於民國卅九年（西曆一九五〇）以前國內學人研究太平天國史之成績。

對於研究太平天國史貢獻之最重大者為太平文獻（包括官書與文件）之發現。據我所知，但燾所譯日人稻葉岩吉（君山）（Inaba Iwakichi）之原著《清朝全史》（民國四年，西曆一九一五，中華書局出版）載有《三字經》，實為太平官書復傳諸國內之嚆矢。其後國內書籍乃輾轉鈔錄。此書敘述太平全役史蹟亦根據研究所得。至其評論太平軍與曾國藩湘軍之對敵實為文化之戰，而湘軍非勤皇之師，亦大有見地，獨陳新說。不過，這是局部的而非完全正確者，以其忽略民族與政治兩重要成分也。附錄有英人林利《太平天國史》原著之一節，亦為最初介紹此太平文獻於國內者。

其首先以太平官書多種彙刑傳之國內者，為程演生先生之《太平天國史料》第一集（民國十五年，即西曆一九二六，北京大學出版部排印）。內容共十種（實七種），係「據法國國立東方語言學校圖書館藏本及程氏覆抄本影印或排印」（《資料目錄》，頁四六）。（以下簡稱「程輯」）

民國廿三年（西曆一九三四）南京中央圖書館館長蔣復璁先生偶在揚州書肆故書堆中發現一本太平官書，為人所不注意者，聞其僅費銀二角購歸，成為該館所藏極珍本之一。蓋此書非他，即《英傑歸真》是也。計至現在所知，此實為全世界碩果僅存之孤本，於太平一朝各種制度與理想多所表現，史料價值綦大。

對於發現及整理太平史料至為努力，及至有成績者當首推銅山蕭一山（非宇）教授。他早歲畢業北平大學，專治清史，歷任清華、北平、師範、中央等大學教授及河南、東北、西南等大學文學院長。弱冠所著之《清代通史》上中二冊，早成史學權威之作，（民國十六、七年商務印書館初版），惟下冊則遲遲未見問世。聞實因太平天國史一階段史料不足為梗之故。民國廿一年，得今總統蔣公佽助至歐考察文化，搜羅史料。旅英七閱月，乃將大英博物院東方部庋藏之太平天國官書（書籍及文件），全部攝錄，了無遺珍。歸國後，將所得官書二十三部（《英傑歸真》由中央圖書館借用）合編為《太平天國叢書》第一集（共十冊，民國廿五年，即西曆一九三六，由南京國立編譯館交商務印書館影印，下稱「蕭輯」）。其他所得之文獻，則另編印二書：《太平天國詔諭》（一冊共十七件，民國廿四年，即西曆一九三五、國立北平研究院影印）；《太平天國書翰》（一冊共十五件，民國廿六年，即西曆一九三七、國立北平研究院史學研究所影印）。此外另編《太平天國叢書》第二集，內容有《太平天國詔旨鈔》，《太平天國兵冊》，《粵匪起手根由》，《戈登文書》，《遐邇貫珍》中之太平史料，《六合叢談》中之太平史料，《洪秀全來歷》，《洪仁玕自述》等，皆極重要之上乘史料。所可惜者，二集全部稿本交商務印書館影印，乃製版甫成而八一三滬戰起，版片被燬。及以原稿運香港再製，不料大戰爆發，香港淪陷，故是集終未能出版。所幸內容各篇多有曾在國內各雜誌或彙刊發表者，故研究者仍可追尋。（如〈太平天國新史料〉載《經世》一卷四—九期，〈太平天國新史料並跋〉載《國聞週報》十二卷十五、十六、十九、二十、二二、二五諸期）。另著有〈干王洪仁玕自述並考〉載《經世》四十七、八期合刊，及〈資政新篇考略〉載《青年中國》季刊一卷二期。〈天德王洪大全考〉載《文史雜誌》三卷七、八期。（其他專篇容有遺漏者，看《非宇館文存》，民國三七年經世學社出版，載有〈太平史書序跋〉。）尤難得者，蕭教授於發現各種太平文獻多種之外，復於每種加以科學研究，悉心考證及註釋其內容，加以序跋，以利便讀者之了解。其對於太平史料之發現與整理，勞績洵是輝煌偉大，極有貢獻於學術界。我在上文之稱許，信非溢美也。

至對於太平革命運動之一般的評論，蕭教授又有合理之見解云：「太平天國……一方揭種族革命之旗，一方倡平等博愛之說，……凡百典制，率多更創，治平之略，亦有特色。觀其用司馬之兵法，軍備嚴肅；守摩西之十誡，精神團結；典田國有，流風未息；大道為公，義訓垂後。影響所及，殊足以翻舊史而開新運，固不僅在百年史上為一重要之事變已也。」（《太平天國叢書》序）

蕭教授又另著有《清代史》（原名《清史大綱》民國卅四年商務出版）。其中第六章專敘太平史事之大略，對於天德王洪大全與太平天國之關係及其地位之重要，言之過甚，不敢苟同。至其結尾語：「就近代民族革命立場論，它（太平天國）無疑的是一個承先啟後的重要階段，為民族革命作初步的結果，為國民革命開嶄新的道路」（頁一九〇），則史實證明這是的論。他另著有《曾國藩傳》（民國四二年臺灣出版）。內容對於太平史事及曾氏用兵多所闡述。他一方面極力讚揚太平天國的民族革命，在他方面又極力尊崇曾氏効忠滿清、維持名教、平定亂事之立德、立言、立功、三不朽，而下「功過相抵」的結論，真是難乎其為「調人」與「和事老」了。

一九六二年五月，蕭教授又發表一篇〈天德王洪大全事蹟考〉，載《慶祝朱家驊先生七十歲論文集》，臺灣《大陸雜誌》印行。其結論與我見頗有出入，足供學人參考。至於他的巨著

《清代通史》，經過多年埋頭工作，修改上中二冊，且完成全書共五冊定於一九六三年問世。全部都三百餘萬言，其中〈太平天國之始末〉一篇可二十餘萬言。吾人懇切期望其編排太平史料與撰著全役太平革命史，亦將有特殊貢獻，至足媲美其最初兩種工作也。拭目俟之。

王重民先生向服務於北平圖書館，以民國廿四年杪（西曆一九三五）赴英，在劍橋大學得見太平官書十一種（為「程輯」與「蕭輯」以外之書）及其他文件，由初大告先生助其攝影全部。王先生以全部官書及幾種文件之影片寄滬，在余所辦之《逸經》分期發表。（時在民國廿五、六年，只發表三種，詳下文）。三十七年，抗戰勝利後，余與葉恭綽先生乃將各官書編入《廣東叢書》第三集，名為《太平天國官書十種》（內《天理要論》原有二本，只以其新編之首八章編入），共四冊（以下稱王輯）。有王氏自序及余之〈弁言〉。此外王先生所搜羅者尚有〈天王詔西洋番弟〉（載《逸經》廿三期），洪仁玕〈諠諭〉二件（載開明《史料》），洪仁玕等〈勸諭〉（載同上），韋昌輝〈招良醫誠諭〉（載同上），李秀成〈勸諭四民〉二件（載同上），朱雄邦〈致英使照會〉（載《逸經》廿三期），侯裕田〈致巴克照會〉，羅大綱〈致英使書〉（載開明《史料》），黃玉成〈禮柬〉及〈書啟〉（載開明《史料》），秦日綱等〈頌讚〉，天王親筆之〈聖書批解〉二件，〈大事記〉二件（以上三種均載開明《史料》）。以上均為劍橋大學藏品。王先生於發掘各種至有價值之第一手原始史料外，復有詳細的說明。其貢獻於太平史研究之功績亦甚大矣。

考太平天國印行之官書共四十三種，至民國卅七年（西曆一九四八），除六種佚書外其餘卅七種已復流傳於國內。茲為利便研究者檢查計，依年期先後表列如下：

（一）《天父上帝言題皇詔》一卷，即《十全大吉詩》，癸好三年新刻，（壬子二年總目已有此書目，惟未見）載蕭輯。

（二）（三）《天父下凡詔書》二部，壬子二年新刻，載程輯。

（四）《天命詔旨書》一卷，壬子二年新刻，載程輯。

（五）《舊遺詔聖書》二卷（即《舊約》之《創世傳》及《出麥西國傳》）癸好三年新刻，載蕭輯。又《欽定舊遺詔聖書》六卷。同上。

（六）《天條書》（即摩西《十誡》，重訂加詩解），壬子二年新刻，載蕭輯。

（七）《太平詔書》，壬子二年新刻，載蕭輯。

（八）《太平禮制》，壬子二年新刻，載蕭輯。又戊午八年續編，載王輯

（九）《太平軍目》，壬子二年新刻，載蕭輯。

（十）《太平條規》，壬子二年新刻，載蕭輯。

（十一）《頒行詔書》，壬子二年新刻，載程輯。

（十二）《幼學詩》，壬子二年新刻，載蕭輯。

（十三）《新遺詔聖書》一卷（即《新約》《馬太傳福音書》），癸好三年新刻，載蕭輯。又《欽定前遺詔聖書》五卷，同上。

（十四）《太平救世歌》（後改為《太平救世誥》），癸好三年新刻，載蕭輯。
（十五）《建天京於金陵論》（制藝），癸好三年新刻，載程輯。
（十六）《貶妖穴為罪隸論》，同上。
（十七）《詔書蓋印頒行論》，同上。
（十八）《天朝田畝制度》，癸好三年新刻，載蕭輯及程輯。
（十九）《三字經》，癸好三年新刻，載《清朝全史》，《太平天國野史》，及神州社之《太平天國》一冊。
（二十）《頒行曆書》，癸好三年及辛酉十一年兩種，載蕭輯；甲寅四年及戊午八年兩種載王輯。
（廿一）《天理要論全編》，甲寅四年新刻，載王輯。（此為節錄及修改尚德者——即麥都思牧師——原著之首八章，另刊印全書原文，亦經王氏攝影，未刊行。）
（廿二）《天情道理書》，甲寅四年新刻，載蕭輯。
（廿三）《御製千字詔》，同上。
（廿四）《行軍總要》，乙榮五年新刻，載蕭輯。
（廿五）《天父詩》，丁巳七年新刻，載蕭輯。
（廿六）《欽定制度則例集篇》，今佚，書目見總目。
（廿七）《武略書》，今佚。

（廿八）《醒世文》，戊午八年新刻，載蕭輯。
（廿九）《王長次兄親目親耳共證福音書》（版心刊《福音敬錄》），庚申十年奏准刊行，載蕭輯。
以上旨准頒行詔書共二十九部。以後尚有數種不在總目之內者，另編列如下：
（三十）《資政新篇》，己未九年新鐫，載王輯（先在《逸經》十七、十八、十九期發表）。
（三一）《己未九年會試題干王寶製》，載王輯。
（三二）《干王洪寶製》，刊行年缺，載王輯。
（三三）《士階條例》，辛酉十一年新鐫，載蕭輯。
（三四）《幼主詔書》，刊行年缺，載蕭輯。
（三五）《英傑歸真》，辛酉十一年新刻，載蕭輯。
（三六）《軍次實錄》，辛酉十一年新鐫，載王輯。（先在《逸經》廿七、廿八、三十、三一、諸期發表。）
（三七）《誅妖檄文》，辛酉十一年新鐫，載王輯。
（三八）《太平天日》，壬戌十二年印行，載王輯。（先在《逸經》十三、十四、十六、諸期發表。）
（三九）《三國史》，佚。（書目見沈懋良：《江南春夢庵筆記》）

（四十）《改定四書》同上。
（四一）《太平律文》一百七十七條，同上。
（四二）《天朝欽定敬避字樣》，附聯句，刊行年缺（照片載《太平天國革命文物圖錄》續編。）
（四三）《忠王會議輯略》，佚。（書目見曾國藩同治元年九月廿日《日記》，又見許瑤光《談浙》卷三。）（以上諸種，多數彙載神州社之《太平天國》一二冊。）
（按：《太平天國起義記》原係洪仁玕早年口述，由韓山文牧師用英文書出。又有投効太平軍之英將林利所著之《太平天國史》。此兩種均應列為太平文獻，但非官書。）
（又按：官書中尚有《字義》、《詩韻》、《改正四書五經》三種，疑未刊行。至其他陸續發現之太平文件均載下文所述各叢編，茲不一一舉列。）

劉復（半農）先生從倫敦大英博物館鈔錄太平天國有趣文件十六種，民國十八年（西曆一九二九）由北新書局印行，一小冊。內容為瑣碎小品，多另載於他彙編（名目不錄）。

北平故宮歷史博物院所出版之《文獻叢編》及《掌故叢編》中，有不少太平史料，係由整理清宮檔案中發現者。民國廿二年（西曆一九三三），彙編為《太平天國文書》印行，共十二件（名目不錄）。又：故宮原藏有天王御妹洪宣嬌牙齒及北伐軍副帥林鳳祥牙齒一盒，庚子之亂失去。（見鄧之誠：《骨董瑣記》卷三頁十一）。聞宣嬌牙齒輾轉流落在英倫敦，今不知何在。又故宮有《髮逆殲滅實錄》四十八冊，亦於庚子年失去。（見同上鄧記，據內務府奏宮內失去祕籍。）再：故宮原藏有太平天國天王金璽一，玉璽一，幼主玉璽一。金璽為軍機處章京盜賣（載《文獻叢編》十九輯）。所存玉璽二方，昔藏故宮博物院。（拓本見拙著《太平天國典制通考》上冊〈璽印考〉之後）。

張德堅等編纂之《賊情彙纂》，民國廿一年（西曆一九三二）南京國學圖書館石印本六冊。張氏在曾國藩大營中任採編所總纂官，羅致其他多員為佐，致力採集太平軍人物、制度、典章等等，編成是書，至咸豐五年六七月間所得為止。內容與議論雖不免舛譌與荒謬，資料大致尚可採用，為研究太平史尤其關於典章制度之基本的參考書。

關於上海戰事，上海通社於民國廿五年（西曆一九三六）刊行《上海掌故叢書》第一集，中華書局出版，內有關於上海小刀會之役史料四種。又有《上海研究資料》（同上）亦載有關是役事蹟。

徐蔚南先生著有〈上海在太平天國時代〉長篇，在《上海通志館期刊》發表，（民國廿二年二期、四期），內容敘述小刀會之役及太平軍圖滬事蹟，係根據本國及外人資料，均甚珍貴。另撰〈上進小刀會亂事的始末〉一篇，載《逸經》廿六期。

左舜生先生早歲選輯《中國近百年史資料》初編（民國十五年中華書局出版）內有太平史料數篇：羅惇曧之〈太平天國戰紀〉，薛福成《筆記》，及〈湘淮合軍平捻記〉。其續編（民國廿二年中華書局出版）內有〈李秀成供辭〉，陳徽言之〈武昌紀事〉，張汝南之〈金陵省難紀略〉，杜文瀾之〈江南北大營紀事本末〉諸篇，均於研究者大有裨益。自民國卅八年，左先生旅居香港，著作甚多。其《萬竹樓隨筆》（民國四六年，香港自由出版社出版），內有太平天國史話六篇（均先於民國卅八年在香港《新希望》周刊二四、二五、二七、二八、三十、三二、諸期發表，總題曰「咸同史話」），內容敘述史事。其所根據之史籍多為不可靠之野乘軼聞，於茲不及一一辨正。惟其論事見解則極端反對整個的太平天國運動，甚至根本否認其為民族革命運動，恐非用長篇大論不能再打此筆墨官司而解決此歷史公案了。綜而言之，百年前為滿清攻滅太平軍之主帥曾國藩等及其同系之文人對於太平人物與制度及設施尚有多少稱許之辭，而對於人民地方之慘受兵害者尚肯承認由清軍負責什之二三，而左先生則簡直以太平軍無一是處，且萬惡皆歸，尤其反對共產黨的太平史觀之以其為農民革命、階級鬥爭。左先生似乎是因為與共產黨立於絕對相反之地位——凡其所是者必非之，故對於太平天國乃有一網打盡及一筆抹煞之意見。考其太平史觀之「基本觀念：一、洪氏只是要做皇帝，談不上種族革命，也談不上政治革命；二、假借一種非驢非馬的外來宗教，這只是他們借以煽惑群眾的一個幌子，他們絕沒有什麼新思想；三、曾胡江羅這班人，効忠清朝只是他們的一方面，維護中國的傳統文化，以萬死不顧一生的毅力，把太平天國這一惡勢力對付下去，才是他們真正的目的」（頁三一三—三一四）。在這觀念之下，左先生還把太平天國人物，所有男子稱為「惡棍」（頁三二四），所有女子稱為「蠻婆」，而統稱為「妖孽」（頁三三二九）（按：此與太平軍之稱滿清人物曰「妖」恰相反。），為「一群土包子」（頁三三〇）。綜觀百年來有關太平戰役之中西史籍，得未曾見如此惡評，誠「一家言」也。（看《典制通考》中冊〈女位考〉頁一二二四，我對左先生〈太平軍對女性的蹂躪〉一篇之評論。又看同書上冊〈緒言〉頁六一論及黨見與太平史觀。）

關於曾國藩之生平，有賈星德著《曾國藩之生平及事業》（民國廿四年，商務）及何貽焜著《曾國藩評傳》（民國廿六年，正中書局）。前書較簡略。後書為一巨冊，資料頗豐，惟敘述其生活中攻太平軍一部分之事蹟太少。（另有蕭一山著《曾國藩傳》，見上文。）兩書大致是頌揚曾氏之「三不朽」的（惟何氏書於曾氏缺點亦間有表出）。然自民族主義及民生主義（廣義的史觀，以人生為主體為重心）立場以作月旦評，如所週知，曾氏偽善好名，殘忍濫殺，只顧維持道統禮教而忘卻民族大義之種種惡德終不能掩，則彼以其為賢、為聖、為人生模範者，當有以自圓其「溢美」之說。（詳論看《典制通考》下冊〈軍紀考〉下之九〈月旦曾國藩〉，及《太平天國全史》十三章之四〈曾國藩之觀念形態〉。）

謝興堯（五知）先生，四川射洪人，早歲畢業北平大學後，即留校任助教，專攻史學，而尤致力於太平史之研究。嘗在故宮檔案中搜索太平史料，又努力網羅舊聞，搜輯祕籍，頗有所得，乃致力於考證與註釋工作，迭有專著問世，如《太平天國史事論叢》（有余所作序文，民國廿四年，商務印書館出版），《太平天國的社會政治思想》（同上），《太平天國叢書十三種》（共三輯，民國廿七年北京瑤齋叢刻本）。其他整理史料之文字散見於各雜誌者，有〈太平話〉載《逸經》一、三期，〈太平天國史事雜錄〉（原署「老長毛」，載《國聞週報》民國廿六年一月至七月多期）及其他書跋與讀後記數篇。（以上各篇多編入專著）。謝先生為最初以科學方法研究太平史之一人，雖其論斷或因其時史料不足而為後來陸續發現之新史料所否決，然其努力研究，卅餘年來，不斷不懈，對於此一專門史學為開荒者之一人，自有相當之勞績也。（一九四九年後，謝先生居留大陸另有新著，見下節。）

羅爾綱先生，廣西貴縣人，初從胡適先生遊，得其歷史考證方法，繼任中央研究院社會科學研究所副研究員，以太平天國史為一生專門研究對象，孜孜屹屹，歷卅餘年而不倦，成績斐然。前曾發掘幾種大有價值之太平天國史料，如蕭盛遠之〈粵匪紀略〉，儲枝芙之〈皖樵紀實〉，〈英王供辭〉等。所編撰有關太平史之專著，大小不下十餘種。計有《太平天國史綱》（民國廿六年商務版），《湘軍新志》（民廿八年商務版），《捻軍的運動戰》（民廿八年商務），《洪秀全金田起義前年譜》，（小冊、與陳畹芬合編，民卅二年正中書局出版），《洪秀全》（小冊，民卅三年重慶勝利社出版），《廣西首義志》（或《太平天國首義志》），民卅七年六藝書局出版）。其研究成績要以整理太平史料（包括考證工作，辨別真偽，糾正錯謬，註釋文件等）為最大最佳。此類專著之出版者，計有《太平天國史叢考》（民卅六年正中），《太平天國史考證集》（民卅七年正中），《太平天國金石錄》（民卅七年正中），《太平天國史辨偽集》（民卅九年商務），及其他論文在各報章雜誌發表者約有卅篇，大都編入各集，茲不列舉。（尚有專著論文在大陸出版者，詳下節。）

其在桂林出版者有《逸史》（第二期）所載黃照熹先生之〈太平軍攻桂紀實〉一篇，記述向榮馳援桂林及太平軍行軍事甚詳，云係據太平軍遺老口傳者，有特殊資料，足以採用。（拙著《太平天國全史》上冊頁三六六節錄）

何福同先生著《太平天國鱗爪》，桂林行健學社出版。

又有李邇冬先生著《李秀成傳》，附〈李秀成年表〉。（載桂林《前鋒月刊》二卷一、二期，另有單行本）。另著〈太平軍革命過程中的政治工作〉（載《抗戰時代》四卷三期），及〈李秀成沒骨畫〉（桂林《掃蕩報》民國卅一年一月十八日）。各篇史料不豐，價值平凡。

桂學者梁峪廬先生著〈太平天國之移民政策〉（載民國三年《旅行雜誌》十七卷二期），又有研究太平官書天父詩一篇在《廣西建設》發表（題目及年期已忘）。（其後，另有作品在大陸印行者，詳下節。）

中山大學教授吳宗慈先生著有〈太平天國封爵總表〉（載中山大學研究院《史學專刊》二

卷一期）及〈太平天國紀元年號之逑疑〉。（載《現代史學》三卷二期民國廿六年出版。）

羅香林教授著有〈太平天國洪天王家世考證〉（載民國廿六年《廣州學報》一卷二期），及〈太平天國康王汪海洋南陷嘉應始末〉（載廣州《中央日報》〈文史副刊〉第八十期），與〈太平天國封爵總表補正〉（載《星島日報》〈文史副刊〉第二十八期）。另在所撰《中國通史》下冊，於太平史有系統的敘述。又聞羅先生藏有《洪氏族譜》原鈔本。另在所編輯之《興寧先賢叢書》中載有太平軍入粵史料。

陳訓慈先生著有〈太平天國之宗教政治〉一篇（載《史學雜志》一卷六期，二卷一期）。歷來國人對於太平革命之宗教性質，鮮有注重，惟陳先生則能洞見宗教實為其中之主要成分，其興衰成敗及其中間一切典制、事為、與施設，皆以宗教為樞紐，可謂獨具隻眼而比較近真的看法。可惜顧此失彼——於其局時兼有之民族與政治的革命性質不免忽略了。

蕭公權先生在《中國政治思想史》（民國卅六年商務），看見太平革命一役之政治理想是（一）興漢倒滿的民族革命，採納基督教之一部分以掃除社會惡習的，主張國家獨立與國際平等的，（二）拜天及博愛的，創建一種神治政制，因此企圖實現宗教的平等與經濟的平等。（關於以上陳、蕭兩氏之見解，參考施友忠專著載Far Eastern Quarterly一九五一年五月號。）

中州郭廷以（量宇）先生，前任中央大學歷史教授，現任中央研究院近代史研究所主任，是中國近代史專家，對於太平天國史曾做了不少特別辛勤的工作，故有特殊優異的成績。早於民國廿六年出版《太平天國曆法考訂》（商務）一書，斷定太平天曆自始即錯落一天——即是，與陰曆陽曆比照提早一日。由是推翻日人田中萃一郎最早考定天曆與陰曆干支日期相同（與西曆星期亦同）之說。（謝興堯之《太平天國史事叢考》有〈曆法考〉，稻葉岩吉之《清朝全史》之六十二章，李泰棻之《中國近百年史》之二篇二章，凌善清之《太平天國野史》卷六，蕭一山之《清代通史》附〈清代大事表〉等，均係根據田中氏之對照表，皆陷同樣錯誤。）郭教授從中西史籍中提出證據廿七條，證實此「相異說」，可稱定論。（我在《典制通考》之〈天曆考〉另提出十三條，足為此相異說之補充新證據。但天曆之研究仍有待解決之難題，看下文。）郭教授於蒐集史料，整理史料工作之外，其成績尤著者乃為編比史料。曾用十多年之工力著有《太平天國史事日誌》二巨冊。（民國卅五年商務）由中西史料二百餘種中，鈎玄提要，將太平一朝史實，順時期次序，按年按月按日（兼用西曆夏曆），逐條書出，由嘉慶元年（西曆一七九六）起，至同治七年（西曆一八六八）止。這一編比的工作非常繁難。他雖得有大量的史料在手，仍須於人物、事實、時期、地點，逐點細細考訂；每每必要比較多種中西文件，審慎思索，縝密研究，方能斷定其準確性，然後一一編排，而於必要時則並錄研究問題之注釋。且又於卷末附錄至為有用之用兵地圖及各表，（其中封爵表為時人各家著述中之最詳者，雖仍未完備，固已最為有用），與中西參考書目多種，卒成此百年來研究太平史之偉大的創作。雖其間仍不無可疑或舛誤之點（大都為史料原書所載），或仍有待研究解決之問題，（於茲不及一一指出，拙著《太平天國全史》各章曾提出多點以備研究），然全部大致尚屬可靠，實為任何研究太平史者必需之參考書。至於出版後十餘年來所新出現的大量史料，此書當然不能採錄，企望郭氏於再版時，修正原文而增補新資料，則更可追上時代，以臻完備也。抑有進者，此書內容，於太平全役之史事本來不作系統的及一貫的敘述，只係將東南西北、一鱗一爪、以時發生的史事綱要，依次編列，逐日書出，自然不能將太平革命生活程序之連貫性，與其社會組織之全面真相表出，故此書究非「歷史書」而是研究太平史之「史料書」。這正是此書之性質和目的，誠如郭氏自言：「本書性質為屬於工具一類之史事記，編者個人只求為他人作預備工作，期能節省具有才識德學之史家之精力時，於願已足。至能否符合此種希望，則非所知。」（〈凡例〉十八）我可答曰：他人工作我不之知，但據我個人經驗而言，拙著《太平天國全史》之完成，除個人所蒐集之特殊史料外，得力於此書實為不少，僅於衷誠感謝之下竊為月旦曰：此書對於太平天國之研究，貢獻綦大，價值極高，實為成功之作也。至於郭教授對於太平天國之看法則云：「論其性質，初不限於政治種族，實兼有宗教、經濟、社會、諸元素。」（〈凡例〉一）亦可謂能見其全面而不流於偏頗者。至其關於太平史之撰著，尚可於其他著作如《近代中國史》（民國廿八、三十年商務）及《中國通史》（民國四二年臺灣）散見之，茲不及備述。

中州董作賓（彥堂）教授為馳名海內外的考古學者，太平史固非其治學之範圍，然因其精於古曆法之考據，故對於太平新曆亦加以研究，是為百年來研究天曆之有獨特的優異的貢獻者。在其所著〈天曆發微〉一篇中，除有關太平史事因未經專門研究稍有出入外，對於天曆之源流，有重大之發明。據其考證，天曆原理出於吾國古代之「太陽曆」而採用「恆氣」，故有「節氣月」——以十二節為十二個月之開頭，以十二氣為十二個月之中間。照自然天象，全年各月的節氣都有一固定的日期，單月雙月均有固定的日數——這是天曆的骨幹。（此大異於「太陰月」之採用「定氣」，——朔望盈虧有定。）如此，最利便於人人之記憶，尤利便於農民之耕種。至其紀年則以干支，月名則仍舊法（名同實異），月建與日宿皆依古法，月宿是為創舉。董教授對於天曆十分推許；嘗語余，此是太平天國偉大的創作，如將其幾種不完善處修正，大可施行為世界曆云。他又提出一條特殊問題：即是，天曆既基於太陽曆節氣月則其開始實行之日——即壬子二年正月初一丙申應落在陰曆咸豐元年十二月十五日丙申（即西曆一八五二、二、四）以此日同為天曆、陰曆、陽曆之立春日，出發點乃有所根據。從曆法學術上言，此論固言之成理，甚有見地。據此則天曆與陰曆完全相同，然史實明顯指出天曆與陰曆對照確錯落一天——提前一日，在壬子二年大除夕，癸好三年元旦，甚至遠在壬子二年三月初一丁酉太平軍在永安突圍之日已然。（王韜《甕牖餘談》卷七〈洪逆瑣記〉述及天曆「癸丑二月初十又訛一日」。訛確是訛，但非自是年是月始。）然則此「相同」「相異」兩說之鑿枘，又以何者為確？余以為假定董氏之以立春為壬子二年元旦出發點之說為準確，則其錯落之日必始於是年元、二月間，是為「先同後異」之第三說。然而董氏之說果可證實否？錯落之日究始於何時？復因何故而有此錯落之一日？——這三個疑問，至今仍未有明確的答案。這是有關天曆之最大的困難問題，故不憚煩詳為書出，以備學人之繼續研究（以上看董氏〈天曆發微〉及與羅爾綱往來討論書，同載羅著《太平天國史考證集》。又詳看拙著《太平天國典制通考》上冊〈天曆考〉）。

中山大學史學教授朱謙之先生，對於太平天國史之研究甚有興味，曾撰有論文兩篇：（一）〈太平天國史料及其研究方法〉（載民國三十一年《現代史學》五卷一期）；（二）〈太平天國的文化革命運動〉（載抗戰期間《新建設》二卷三期）。又在彭澤益《太平天國革命思潮》序中，申論研究太平史的方法學，主張史料考訂與史料解釋兩者並重，誠的論也。

湘學者彭澤益先生於民國卅五年印行了一本《太平天國革命思潮》（商務）。這是一本根據截至當時所得的中西史料之綜合的研究，而側重於其觀念形態方面。他能洞見太平天國之宗教、社會、民族三種性質，而分別敘述其政治經濟思想、軍事理論、宗教觀和倫理觀、文化運動等等各方面。各篇理論，多根據史料立言，非空談或史論之比，足見其研究功夫之精深及其了解太平革命運動之真切。其理論中，有不少鞭辟入裡和洞中肯棨之語，如論及戰爭之是非功罪問題，有曰：「不過問題在於這種戰爭的動機，是否出於維護真理正義以為斷。就太平天國而論，它的目的為『奉天討胡』（按：即宗教的，民族的），『弔民伐罪』（即政治的），爭取漢民族的解放，和在經濟各方面地位平等，可說是革命的義戰」（頁八七）。既是「義戰」，則縱有「不無可議之處」，仍「不能過於苛責」。又如論及宗教問題云：「太平天國反儒教運動，正和它的革命的政治目的是一致的，因為儒教存在中國有數千年的歷史，其教義常為歷代帝王引據為政治哲學的基礎，統治人民思想的工具。當太平天國敢於與清政府對抗的時候，因此也要反抗作為滿清統治者意識的儒教了」（頁一〇六）。此誠「獨具隻眼」之合理的與公允的論斷也。然在宗教方面，因著者對於基督教的歷史、典制、神學等等內容，未有深邃的研究，故未能發揮透闢，表現真相。於此，益可知研究太平天國全部歷史與典制之難矣。至其以太平天國為農民革命則了無史料與事實為根據。彭著而外，海內外學人中另有非共產黨人，甚或平素反共激烈者，恐亦於此問題未作透徹研究與思索而只是拾馬克思派之唾餘而作此無根之論，大概人云亦云，其思想於無意中深受此一學派之影響者深矣。

上元諸生金和，字亞匏，為太平天國時代人，被困金陵，曾參與張繼庚等內應之役。事敗後逃出，著有《秋穗吟館詩鈔》。其中，《椒雨集》為詠述太平戰役事蹟之史詩，資料多可採用。全集至民國六年始尤其後人梓行，故述之於此。

近人之作史詩歌詠太平事蹟者不多見。以余所知，除上述劉成禺之作外，有任鼐（梅華）先生之〈太平天國雜事詩〉七絕百韻，有序有註，民國廿三年脫稿（連載南京《新民報》）。任君於抗戰前後任職國民政府，精研歷史，擅文工詩。此作曾下考證工夫，詞句亦佳，足以傳世。

又有粵人溫丹銘之〈天德皇帝洪大全歌〉有序有跋（載《逸經》廿八期），詞句甚優，惜於史事未有考證，故多訛誤耳。

毛以亨教授早年對於太平史亦饒有興味。多年前嘗迻譯韓山文之《洪秀全之異夢及廣西亂事之始原》，署簽《洪秀全傳》（廣西南寧《民國日報》版）。後擬由商務印書館出版單行本，因發現此書即拙譯之《太平天國起義記》，已載拙著《太平天國雜記》，遂未排印。此外，又著有〈太平天國與天地會〉（載民國廿四年《申報月刊》），〈太平天國的對外政策〉（載民國廿五年二月《時事月報》十四卷二期），〈李鴻章與戈登關於蘇州殺降之衝突〉（載《東方雜誌》卅二卷十四號）。近年在香港所著《三餘室筆記》亦有關於太平史事者，分在《民主評論》及《獨立論壇》發表，均零碎隨筆，未能盡錄。

陳安仁教授專治中國史學，著作等身。其關於太平史之專著有《太平天國革命戰史概論》（民國二七年商務）。此書內容空虛，議論多，史料少，非良史也。

有左翼作家王暎先生寫了〈太平天國前夕的土地問題〉一篇（載民國二五年《中山文化教育季刊》三卷一期），強調其時中國社會已進到極高度的土地集中過程，歷舉全國十四省區土地集中情形。其結論乃謂全國土地大約百分之四十至八十（華崗引用作大約十分之八）集中在百分之十至百分之三十（華岡引用作十分之一）的少數人手中，而百分之六十至九十的多數人則無土地（華崗引用作十分之九的農民只有十分之二的土地）。（以上由牟安世：《太平天國》頁八轉引。）這一統計，大為馬克思派之唯物主義（經濟定命論）的太平史觀（農民革命，階級鬥爭）張目。未幾即有沈鍊之先生用同樣題目發表一篇駁斥此說之論文（載一九三七年南京《中央日報》之〈地政週刊〉七七期），逐省逐省指出王瑛之說無充分事實根據，或解釋錯誤，或自相矛盾的，而其統計是籠統、空泛、錯誤、而不可靠的，而且以其只是以主觀見解來判斷土地集中之程度而毫無歷史的事實作根據。後來王氏有〈論太平天國革命前夕的土地集中問題〉一篇答覆沈文（載民國二六年五月北平《華北日報》之〈史學週刊〉一三五—三七諸期）。平心而論，吾國幅員遼闊，各省社會實況與風土人情各各不同，在各方面，實難作一全國性的籠統結論。況且吾國自來無確鑿的科學的統計學，於土地集中問題其能有例外耶？（即如全國死於太平全役之實數亦無確鑿統計。）

研究太平天國的宮室者有兩篇文章：（一）朱偰：〈太平天國天王府考〉（據《旅行雜志》二五卷二期〈太平天國在南京的遺蹟〉引）；（二）張沙鷗：〈天朝各王府的所在〉（載民國卅四年三月八、九日南京《朝報》）。（看《典制通考》上冊〈宮室考〉）引用。

抗戰期間，廣西省政府在主席黃旭初先生領導之下，對於太平史之研究，曾有兩事做出來。其一是於民國卅一年聘我為省政府顧問，給予種種利便，使我得周遊十三邑境，實地採訪調查太平遺聞及史料。結果，以採訪調查所得而編撰《金田之遊及其他》一書（民國卅三年廣西省政府編譯處主編商務印行）內容共十四篇。（詳看《金田之遊》及後節。）其次，民國卅三年黃先生又派廣西通志館祕書呂集義先生前往湖南湘鄉曾國藩故宅中蒐尋〈忠王李秀成供辭〉原文，果能見其全篇。經呂氏將北大影印本互相校勘，補鈔前所刪去者，並攝影十五頁。回桂後，復由省政府邀請羅爾綱及梁峪廬兩先生考證全文。其後供辭原文乃得公之於世，但呂氏不能盡職，脫漏甚多，誤人殊甚。（詳看下節）。

在抗戰期間，重慶出版界曾有五種重要太平史料發表，均有關翼王之遠征及末路者。（一）商承祚錄：〈太平天國瑞天豫傅廷佐等告示〉；（二）商承祚錄：傅廷佐等〈致李短韃藍大順書〉；（三）商承祚錄：石達開〈給涪城人民諭〉，（另一件翼王佈告是贗鼎，統載《說文月刊》渝版第五號）；（四）任乃強：〈紀石達開被擒就死事〉（載《康導月刊》五卷七、八期合刊）；（五）都履和：〈翼王石達開涐江被困死難紀實〉（載《新中華》復刊三卷九期，原載《松遼文化》半月刊，民國卅六年瀋陽出版，見《資料目錄》頁一七七）。

在抗日大戰前，海內學者所著之中國史對於太平天國有記述或評論者，除上文已提及之蕭一山、羅香林、郭廷以三家之外，有柳貽徵之《中國文化史》。（民廿一年），陳恭祿之《中國近代史》（民廿四年），金兆豐之《中國通史》（民廿六年），及蔣廷黻之《中國近代史》（民廿七年），周谷城之《中國通史》（民廿八年），錢穆之《國史大綱》（民廿九年），呂思勉之《中國通史》（民卅一年）等等，各有特異之見解與評論。惟因近廿年新發現之太平史料甚多，各書著者未及運用，亟望再版時，各事修正補充。

（按：除以上所列舉比較重要之專著與論文外，尚有其他書目及分載《逸經》、《經世》、《國聞週報》、與他種期刊之論文，凡在一九五五年以前所出版或發表者，於茲不及一一盡錄，詳看《太平天國資料目錄》。）

（一）臺灣

十年前，臺灣學術界曾開一次座談會，題目是「太平天國革命運動及其影響」（載《大陸雜誌》五卷三期，民國四一年二月）。與會者不少學者及政界人物，大體上雖不能否認太平天國之為民族革命，但仍有人極力詆譭其殘殺人民、蹂躪地方者，甚至萬惡皆歸，亦有推崇曾國藩備至者，又有以國父孫中山先生亦嘗稱許曾氏甚至受其影響者。獨有苗培成先生則引國父斥責曾氏一系不明春秋大義以漢攻漢之非之言，且直目為為虎作倀之「漢奸」。（按：共產黨作家范文瀾等一致稱曾為「漢奸」，實源於此，非創作也。）更絕未有受曾氏影響，真諤諤一士也。然亦可見現代思想界之淩亂矣。

歷任臺灣各大學史學教授之黃大受先生近著《中國近代史》（民國四二年臺灣大中國圖書

公司出版）上冊第六、七章〈太平天國的起滅〉約十六萬言，能及時應用新史料，敘述詳明，見解新穎，足稱「後起之秀」。其後另有《中國近代現代史》（民國四九年臺灣世界書局出版），《中國現代史綱》（民國五十年臺灣世界書局），則於太平史只有簡略的敘述。

黎東方教授著有《細說清朝》上下二冊，（民國五一年二月臺灣文星書店印行），採故事的體裁，用有趣的筆調，有個人的論斷，寫出清朝史蹟，共一四五篇。其中關於太平戰役者共廿四篇（載下冊）。內容固非學術性的考證作品，其斷定的史實與所下之結論，間有非筆者所同意的，然不失為普通讀者有益有味的讀品。

忠王李秀成親筆供辭之真跡原本，一向祕藏於湖南湘鄉曾國藩家中；其後，乃由曾氏後人攜往臺灣，埋沒至今，垂百年了。最近，始由曾約農先生拿出來，付與臺灣世界書局楊家駱先生印行面世，題簽《李秀成親供手跡》（民四五年七月出版）。全部供辭共七十四頁（雙面），係由原本影印，其板框、尺寸、字蹟、大小、及墨色濃淡，與夫曾國藩之硃筆刪改之字句及標點，悉照原樣。以此比較大陸羅爾綱、梁峪廬及呂集義之三種鈔本（詳下節）之不盡不實者，價值自然高得多了。這曠代的文獻瑰寶，對於研究中國現代史，尤其太平天國史者，具有相當的特殊的史料價值，自不待言。舉世文化界應向曾、楊兩先生深深致謝此一大貢獻。同年十一月，楊先生自撰有〈李秀成親供考〉一篇（臺灣世界書界單行本），內容結實，足供參考。（另看本篇之陸下最末段，筆者有關此供辭之述略。）

（二）香港

自民國卅八年以後，在香港一隅研究太平史之士無多，除上文提及《新希望》週刊所載數篇外，只見有曾時峯之〈論太平天國革命〉一篇（載民國四一年八月《主流》海外版二、三、號合刊「百年革命總批判」）對太平革命之宗教革命、民族革命，理論頗有見地。其批評馬克思主義的太平史觀，「以一個固定的簡單的邏輯去規範歷史的運行，往往遭遇到歷史的本身的反抗。這不是歷史背叛了馬氏的哲學，而是馬氏的哲學不忠實於歷史。」真是一語中的，足稱定評。

有一位廣東花縣八十七高齡之張仁勳老先生（洪秀全同鄉）編著《洪秀全史事別錄》一小冊（民四十七年在香港自印）。據說，內容採自日本人所著祕史及幾個太平遺民口述，多為不可靠的與史實不符的傳說，而無多大的史料價值者。獨有咸豐四年廣東各邑三合會起事時在花縣貼有〈太平天國正命天王示文〉一道，揭櫫民族大義，是為新發現的太平文獻（轉錄於《太平天國全史》中冊第十一章頁八五）。

對於太平天國之研究有一部極重要的書：即是馬禮遜博士之徒，中國第一位宣教師（今稱牧師）梁發所著之《勸世良言》（九卷）。數十年來，此書在中國已成絕版，得未曾見。幸有劉翼凌先生在英人藏書中得見，即攝影攜歸香港，由基督教輔僑出版社將全書與《梁發傳》（麥沾恩原著，胡簪雲譯）合為一本印行（一九五五年）。梁書為洪秀全宗教革命思想之淵源，其一生之宗教信仰均受其支配，誠為研究太平史最重要的史料，研究者不可不讀。

附言：以上在臺灣、香港數則，時期稍後於以前諸作，但因系統關係——不屬於大陸工作——故附編於此節。

五、海內學人之工作（中）

本節敘述自一九四九年以後，在大陸上一般學人研究太平天國史之成績，自然以個人所知者為限。

中國共產黨人及左翼文人學者（與「同路人」）承襲馬克思的唯物主義哲學（經濟定命論），奉為金科玉律，必已經濟史觀（或稱唯物史觀）詮釋《太平天國史》，群視為階級鬥爭之農民革命。因此之故，一向極端注重太平史之研究與宣揚，蓋為宣傳其共產主義之觀念形態計，兼以證實馬克思主義之果為天經地義永恒不變。而且到處皆準的真理及解釋舉世人類全部歷史之關鍵也。此為左翼作家有關太平史之千篇一律的原則。

范文瀾先生所著《中國近代史》上編（一九四九年九月新華書店初版）之第三章〈太平天國革命運動〉，另有單行本。全書之末附有范氏一九四四年所撰之〈漢奸劊子手曾國藩〉一篇，亦有關太平史事者。以後，許多作家關於太平天國史事、人物、思想、及典制，多宗范氏之說。范氏能引史料為據，編比上亦自有系統，是左翼史家中最能循科學研究之途徑者，但因其未能引用或未知其他多種太平文獻與新史料，故於史蹟之敘述，編比之系統及詮釋之理論上，仍有不少舛誤。然在左翼作家中已堪稱為「鐵中錚錚」的了。他認為太平天國是「新的人民的反封建革命運動」。其革命對象為：「外國侵略者與滿洲皇帝為首的封建剝削者」（上見頁九六）。換言之，即以太平天國為反地主階級與反帝國主義的革命運動也。他的太平史觀，不能脫離馬克思派的原則，甚至以太平基督教為「宗教的外衣」（襲用恩格斯的名辭）所以，「借用」或「利用」以為號召的工具者。然而同時他卻能見到基督教是太平革命之政治平等、經濟平等、民族平等的理想源頭，至斷定洪天王的三種宗教作品「救世、醒世、覺世三篇的製成，奠定了太平天國革命的理論基礎」（頁一〇九）。又言：「封建社會的『至聖』孔子竟被看作邪神，這在中國思想史上是破天荒的大事」（頁一〇六）。又言：「洪秀全的上帝是平等、自由、博愛的上帝，是戰鬥誅妖的上帝，總之是一個革命的上帝」（頁一四〇）。夫如是，則太平基督教是其真實的革命原動力與維繫力，也是其究竟的最高的理想，而殊非「借用」或「利用」的「宗教外衣」了。此其太平史觀之大矛盾也。至其稱曾國藩為「漢奸」與「劊子手」，凡左翼作家無不宗其說而人云亦云。然溯本尋源，此殊非范氏之創作。其以曾氏為「漢奸」最初出於國父孫中山先生（見上文），蓋根據民族主義而明定其出賣民族、媚異殘同之罪也。至罵其為屠殺人民之「劊子手」，則基於廣義的民生主義的理論者也。凡此二者皆共產黨所無之理論，而實為國民黨三民主義之涵義也。寧非時代之大滑稽（irony）！

華崗先生先於一九四四年撰有〈太平天國反清戰爭的戰略研究〉（載《群眾》四卷十二

期）。另著有《太平天國革命戰爭史》（一九四九年海燕書店初版）。後者內容，於敘述及編比史實，譌誤之處甚多，姑置勿論。今只就其太平史觀作簡略的述評。開宗明義，他認為「太平天國革命——是中國歷史上規模宏大的一次農民戰爭，是中國資產階級性民主革命的先驅，是目前中國革命（指共產黨政權）的前導」（第一章首句，頁九）。「太平天國一開始就帶有基督教色彩，但這只是外表的形式，並非太平天國革命的本質就是宗教革命」（頁十六）。論其發生的社會根原，則云：「太平天國革命是反封建的農民暴動，是當時封建地主與農民矛盾的尖銳爆發」（頁二九，以下引至王暎論文，強調當時土地集中的高程度，但只引用王氏所指出之最高額及最低額，見上文）。論太平革命理想則云：「其目的在求推翻滿清專制的統治，建立民族獨立的新中國」（頁一九五）。又云：「太平天國革命正是這民族起義與民族戰爭的光輝榜樣」（頁二二四）。綜觀他的太平史觀，依然是遵照馬克思學說的原則，以太平革命為階級鬥爭的農民革命，但全書並無確鑿憑據來證實此說。其輕視及估低太平基督教之重要性，亦不符史實。至其以民族獨立為太平天國革命之目的，則確為真實可信的結論，然又與其前說自相矛盾矣。綜而言之，此書一方面強以馬克思主義解釋太平史，一方面又在在表現大量的太平史料之不符合馬氏之說者，故史觀與史實，互相脫節，兩不湊泊，常至自相矛盾。在左翼作家之有關太平史之作品中，大都如是。此其好例證也。

太平天國的起義日期，是在道光卅年十二月初十日，即西曆一八五一年一月十一日。共產黨人卻以一九五〇為太平天國起義一百周年(因陰曆起義之年多半落在西曆一八五〇年,但起義之日多有誤作十一月初十者)。大陸各處紛紛舉行盛大的紀念。在北京方面,十月十五日,中國新史學研究會與新建設雜志社八十餘人聯合舉行座談會,互相討論有關太平史事的各問題。有范文瀾、金毓黻、徐特立、馮友蘭、宋雲彬、萬斯年、王重民等發言(金氏誤以陰曆十一月初十為金田起義日,詳載《新建設》三卷二期)。華北大學歷史研究室編印一本《太平天國革命運動論文集》以作紀念(一九五〇年十一月三聯書店發行)。內容有各種題目之研究論文九篇。十二月,北京舉行太平天國革命史料展覽會印行特刊。香港《大公報》於十二月十三、十四日刊行紀念特刊(紀念日期錯誤)。一九五一年「人民政府」特別印行太平天國金田起義百年紀念郵票四種(千元藍色、八百元黃色、八百元紅色、四百元綠色)。一月,北京新華社發出一篇〈紀念太平天國百週年〉長文,各地報章多有登載。一、二月間上海方面開太平文物展覽會。五月,南京又在舊「天王宮」開展覽會,印行《展出目錄》一冊。《新華日報》為出特刊,載有羅爾綱介紹展出內容一篇及其他。

「人民政府」與大陸的學人,於太平天國史料之發掘與蒐集及發表,極為注意與努力,所以成績特多。雖然,他們仍以馬克思主義的唯物史觀——階級鬥爭、農民革命以解釋一切則是一貫的作風。不過,史觀是史觀,史料還是史料,固截然兩事,任由他們以任何顏色而渲染之,真實的、原始的史料既多得發現,一塵不染,真相自現。他們對於全世界學者之研究此一專史者,供給許多新資料,裨益良多,貢獻實大。凡中西學術界無不公認而衷誠感謝的——但此與黨派政治無關者。茲復將其重要出版物舉列如下。凡此皆屬於全國性的學術工作者也。

北京大學文科研究所（全毓黻、田餘慶等）與北京圖書館（王重民等）編輯《太平天國史料》（一九五〇年開明書局出版一巨冊）。內容，除王重民先生在英倫所攝得的全部史料照片外（見上文），有向達先生於一九三六年在倫敦大英博物院所手鈔的史料七冊（有二十萬言）及其他中西文件，大都是很有價值的史料。

中國史學會（向達等）主編《中國近代史資料叢刊》之《太平天國》（一九五二年七月上海神州國光社出版，八冊）。內容分四部分：（一）太平天國史料，載官書及文書多種（上述開明《史料》只有官書三種編入），（二）清方記載五十二種，（三）外人記載七種，（四）專載，三種，大都是價值極大的資料，且有罕見之史籍文件多種，於研究此專史者助益至多。尤難得者，編輯者只在序言中發表他們一貫不變之馬克思主義的太平史觀，然內容所編入之各書籍文件均能以原文發表，無增無減，不易隻字，且於多種史料曾下考訂校勘工夫。這是符合學術上忠誠標準的做法，有足多者。（又文按：此書第三部分之「外人記載」七種中有六種是我個人的舊譯，一種是我與曹墅居先生同譯者。主編人事前並未得我同意即盡以編入，惟排版後由校對者老友陸丹林先生將稿件付來香港，切請我修正重校原譯。我見反正此書在所必印行，格於環境，無能阻止，然為海內外讀者利益計，乃將舊譯名辭有誤者，一一修正，及重校各篇。其事之經過如此。）

《太平天國資料目錄》，即上錄神州國光社出版之《太平天國》八冊之附錄，由王重民建議、張秀民、王會庵編、金毓黻校訂（一九五五年上海人民出版社出版）。內容分為四部分：（一）太平天國文獻，下分六門，共收四百餘種，（二）清方記載，下分四門，共收六百種，（三）近人編著，下分三門，共收三百七十餘種，（四）外人論著，下分譯本，原著，共收七十餘種。末附天地會資料四十餘種。全書共收自太平軍興後，今古中西資料總計一千四百餘種。每種多注明書名、卷數、著者、版本、間附簡單說明，真是洋洋大觀，極為難得，貢獻於史學界者不少。不過，內容仍未能盡包一切。如上海《新民報》晚刊（一九五七、十一、廿四）谷茀有〈太平天國資料目錄補遺〉一篇，指出另有十餘種。即筆者在本篇所錄多種，及拙著各書所引用者多種，拙藏鈔本罕本，及所知之西文史籍，與夫一九五五年後所出版或發現者，及其他公私藏書有關太平史書，均滄海遺珠，有待補入者。

《太平天國史料譯叢》第一輯，王崇武，黎世清編譯（一九五四年神州國光社出版）。內容有英國政府外交公文，英商香港渣甸洋行致港行函及其他文件。考渣甸為英商在華最老最大的商行，當時反對英國干預中國內戰，頗同情於太平天國，足證明英政府以摧毀商務為太平軍罪之非，此則渣甸洋行之一頁光榮史也。

《太平天國革命文物圖錄》，太平天國起義百年紀念展覽會編（一九五二年上海出版公司出版）。內容分五類：（一）印信，（二）遺物遺蹟，（三）碑刻，（四）文書告諭，（五）公據，共八八種。（又文案：以上第一類之十至十三「印信」四件及第二類之二十「鐵乂」與廿一「聖牌」，均余所藏物。此書將我前贈與友人之各件鈐印本及拓本編入，亦未經余同意者。）

《太平天國革命文物圖錄續編》，郭若愚編（一九五三年上海出版公司出版）。內容分五類：（一）錢幣，（二）遺物，（三）遺蹟，（四）文書告諭，（五）公據。共七六種。

《太平天國革命文物圖錄補編》，郭若愚編（一九五五年上海群聯出版社出版）。內容分五類：（一）官書，（二）銅鐵砲，（三）遺物遺蹟，（四）文書告諭，（五）公據。共八十種。

以上三書，包括許多種前所未見的新發現的文件、公據、遺物（於茲不能一一舉列）。於影印原物（或拓本）外，復在書末，加以各件之簡略說明及原藏處，編排得法，印刷精美，內容對於太平天國典章、制度、文物之研究，誠為上乘史料也。截至現在為止，太平天國所留之文獻與遺跡，此三書集其大成（官書及文牘文字有例外）。

《太平天國藝術》，南京太平天國紀念館編（一九五九年江蘇人民出版社出版）。有羅爾綱序。內容分五部分：（一）壁畫，（二）彩畫，（三）板畫，（四）雕刻，（五）縴絲刺繡。共一百二十四頁。藝術品均用彩色印刷。每件背頁均有中、俄、英、三種文字說明。蒐羅豐富，編比辛勤，印刷精美，不言而喻。惟自學術史料上言之，此書價值卻不大，只有第一幅防江望樓壁畫，足表現當時太平軍軍事建築物之真相（看《典制通考》上冊第五篇後插圖）。其他宮府壁畫與雕刻，亦只可藉以見其建築之壯麗奢華，而刺繡等「女紅」，又只可藉見朝中各織造繡錦之工作成績而已。此外於歷史資料補益無多，比之以上三種之圖錄，史料價值遠遜矣。至從藝術上言，各種遺件均由當時藝匠應徵所製，不過為太平人物所有的藝術品，而非太平天國特別創作者也。（又文按：憶在抗戰期間，余違難廣西，蒙北王韋昌輝胞姪韋以琳後人贈以精美小花瓶一件，云係當年北王府所藏品。真贗難別，即謂為天王玩品亦無不可。縱是北王遺物，亦不過當時蒐集者，殊無史料價值可言，況其即如普通瓷器而無北王所藏特誌，難以估定其骨董價值。所謂「太平天國藝術」，無亦與此相類歟！）

一九五四年十月，廣西省文教人員組織了一個太平天國文史調查團，前往桂平、平南、貴縣、各處——即太平軍起義所經的地方及附近村鎮，實地調查當時實情。費時一月餘，調查竣事。團員歸而「整理」其採訪、調查、觀察所得，乃彙編而成《太平天國起義調查報告》一書（一九五六年三聯書店出版）。內容惟地理環境一章（附有地圖）最為實在，亦最有史料價值。其餘訪問的老人多是第三四代的傳說，是不大可靠的。即使該書前言也不能不坦白老實地承認「親見親聞太平天國起義歷史的老人固然是沒有了，熟悉太平天國起義歷史的老人也比前人調查時少些了，因此我們所獲得的材料自然很多是間接的傳說，並且可能有很多不完備的地方」。這些不盡不實、道聽途說的「史料」，復經各團員分工加以剪裁，一一渲染以馬克思主義之階級鬥爭、農民革命的理論，反以為可藉此「提出無可辯駁的證據」來證實馬克思派的太平史觀。細為考核，其書內容雖間有可取之資料，足與其他史料相參證，而大體上全部的科學歷史的資料，價值實屬有限。所以者何？因其原來採訪所得自經過幾代傳聞的故事已多不可靠，而復於後來經過團員之整理與解釋，已將原始所得與「史觀」混為一談，故而真正「史料」之價值大大貶低矣。余前於一九四二年冬（即在該團之前十二年）曾親到桂平金田各處調查採訪，所見之人物，大都是比該團所見者為先一代的。以我所得則只是赤裸裸的事實經過，並無若是之「史觀」解釋（看拙著《金田之遊》）。如謂十二年之後，及在桂平而外他處較為次要之地，反而有此種「史觀」的資料，吾不信也。今將此種深染濃厚色彩，而不盡不實、難以盡信的史料，來證實「否認太平天國是農民革命，否認太平天國革命之階級鬥爭，說太平天國革命是宗教革命等等」理論之非，是不成功的。（格於篇幅，未能將此書內容考證一一書出。）

另有三代左翼史家表現馬克思學派太平史觀之大矛盾。一是萬斯年氏，先則堅持馬克思之學說，後則明白宣言：「太平天國革命，是階級鬥爭與民族鬥爭互相綜錯的革命，又是民族關係掩蓋了階級關係的革命。所以在表面上便成為漢民族反抗滿清統治的革命」（見《新建設》三卷二期，座談紀錄）。所謂「掩蓋」云者，實是否認其有階級鬥爭之痕迹，而承認其為民族與政治的革命了。

次有榮孟源氏云：「太平天國革命運動的任務，是推翻滿清政府的封建統治……當時中國還沒有資產階級和無產階級」（見所著《中國近百年革命史略》頁四一，一九五四年三聯出版）。既無階級，何從而有階級鬥爭？則馬克思主義的唯物史觀豈非絕對不能施用於中國耶？榮氏為在大陸上最努力於蒐集及整理太平史料之一人，曾撰研究太平史蹟的論文多篇。有如〈天地會領袖洪大全〉，〈太平天國所刻書考略〉，同載《太平天國革命運動論文集》；〈太平天國曆書中的問題〉，載一九五一、一、六北京《光明日報》學術第廿四期；〈太平天國的『天』〉，〈太平天國的『太平』〉，分載《歷史研究》三期一九五四年六月，四期一九五五年八月；或尚有其他。

再有呂振羽氏，亦努力於太平史料之蒐集與整理者，有言曰：「太平天國是以改革了的基督教，移植在中國土壤上的拜上帝會教義為其思想武器的。其政治觀念、理論、綱領等等，都包括在這教義中」（見〈論太平天國革命運動〉，載所著《史學研究論文集》頁一二七，一九五四年華東人民出版社出版）。此豈非足以充分證實太平天國之宗教革命性耶？

綜合以上范、華、萬、榮、呂、五家的論著以觀，可見如果研究太平史者能多得知識，復肯忠於史料，有真科學精神與學者道德，必不能不坦白承認太平天國革命運動之宗教的、民族的、政治的（包括社會、經濟、文化等）基要性質。不過，同時他們終不能脫離馬克思主義的窠臼，仍要號稱其為階級鬥爭之農民革命。是故其太平史觀與史實史料，互相矛盾，終不能湊泊也。

關於外國助清平亂致令太平天國受了致命傷而成為革命運動滅亡之一主要原因，曾有幾篇論文刊出。最初有忠王之〈太平天國革命人民如何對付外國侵略者？〉及沈自敏之〈太平天國期間中外反革命底勾結過程〉（同載《太平天國革命運動論文集》），譴責英人法人及美人華爾之助清，不遺餘力。然其論調猶是以「外國侵略者」為一般的攻擊目標（即較早出版的范文瀾、華崗，兩書亦如此）。乃自一九五〇年韓戰爆發，美國援南韓、中共援北韓，兩軍隨而直接作戰，以後中共即以「美帝」為最大的仇敵，動員全國反對之。其論太平史者，亦改轉論調，放輕英法助清之責任而特別挑出「美帝」為扼殺太平革命之罪魁。最著的有香港《大公報》〈太平天國起義一百週年紀念特刊〉（一九五〇年十二月十三，十四，兩日）所載：文統之〈金田起義百年祭〉，劉大年之〈美帝是怎樣的幫助滿清來鎮壓太平革命運動？〉（由《美國侵華簡史》轉錄），丁易之〈美帝幫助滿清扼殺了太平天國革命運動〉，及香港《大公報》〈新史學〉（一九五一、五、五）所載洪啟翔之〈美國對中國革命的第一次摧殘行動〉，等篇。平情而論，據事直書，在初期美專使馬紹爾（H. Marshall）及公使麥蓮（R. M. Mc Lane）確曾極力助清，而美政府亦採取馬使之陳議而以助清為政策，但自一八六一年，南北內戰發生後，美政府對於中國內戰無力干涉，亦毫無活動，只作「壁上觀」而採消極的中立的態度耳。其建至華爾原為一個冒險家，個人自動來華獵取榮華富貴，初欲投效太平軍，後乃轉而助清。其建立「常勝軍」乃由清官滬紳支持。華爾且放棄美國籍而改入華籍，致令美領事無從禁止其破壞中立之助清行動（顯見非由「美國指使」如丁易所言，）故可謂與美政府了無關係。嗣後，積極助清平亂而予太平天國以致命的打擊者，事實上當由英國當時執政之保守黨政府及駐華軍政人員負其全責；法國則為英之盟邦，附從其助清者也。（詳看《典制通考》中冊之〈外事考〉三篇，尤其中篇頁一〇二五以下。）由此可見在中共治下之研究太平史者，既以先入為主之馬克思主義為大前提，不惜歪曲史實以成其階級鬥爭農民革命之太平史觀，復因國際政治之敵友關係，更不憚扭轉史實，甚或偽造歷史，以發洩其反美之仇恨。倘付之學術界公評，斷不能稱為科學的歷史研究也。

上節曾敘及廣西省政府派呂集義到湘鄉曾家搜索忠王李秀成供辭原稿。既得鈔錄原文及攝影多張，乃由桂學者羅爾綱及梁岵廬二氏負責整理考證。羅氏將研究所得撰成《忠王李秀成自傳原稿箋證》一書（一九五一年開明初版，至一九五四年改由中華書局印行三版修正及補充本，一九五七年中華復印行四版增訂本）。梁氏則先將原稿照片十五張（「天朝十誤」、「招降十要」共十張，另樣本五張），加上題記，刊行《忠王李秀成自傳真跡》（一九五四年上海出版公司出版）。未幾，復將呂集義在曾家校勘原稿之手鈔本，與羅爾綱《箋證》一書所錄全文一一校勘，乃發現羅著遺漏、訛誤、增改、有一百數十處之多。於是整理全文，附以原稿照片十六張，另印行《忠王李秀成自述手稿》有序（一九五八年科學出版社出版）。（以上參考黃旭初：〈太平天國忠王李秀成供辭真跡面世經過〉，載香港《春秋》半月刊七三、七四期。）其後，於一九六一年，呂集義以羅、梁兩鈔本均有脫漏，再將其當年之補鈔本由中華書局影印出版，標題曰《忠王李秀成自述校補本》，附印原攝照片。自臺灣世界書局印行之《忠王親供手跡》出版，筆者曾將其與梁氏鈔本校勘，乃發現呂氏補錄時竟脫漏二千八百八十字，看下節關於此供辭之說明。

以下十一種，均足供研究者之參考。

《太平天國革命運動圖》附說明書、譚其驤編、屠烈煊繪（一九五五年大中國圖片出版社出版）。地圖大致可用，惟細考全部戰事實情，各進退路線尚有不盡不實，未臻完備者。（參看及比較拙著《太平天國全史》各章附刊之軍事地圖十一幅）。

知非之〈吳江庚辛紀事〉，係前人遺著之新發現、新發表者，敘蘇州吳江一帶太平天國時代事，有不少新史料（載《近代史資料》一九五五年一號）。

《太平軍漢中戰事實節鈔》，陝西博物館編（一九五七年陝西人民出版社出版）。內容多由舊檔案鈔錄，為《新修鳳縣志初稿》之一部分，敘述英王麾下扶、啟、遵、諸王北伐軍在陝戰事。

《吳煦檔案中的太平天國史料選輯》，靜吾、仲丁編（一九五八年三聯書店出版）。內容有關太平軍、小刀會、常勝軍及外交上之公文多種。其中有上乘價值之史料。

《上海小刀會起義史料匯編》，中國科學院上海歷史研究所籌備委員會編（一九五八年上海人民出版社出版）。內容備載小刀會文獻及中西史料與圖片，為研究小刀會之役最重要史料。

《湖南省志》第一卷〈湖南近百年大事紀述〉，湖南省志編纂委員會編（一九五九年湖南人民出版社出版）。內容上篇之十六至二十九（頁十九起）記述太平軍在湘戰事，係根據史料編著者。

《太平軍在揚州》，周邨著（一九五九年上海人民出版社出版）。內容敘述太平軍三下揚州的事蹟，係根據多種史料編著。揚州畫家及刻書匠對太平天國的貢獻充分表出。

《山東近代史資料選集》，中國史學會濟南分會編，（一九五九年山東人民出版社出版）。內容第一部分載太平天國北伐軍在魯戰事，發表援軍主帥〈黃生才供辭〉，甚有價值。附錄舊籍記載三種，均為研究北伐軍事的好史料。

《曾國藩未刊信稿》，江世榮編注（一九五九年中華書局出版）。內容係從薛福成所鈔《曾國藩信稿》，選錄其未經發表者四六一篇，另附錄其同時人函稿九十四篇。其有關太平史料者，足供參考。選編與注釋工作俱有相當優點。

一九五九年，廣東政府在天王洪秀全故鄉花縣官祿㘵村內建一公園，以紀念太平革命運動。闢洪氏宗祠為紀念館，陳列天王生前革命史蹟文物，並於公園內建紀念亭。亭內豎立石碑，鐫有七十五字的碑文曰：

太平天國領袖洪秀全，生於一八一四年一月一日。卅年後，在此寫成了《原道救世歌》，《原道醒世訓》等一系列著作，奠定了太平天國革命理論的基礎。

花縣人民委員會立，一九五九年十月一日

大陸所出版之《近代史資料》、《歷史研究》、《文物》、《文物參考資料》各期刊或叢刊，及其他雜志報章，多有載太平史料或遺物者，不及一一備列。

（上見一九六二、四、九香港《大公報》）

羅爾綱先生於一九四八年大陸淪陷後，一直留在國內，任中國科學院社會所研究員。十餘年來，繼續努力研究太平史不斷不懈。其大部分工作仍為考證解釋史料與遺物。可是他的思想和方法全變了——不知道是由於環境或威力所迫，抑由於甘心効順——完全成為一個馬列主義者，竟是前後兩人。在〈初步批判我在太平天國史研究中的錯誤觀點〉一文中（一九五二年原載南京《新華日報》，月日佚），他自承一向治太平史是懷著立言「傳世不朽」的動機，這為個人「功名」而服務，是不對的。其次，他承認他的純技術觀點的考證方法，不站在人民立場是不對的。復次，他承認客觀主義的立場之維護資產階級，是錯誤的。他承認「歷史乃是一種階級鬥爭的科學」。今後他站在馬列主義立場來工作。於是，所有的關於太平史的著作，無論巨細，均從這立場下筆，——甚至王府中一幅尋常裝飾的壁畫，以及管理渡船的簡單規則，也用階級鬥爭的農民革命之說來解釋（見〈太平天國藝術序〉及《太平天國文物圖釋》頁四七）。在這期內，他的新著，除上錄之《忠王自傳箋證》外，還有《太平天國史稿》（一九五一年開明書局出版）。此外，他一連出版九本專著（多為修正舊著者），列舉如下：（一）《太平天國記載訂謬集》（一九五五年三聯版）以改寫的舊著八篇編入；（二）《太平天國史事考》，（三）《太平天國史料辨偽集》（修改舊著）；（四）《天曆考及天曆與陰陽曆日對照表》，（五）《太平天國史料考釋集》（修改舊著，一九五六年出版）；（六）《太平天國文物圖釋》（修改舊著《太平天國金石錄》，一九五六年出版）；（七）《太平天國史蹟調查集》（以上均三聯書店出版）；（八）《太平天國文選》（一九五六年人民出版社）；（九）《太平天國詩文選》（一九六〇年中華書局）。（羅氏尚有其他論文散見各報章者不及備錄。）

據最近報告，羅先生（現任南京太平天國歷史博物館館長）近年進行一種極為艱鉅的工作，即是從蘇、浙、皖、三省與其他地方及南京三個圖書館藏書中發掘了大量的太平天國資料。由稿本與鈔本九百二十五種及方志七百三十種中，共得一千二百萬字。繼則選擇與編纂所得。先選出八百萬字的資料，分全國性的與十八省各區兩類，而編成《太平天國資料叢編》。但仍以篇幅過多，印刷不易，又縮編為一部《簡輯》，先行付印，都一百四十萬字，分為六部分：（一）專著，（二）記事（上），（三）記事（下），（四）時聞，（五）文書，（六）詩歌。其餘未經選入《叢編》之四百萬字，則另編為《太平天國參考資料》，收藏在南京太平天國歷史博物館（一九六一年一月成立）中以供參考。（以上記載見一九六一、八、二十、北京《人民日報》。）此書問世後，當為太平天國史吐發不少新光，而為一般研究者所最歡迎者，誠羅先生之至大貢獻也。

謝興堯先生亦於一九四九年後留在華北者，其太平史觀也隨而改變了。一九五〇年出版兩本新著：一為《太平天國史事別錄》（北京修綆堂出版，未曾得見）；次為《太平天國前後廣西的反清運動》（三聯版）。後一書所用史料及編比系統，不能稱為完備。

酈純著有《太平天國制度初探》（一九五五年北京人民出版社出版），是研究太平天國各方面制度之試作。另有《洪仁玕評傳》一小冊（一九五六年上海人民出版社出版）。

牟安世的《太平天國》（一九五九年上海人民出版社出版），雖然理論太多，但於史料之運用及史蹟之見解，足稱大陸上「後來居上」的作品，不過史實之編排尚未臻完備。至其太平天國史觀仍是一脈相承的馬克思主義——一開首便以太平天國為「一個偉大的反封建、反侵略的農民革命運動」（頁一）。然而後來他卻說「就思想根原來說，太平天國革命是一個單純的農民革命運動」。顯見他在事實上，在史料內，與在太平天國的典制與理想中俱找不到其為農民革命之表現憑據，不得已而推溯至其「思想根原」，——這是狡獪趨避的做法與說法。試問：即在其空泛抽象的「思想根原」中又何嘗得見其為農民運動之痕跡？在實際上，著者牟氏亦不得不明言天王洪秀全之倡導革命是源於宗教（頁二八以下），又強調後來執政當國的干王洪仁玕「純粹從民族鬥爭出發」（頁二六一）。然則農民革命之謂何？

英人林利原著《太平天國史》，茲有王維新譯本出版（一九六一年十二月中華書局印行）。全書用白話譯出，附刊原圖，比之孟憲承舊譯（見上文）詳明忠實得多，且於原著中之人名地名考出原名，又得錢實甫氏增補注釋，益便參考。譯文艱澀難讀，我雖未能就原著詳為校勘，但由幾段看來，信為大致可用。其有裨於後之研究者，當非淺鮮。然所不愜意者：原著名Ti-ping Tien-kwoh: The History of the Tiping Revolution，而今譯本則易為《太平天國革命親歷記》，文義兩不相符，蓋原著內容一部分固是自記其親歷太平革命之經驗與見聞，但另一部分則為辛勤搜集時人著述評論，及各期刊所載有關太平史事者，而復時加以個人之論斷。後一部分，對於太平史研究者貢獻綦大，價值甚高，其重要性不亞前部，斷不能忽略。是故全書不徒是記述之工作，而確為撰著的「歷史」也。至卷首冠以羅爾綱氏〈前言〉長篇，對於著者之身世與原著之內容均有適當的介紹，又指出原著記事錯誤十餘點，大致是對的。凡此均利便於讀者之了解。然其中有一節，駁斥原著者之以太平革命發源於基督教及其性質之為宗教的、民族（政治）的，而強調稱之為「農民革命」（頁三七），則未免矯強失真了。又謂著者作此斷論之動機，不外（一）出於「一個基督教新教徒的主觀願望，」及（二）「為太平天國爭取基督教國家的同情」（頁三六），更是誣罔之辭。夫原著者，關於太平革命與基督教之關係，確以「親歷」親聞親見的客觀史事真相及引出文獻的詳實史料，原原本本，報導出來，言論鑿鑿有據，文獻彰彰可徵，其他時人之多種報導亦可為參證，是故其斷論是確鑿不磨的。羅氏以基督教為其一時利用之「外衣」（頁二二五），徒拾馬克思派太平史觀之牙慧，人云亦云，竟一筆抹煞著者親歷親見的史實，曲筆阿世，厚誣前人，莫此為甚矣。試一翻看羅氏舊著之《太平天國史稿》（一九五一年開明書局出版），則見其有言：「惟在中國當耶穌教初來之日，天王即能洞矚其義，且以之發動太平天國革命」。又曰：「至於就吾人批評，則上帝教（按：即太平基督教）不但打倒舊日的多神教，且藉其教理，對內則行革新人心之運動，對外則發為社會革命」（頁七六）。在今時，羅氏必解釋其自己前後大矛盾之點曰：見解從前錯誤，如今正確。然自吾人以客觀態度看來，豈不是——他於十年前確見太平革命發源於基督教而其根本性質原是宗教的，但自其留居大陸受了「洗腦」之後，太平天國卻一變而為農民革命了嗎？馬克思派唯物史觀之抹煞史實，歪曲史實，以移史就觀，於此又得一極具體的鐵證。

筆者最後所得讀大陸出版之太平史書，是商衍鎏著的《太平天國科舉考試紀略》（一九六一年十一月初版，上海中華書局印行）。內容：資料不豐，而且蕪雜；系統亦混亂不清（如將前期制度與九年後干王改訂之新制度，混為一談）。其中資料有從拙著《太平天國典制通考》之〈科舉考〉抄錄而不注明出處者（頁七一——七二中三段）。

此外，尚有一九六二年出版的四種。（一）景珩等編：《太平天國革命性質》（四月，三聯書店），（二）戎笙等編：《太平天國革命戰爭》（五月，三聯），（三）鍾文典著：《太平軍在永安》（八月，三聯），（四）史果編：《太平軍痛打洋槍隊》（十月，史華），皆是平平無足奇的作品。

統觀近十四年內，大陸上對於太平天國史之研究，其最大的最要的成績與貢獻，端在史料之蒐集、發現、與發表。其次則在史料之整理、考釋、與翻譯。這可說是用科學方法來做的。但其編比與撰著工作則是反科學的，非客觀的，很膚淺的，殊難許為達到高度水平的學術著作，蓋這一派史家中有千篇一律的作風，必以階級鬥爭農民革命之馬克思學說強加諸太平天國革命運動上，然而他們主觀的「史觀」與一切客觀的「史料」、「史實」，始終不能湊泊吻合，是故始終不能表出太平天國革命之真相。試思：先用馬克思主義的經濟史觀來渲染及炮製一切的原始資料而成為經濟史觀的史料，乃以此史料構成經濟史觀的太平天國史，復以此經濟史觀的太平天國史來證明馬克思主義經濟史觀為亙古不易到處皆準的真理，始終在「害惡循環圈」（viciouscircle）裡兜圈子，又何能發現真理耶？況在共產黨治權下，厲行思想統制，必求全國人心統一於其馬列主義的教條主義，研究無自由，發表無自由，言論無自由。在這強制「定於一」之條件下，學術斷無進步之可言；太平天國史之作，殊無例外。雖云，「百花齊放」，無非紅花；「眾鳥共鳴」，盡為鸚鵡而已耳。

本節以上所述，僅舉出比較重要的種種，其他專著論文、通俗小冊尚多，不能盡列。歷年所發現之太平天國遺蹟、遺物及文書亦未能一一表出。有志追尋研究者，請看《太平天國資料目錄》及《太平天國革命文物圖錄》（共三編）等書。

（又文按：近年來，大陸出版的書籍、叢刊等，有多種是規定「內銷」者，不得運出。其中有關太平史料者在香港無從購買。以上列舉各出品，當然不能齊備。）

六、海內學人之工作（下）

本節專敘筆者個人四十餘年來研究太平天國專史之工作與成果。資料如此編排，理由有三。（一）因個人長期的工作，始終一貫，範圍雖屬全國性，而就時期言，不能編入上文之肆；就地域言，又不能編入上文之伍。思量再三，惟有另起爐灶，成此專節，非自我誇衒或厚己薄人也。（二）因個人費了大半生的時間與工力治此專史，奉為學術上畢生的企業，自有其系統的計畫，艱辛的過程，亦自有其活動發展的歷史及相當數量之作品。方今全部的研究告一段落，甚欲藉此機會留一紀錄，但不作自我批判及估價。（三）因歷年中西友人力助我之研究工作者甚多；於此，就記憶所及，依次表出，以鳴謝悃，並同留紀念焉。這是整個的、一貫的實錄，包括工作經過與成就，而不便割裂分散的，故用自述的故事體裁寫出。所望同嗜研究太平史者視此為一種參考資料，藉作觀摩互勉之用，而不以自我中心主義見譏則幸矣。

遠在民國七年（西曆一九一八），我再次渡美，入芝加哥大學研究院深造，專攻宗教學。由宗教史課程，於歷史學方法受嚴格訓練。未幾，即對於太平天國史發生特殊的興味。其最初引起我這興味，使我以後畢生從事這一門專史之研究者，為史丕亞博士於一九〇四年出版之《世界傳教史》一書（Robert E. Speer: *Missions and Modern History*, Westminister Press）。其上冊第一篇〈太平天國〉，為透闢的學術研究之力作。開宗明義即以「太平革命為十九世紀之最偉大的運動，及人類歷史中最偉大的運動之一」（頁一）。首先廣引外國著作敘述太平軍史事以及其宗教、道德、社會各方面之真相。因外籍對於太平史蹟不完備，故其敘事不無訛誤。但史博士對於這大運動深表同情，極力稱許，而對於英法之橫加干涉，助清平亂，尤其妄肆詆譭並厚誣以種種罪行惡名，深感不滿，作不平鳴。他說：「然而這一大問題，並不能作如此簡單及概括的答案的，而且以往經已埋葬了的問題，總有復活的方法而要求簇新的答覆的」（頁四五）。所以他便將英國所持攻擊太平軍之理由，一一駁斥，作翻案的辯辭，斷定其干涉內戰扼殺革命之舉為不是，證據充足，詞鋒犀利，足稱定論。史博士雖從基督教傳教事業立場與觀點來研究此役，然其博引史料，語有根據，理由充分，無懈可擊，且主持正義與公道，殊非出於偏見與阿私，足使世界近代史中這一宗大公案，沉寃伸雪，真相大白。試讀其「太平革命是中國人對滿族統治永遠不死的讐恨之表示」（頁六〇）一語，可知其於宗教革命一成分之外，兼能看到太平天國之民族革命及政治革命之基要性質也。

我得此新啟示，興奮殊甚，智識興味亦被引起，由是繼續搜索太平史料。一年之後，所得西籍資料不少。於是，決以「太平天國的基督教」為考取博士的論文題目。至一九二一年夏，正著手整理與編比資料，寫作論文，乃因父病棄學歸國。在滬侍養期間，常到英國皇家亞洲學會及廣學會兩個外國圖書室檢閱有關太平戰役的外籍。在其時，繼續研究此專史，已擴大範圍，由宗教方面而伸延到整個革命運動之各方面及全部史實了。當時，讀書愈多，愈覺知識不足，不欲率爾操觚，只逢人便問，見物便購，到處尋書，到處採訪，曾到上海縣城、杭州、蘇州、南京各處訪問調查，努力於史料之蒐集。

迨父病有瘳，烏私稍遂，即隨同返粵，乘機到處採訪。過香港時，得故友張祝齡牧師及其尊翁聲和世丈，錄示天王洪秀全及干王洪仁玕之遺詩，又告以遺事，因干王早年與丈之先德彩廷翁有舊，曾避匿其東莞故居，後邀其北上効勞，卒殉國杭州，而丈前時又曾與干王嫡子葵元（天京破後隻身逃回者）同學，得聞故事不少也。祝齡牧師又親到九龍某教會檢錄天王干王宗教詩數首，復引我往探看玕王洪紹元（亦於國破後逃回者）之後人。其後，所撰〈太平天國文學之鱗爪〉及〈太平天國洪氏遺裔訪問記〉，多取材於此。（已編入《太平天國雜記》。）

回廣州後，得結識琅王洪魁元（與玕王同逃回者）之後人洪顯初醫生。彼為我親回花縣本鄉採集故老傳聞有關洪天王之少年生活與鄉居事蹟，及攝影本土風景。其後所撰〈洪秀全生身〉（載《太平軍廣西首義史》及《太平天國全史》第一章）有不少資料源出於此。

民國十三年（西曆一九二四），任教職於北平燕京大學。課餘，乃繼續研究太平史，輒將所得的新史料在《語絲》（〈太平天國文學之鱗爪〉上篇）等刊物發表及屢作中英文講演。因此引起北平大學及燕京大學幾位學員從事太平史之科學的研究。同時，自以為歷年所蒐集的史料盈箱，已足用了，乃著筆撰著《太平天國史》，得稿七八萬言，但陸續發現官書、半官書及私家著述中多有不盡不實、訛誤太多、殊不可靠者，而其他真實可信可用的中西史料苦感不足。由是擱筆，轉而下大決心，立志由底下層從頭開始做基本工作；即是：廣事搜羅、發掘、採訪、調查，一空依傍，不靠人言，將全部史料重新考證，俟得有真實充足的資料，然後再下筆撰著。因此，我的《太平天國史》竟延遲了卅五年才得撰成問世。

至民國十五年，因參與首都革命之役而被軍閥通緝，遂微服逃亡，重返國民革命根據地——廣州。至是決心積極參加國民革命運動。以後數年，從軍從政，于役南北，未遑研究學術，復因椿萱見背，奔走各方，整理家業，生活無時安定，不能專心治學，只是隨時隨地搜集史料而已。

民國廿二年，膺任國民政府立法院立法委員，家居上海，每星期到南京開會一二次，公務無多，遂以暇日屯耕硯田，專心致志研究太平天國史，且立志奉此為畢生的正式的專門學術工作，即進行研究計畫。先行大舉蒐集史料（包括書籍、文件與一切遺物），從事整理（包括考證，翻譯），然後除圖編比與撰著。工作四年，得有下列的收穫。

故友信陽柴蓮馥先生家藏太平天國金田起義錢一枚，承其出示及告以來歷；又有手鈔《雜錄》一本，內有關於洪大全事蹟及遺詞，與其他文件，任我鈔錄。乃寫成〈金田起義錢記〉（載《太平天國雜記》）。其他史料均編入他書。（另有關於此錢真偽之辨正，載《典制通考》上冊頁五六〇以下）。

廿三年，與友人林語堂博士等創辦《人間世》半月刊。先後發表〈太平天國文學之鱗爪〉（下篇、二期），吳士禮之〈天京觀察記〉（譯文載五期以下），及〈太平天國戰役之史詩〉（十五期）。又在英文《天下月刊》發表〈太平天國新史料〉。（另有英文講詞數篇未付刊）

會老同事燕大史學教授洪煨蓮先生得獲教士韓山文由洪仁玕供給資料而寫成之《洪秀全之異夢及廣西亂事之始原》英文原本，寄交我翻譯。這書是研究太平天國初期歷史之最重要的史料，我搜尋十餘年而未得的。至是如獲異寶，譯文外加以考證（見原序），為標新題曰《太平天國起義記》。中英對照本，由燕大圖書館出版單行本。後將譯文及以前譯著有關太平史料之作九篇（題目茲不贅錄），彙編為《太平天國雜記》第一輯（民國廿四年商務印書館出版）；是為我研究太平史之第一種出版單行本。

幾年來大凡報章雜誌所載有關太平史事者，儘量搜集剪貼，成三巨帙。在太平天國時代，滬上有《華北先驅》周刊（*North China Herald*）所載多為極有價值的史料。上海《字林西報》（*North China Daily News*）藏有全分。廿四年夏季，得救世軍司令達比之介紹，每日浴暑前往翻閱其時期（共十三四年）之記載，特聘一英文速記員從事鈔錄打字，費了半年工夫，鈔得全役史料六百六十頁，以後撰述，引用甚多。曾選譯多篇先後載《逸經》（九期如〈干王供辭之回譯〉與十七、三十三期兩篇關於內訌之役外人目擊記）及《大風》（如八九、九十、九一、諸期〈太平軍之真相〉共五篇）與《太平天國典制通考》（各篇有引用）。（一九六二年十月，以所鈔錄之副本贈與臺灣中央研究院近代史研究所。）

民國廿四年暮冬，我再回粵，得老友洪顯初醫生（時已作古）哲嗣禎瑞先生之嚮導，偕數友親到洪氏故鄉考察、調查、及採訪。結果：得詳悉洪氏家世、本名、生辰及其他多種重要史料，並由同行之劉體志牙科博士（攝影名家）攝得洪氏祖祠、故居、遺跡、族譜、祖宗神位等多張。另由旅粵之日人森清太郎借錄其曩年所鈔得之洪仁發遺裔呈文一件。這一次歷史搜討的遊程大有所獲。歸滬後，盡以所得編比起來，撰成〈遊洪秀全故鄉所得到的太平天國新史料〉

一篇，連同攝影，一併發表。（載《逸經》第二期。史料及攝影已編入《太平天國全史》。）

民國廿五年春，在滬創辦《逸經》文史半月刊，特闢「太平文獻」一門，專為徵集及發表太平史料之園地。各方如響斯應，紛紛投寄珍貴史料多種，一一發表。其著焉者，有蕭一山教授前在英國所收得之太平文獻多種及英政府外交文件（藍皮書），江西胡友棠先生家藏之干王、幼主、昭王、卹王等供辭鈔本，張祝齡牧師特回東莞家塾攝影干王昔年留題壁上之擘窠五大字，王重民先生在英國劍橋大學發現之太平天國官書十種攝影片，以及各種遺著、詩文、紀事、與夫筆者個人採訪搜討所得之紀錄。（詳細目錄，參考《太平天國資料目錄》，茲不贅）。一時，《逸經》與蕭一山教授所主辦之《經世》半月刊並駕齊驅，宛成研究太平專史之兩中心。

助我搜羅太平文物最力者為南京友人任鼐（梅華）先生。先以張鑒遺著《孑遺集摘鈔》一本見贈，又由其介紹在南京購得「詡天福柒參軍」木印，及大小太平銅錢二三十枚。以後，繼續在各處搜購大小各式各質（有銅有錫有鐵，銅質最多）之太平泉幣，及平靖王、洪德王所鑄錢，種類共達一百以上，枚數二百以上。（分類說明及全部錢譜看《典制通考》上冊〈泉幣考〉）

葉恭綽先生曾助我收得太平公據六件，為研究太平天國鄉政田政之上乘史料。另有胡適、林語堂、王克私（燕大瑞士籍教授），梁寒操、顧頡剛、陸丹林、許地山、黃華表、雷沛鴻、吳耀宗、冼玉清（女教授）、譚彼岸、朱謙之、柳亞子、季理斐（英人，廣學會總幹事）費吳生（美人），諸先生均曾助我蒐羅史料者（容有遺漏）。

因聞浙江嘉興有太平軍遺下兩砲台石碑，即往調查，手拓石刻，並作考證：〈嘉興訪碑記〉及〈補錄〉（載《逸經》十四、十五期）。

在杭州之浙江文獻展覽會得見太平文獻甚多，曾一一攝影或鈔錄（看《逸經》二十、廿四期）。所得最有價值之未刊稿有沈梓遺作《養拙軒筆記》及《養拙軒日記》（原名《避寇日記》），毛淦之《粵寇竄遂紀略》，何德潤之《武川寇難詩艸》，諸種鈔本（後四種未刊出）。沈氏遺著為天朝在浙實施鄉土政治成績之最為翔實的紀錄，為研究太平史者萬不可忽略之重要史料。（《典製通考》上冊〈鄉治考〉之柒摘錄其重要部分。）

又由浙江圖書館借鈔朱洪章之《從戎日記》。朱為曾家湘軍悍將，立功最多，而常被掩沒。事定後著此書以洩忿。所記雖有自誇或失實之處（因記憶模糊），但於幾役大事（如破安慶、南京等）均言道其實，足證曾氏奏報之虛妄。又於屢次殺降之暴行亦一一據事直書不諱，足證湘軍之野蠻無人道。研究太平史者，所知湘軍歷年戰蹟多憑一面之紀錄，常受欺騙。今有此書戳破虛偽，揭露真相，誠上乘史料也。余撰《太平天國全史》得力於此書頗多，故附筆介紹。

在杭州展覽會中得結識仙居李藻香老先生。蒙其以四代家藏之太平遺物多件見贈。計開：（一）侔天福正持旗木印一；（二）甡天豫右肆提司木印一；（三）竹製軍帽一（後於抗戰時留九龍家中被白蟻所蝕，已另仿製一頂）；（四）鐵質倒鈎大旗尖一（軍器）；（五）鐵質擡砲扳機一（軍器）；皆珍品也。高誼隆情，感謝無已。

在上海偶收得太平軍攻滬時在浦東遺下之鐵軍器——四指叉——一件，上刻「太平天国」四字，甚為特別有緻。

又在蘇州吳中文獻展覽會得獲不少太平史料，一一攝影。其最有價值者為〈忠王供辭別錄〉（看《逸經》廿九期，坊間各太平史書有轉錄者。）在會場中得見常熟〈報恩牌坊碑〉拓本，即就地訪購原拓本多張。隨即去函常熟友人龐漢三先生，請其調查此石碑。未幾，果發現此碑石，久埋土中，尚完整無恙。我即到常熟，於視察研究此碑之外，並得見巍峨聳立之報恩石牌坊。又往參觀北王府遺蹟，均一一攝影以歸。（〈常熟訪碑記〉載《逸經》卅二期。攝影另載《典制通考》上〈宮室考〉之末）

事後，龐漢三先生又助我購得新發現之「昭文縣旅帥」（縣長）木印一枚，及受天天軍錢氏蘇州卡票一張，均異常珍貴。至此，個人已藏有太平天國木印四枚，公據七件矣。

廿六年，蘆溝橋變起，大戰爆發，我回香港，受命主持文化運動。上海之《逸經》，出版至卅六期停刊。廿七年，在港另創辦《大風》半月刊。以公餘譯撰太平天國史料及考證多篇。計有〈太平天國文獻贋品考〉（連載卅期以下），〈太平天國龍鳳大花錢小志〉（卅期），〈關於王韜〉（五八期）等，

於此時，開始重新撰著《太平天國全史》，由〈洪秀全之出身〉始共得稿九章，分期連續在《大風》發表（由六一期起，此為《太平軍廣西首義史》及《太平天國全史》首數章之初

稿）。

又選譯《華北先驅》之太平史料五篇，連續發表於《大風》（八九期以下）。總題曰〈太平軍之真相〉，下分（一）太平兵沭辭，（二）太平軍之奇偉，（三）法國公使天京聘訪記，（四）美公使長江遊記，（五）天京見聞錄，另有《逸經》留下之稿件，羅爾綱先生錄寄之倉景恬遺著〈守長沙記〉，一併發表於《大風》（八三期）。

又撰有〈太平天國之文物〉長篇，將截至其時所發現之太平天國文獻與遺物，分門別類，一一舉列，或作考證（載所主編之《廣東文物》下冊卷十，民國卅年中國文化協進會刊行，附錄〈太平天國文獻贗品考〉）。

香港淪陷後，隻身脫險回到重慶。廣西主席黃旭初先生採及虛聲，聘為省政府顧問，邀約到桂考察調查太平軍史料。由卅一年秋至翌年秋，整年期間的工作，綜述如次。先事調查及搜索省內所有的太平史料，如郡邑志書、輿圖、報章、雜誌，桂人遺著（詩文）、私人及各機關所藏之太平文獻，一一鈔錄，並作考證。繼由省政府假予種種便利，使得作歷史遊程四次：（一）到貴縣、桂平、江口、新墟、金田、鬱林、興業、賓陽等地；（二）到蒙山（即永安州）、荔浦、平樂等地；（三）到柳江（即柳州）宜山（即慶遠府）等地；（四）到興安、全縣（即全州）、簑衣渡等地。計所歷郡邑凡十三（連桂林在內），除親到金田、江口、新墟等起義進兵之地觀察地理形勢及採訪故老傳聞外，另得獲至有價值之新史料甚多。（一）先在貴縣得《新貴縣志》，訪得翼王家世，參觀翼王祖墓碑，鈔錄石達開歸故里時為興業戲場所撰聯語。又初會羅爾綱先生，相與討論太平史事，承其鈔贈蕭盛遠之《粵匪紀略》（原稿本），及謝稼鶴之《癸甲紀略》（原王韜藏本），並告以貴縣風俗等，即邀其同赴江口金田採訪。（二）在金田攝影全村、太平軍團營總部之犀牛嶺、韋昌輝祠、紫荊山遠景等。又採訪得洪秀全馮雲山與楊秀清之特殊關係。楊為洪馮居停主人母舅，地位甚尊，身分甚高，故攬權易易。（三）在桂平先得韋昌輝《族譜》鈔本，後得黃其鹿先生家藏《幼贊王蒙時雍家書》鈔本，敘起義前後事。（載《金田之遊》。惟頁一一三第五行首句「丞相而陞」之下脫去「侯、由侯而陞督率贊天豫。於丙辰六年，翼王石出師遠征。其朝廷大權均歸先父掌握。即於丁巳七年由」諸字。又其下「督率贊天燕」應作「督率贊天豫。」此書在重慶付印時，我又赴桂，未及親自校對，致有脫漏，今補行更正。）我向當地官紳人士建議建築太平天國紀念堂，後果實現。（四）在江口墟承邑紳陳先覺先生招待，留宿於其石頭腳之大公館，此即當年太平軍起義到江口後天王駐蹕之處，亦全軍大本營也。於此得聞起義時故事幾種，如「金田起義出大王」（大湟同音），「太平軍、打新墟、睇住贏、又打輸」等傳說。（五）在新墟訪得馮雲山入紫荊教館運動革命之事蹟及其高懸書塾中之反聯。（以上採訪記錄，先在桂林《掃蕩報》連續發表）。（六）在宜山得親睹及摩挲翼王石達開之〈石龍洞詩刻〉及鈔錄其三十歲祝壽聯（載〈翼王宜山詩刻之研究〉，先在《中山文化教育館季刊》一卷三期發表）。（七）在全縣得獲《新全州志》及太平軍破城事蹟與曹州牧求救血書，又親到蓑衣渡觀察，得故老傳聞之戰蹟，及南王死事之真相（載〈全州血史〉）。（八）在蒙山蒐得《永安州志》及親睹清官殉難碑

（載〈蒙山採訪記〉，以上先在《掃蕩報》發表）。（九）在柳州，由張任民將軍介紹謁見其八旬尊翁張延禧世丈，蒙其出示所著《見聞錄》未刊稿本，得鈔錄有關桂林戰蹟及平靖王李文茂佔據柳州與鑄平靖勝寶錢之軼史（載〈平靖泉考〉，及其他）。（十）在桂林得鈔錄徐啟明將軍所藏之曾、左、李、彭、手札數通，為作注釋。（十一）在桂林得見廣西博物館庋藏之〈干王致英教士艾約瑟書〉原件，鈔錄後加跋語。（十二）由桂林圖書館搜得忻城縣採輯詩鈔一本。內有朱衣點遺詩（載〈太平軍名將朱衣點〉篇中，先在重慶《中外春秋》發表）。（十三）鈔錄桂詩人況澄（少吳）遺作〈桂林圍城紀事詩〉廿四首，及象州學者鄭小谷（獻甫）遺作〈桂林圍城即事詩〉八首，（載〈獨秀峯題壁詩之作者問題〉附錄）。（十四）財政廳長黃鍾岳（子敬）丈與余至相得，結文字交，屢助我搜索史料，並告我許多遺聞（看〈洪德泉考〉）。（以上均編入《金田之遊》）

前初到桂林時，一時興到，信筆寫了一篇〈關於兩齣太平天國史劇〉——評論當時盛行的名劇：一為陽翰笙的《天國春秋》；一為歐陽予倩的《忠王李秀成》，在桂林《大公報》發表。其後，貴陽、重慶、各報有轉載者。篇中我不作文藝批評，只就歷史上指出其事實上之不符。不料這篇小品，竟引起了出我意外的後果。原來陽劇已成文學名著，曾由國民黨中央黨部某一委員會通過給予獎金。事後，忽有一中委提出嚴重抗議，指出編者為左翼作家，是劇實含濃厚的政治意味，以東北兩王象徵共國兩黨，前者為忠，後者為奸，兩相傾軋，內訌殘殺，卒至亡國；其故事與台詞皆別有會心，大有作用，罵盡國民黨人，而中央黨部如今卻要給他獎金，豈非大笑話？主事者不能辯，但案已通過，又不便以政治異見為理由而翻案，不得已乃將其擱淺不予執行。迨拙作劇評發表後，黨部負責人讀而大喜，乘機引用篇中指出原劇不符史實之處，認為理由充分，而將全案提出複議，卒打銷之。如此後果，固非始料所及（著筆時原不知其有政治背景及作用），當然不能負其責任，然事隔廿年，迄今思之，猶不免興起「伯仁由我而死」之感也。考陽君之作，歪曲全部歷史。無可救治；惟歐陽君之作，多根據〈忠王供辭〉及其他史料，大致尚合，不過於「成天豫」等名辭及史事略有出入。我先提出修正意見，後又與作者歐陽君面談，建議增改數點，蒙一一採納，在桂林一次出演，即已修正之劇本。劇終加入鄉民處死陷害忠王之「漢奸」，舉座鼓掌，劇情達到緊張興奮之高潮，大快人心。是亦出乎意外之研究後果也。

回到重慶，仍在立法院任職，以公務閒暇，生活無聊，日夜埋頭寫太平史。先後撰有〈太平天國的婦女〉（載《婦女共鳴》月刊，此為《典制通考》〈女位考〉之初稿），〈太平天國盛衰興亡之原因〉（在文化會堂講演，載《文化先鋒》三卷十期。先有〈太平天國之盛衰興亡觀〉載桂林《建設研究》八卷六期。）其時，得有關於翼王末路史料數篇（見上文肆），因以配合原有資料撰〈太平天國之內訌痛史〉及〈翼王遠征軍事本末〉兩長篇（連載重慶《掃蕩報》，此為《太平天國全史》十七、十八兩章之初稿。）又將在桂林工作一年所已撰成之研究文字十四篇，編為一集，名曰：《金田之遊及其他》，交與商務印書館刊行（為《太平天國雜記》第二輯，三十三年初版，三十五年上海再版）。

在重慶最後之工作，將前在《大風》連續刊出之史稿六章，配合在廣西各處所得的史料，全部重寫，內容一新，太平軍起義初期之真相畢露，另寫導言一卷，共為七卷，都四十萬言，名為《太平軍廣西首義史》，由天王洪秀全出生起至打出湖南止，亦由商務印書館刊行（三十三年重慶初版，三十五年上海再版）。此書由我親自校稿。事才竣而日軍寇桂，急乘機南下照顧家眷。上兩書之出版，於勝利後回粵始得見也。（以上全部自述，由《首義史》〈導言〉末節〈歷史的歷史節錄〉）。

回桂後，挈家人避兵於平樂、蒙山，猶到處採訪太平史事。先室楊玉仙女士，後我由香港違難至桂，躬冒艱險將所藏大部分珍貴的太平史料四大箱運出，遂使我日後得繼續研究工作，賢內助之功，不可沒也。及日軍陷桂林，向南趨，尋佔蒙山縣城。是時，四面受敵包圍，無路可走，乃挈家避入六排深山。太平史料則另藏農民家，時或取出，從頭細讀，隨時箚記，惟因生活困苦顛連，常在危險憂慮或避匿中，不能執筆撰述矣。

三十四年勝利後，挈眷回粵。檢查所留存在家之太平史料，只損失數種，大致保存。惟一向所存中英文讀書箚記盡為白蟻所蝕。由是亟事補充。時已決心脫離政界，在粵垣得省政府主席羅卓英先生之贊助，創辦廣東文獻館，絕以餘生從事整理及發揚鄉邦文獻事業。同時仍治太平史，先將王重民先生在英所得之太平天國官書十種，編入《廣東叢書》第三集（我有序文）交由商務印書館刊行（卅八年出版）。曾到滬兩次，收得太平史料數種及遺物數種。其最有價值者則為一個太平兵之銅質「聖牌」，面鐫「太平天國聖牌」，背鐫「佽天安隊內右弍參軍姚新兵潘乘魁」字樣（看《典制通考》各冊封底及上冊第四篇後附圖，均照原樣製版。）老友董健吾先生在滬為我蒐集太平公據三種，藏之多年，至是惠贈，尤為可感。

是時，蒙中山大學特聘為研究院指導教授，所指導者為研究生蘇憲章君。他專治史學，畢業中大後入研究院以「太平天國外交史」為考取碩士論文題目。我負責指導其研究工作，一年後論文撰成，乃為之審查通過，又予以考試及格，即於卅七年領得碩士學位。其所撰書十五萬言，交商務印書館刊行，而另行摘要編成〈太平天國外交史綱要〉一篇（載拙編《廣東文物》特輯，民國卅八年廣東文獻館編印。但此書因人事障礙，只印得樣本百冊，未發行）。未幾，大陸易幟，其原著迄未出版也。

在粵垣撰有〈太平天國泉幣考〉（亦載《廣東文物特輯》，未發行）。是為《典制通考》〈泉幣考〉之初稿。又從事編比太平全役史實大綱，作年月日表。其間，因患臂疾，不能執筆逾年，只負責於廿七年五月在文獻館中舉行太平天國文物展覽會一次，內容分為三大部門：（一）遺物——泉幣、印璽、兵器；（二）著述——官私著述、中西史料；（二）圖表——石刻拓本、圖像、影片；共數百種，一一有說明，全部皆個人藏品也。（見廣州《中央日報》，卅八年六月十日《廣東文獻》二二期）

卅八年秋，共軍入粵。事前舉家遷居九龍，集中所藏全部書籍文物，即開始用全部時間、精神、撰著《太平天國全史》。先行重寫〈太平天國大事年月日表〉以為《全史》之綱領（輪廓），以便按時檢查全部事蹟。繼將歷年所作有關太平史之文稿、譯件（未刊載單行本者）及所鈔得之珍貴史料重新彙編為〈太平天國中西新史料〉（作為《太平天國雜記》第三輯）。（以上二種迄未發表。）同時，撰著《太平天國全史》。先將《太平軍廣西首義史》卷二至卷七及曩在《大風》及重慶《掃蕩報》發表者，全行修正或重寫，共十一章。繼續撰有十八章，《全史》全稿殺青。計閉戶埋頭專心研究者已歷三年矣。（其間有美國學者濮友真教授來港請我助其校訂其新著事，詳下節。）

先於四十年間，旅美之林語堂及黎明兩君在紐約創辦《天星》雜誌，來函徵稿，乃為譯〈天王懲戒娘娘記〉一篇寄與發表，附以考證。（後載《典制通考》中冊〈女位考〉頁一二五〇以下）

四十二年（西曆一九五三）春，香港大學創設東方文化研究院（Institute of Oriental Studies）由文學院中文系主任林仰山教授（Prof. F. S. Drake）兼任院長。余膺任研究員（Research Fellow）訂定個人專門研究對象為太平天國。前時，我已定有太平天國史縱橫研究計畫。縱者，即將太平天國全役的史實——斷自天王洪秀全出生起，以至太平軍全部消滅止——自始至終一一加以考證編比、詮釋、評論、各按年期，或地域，或事件，為系統的敘述，使整個革命大運動之生活過程，經重新組織，活現出來。此即剛才問世之《太平天國全史》之內容也。至於橫的研究，乃將這革命大運動之各方面的生活真相，作橫面解剖，分別研究其典章、制度，與一切文物、理想，分題表出各方面活動的成果，如政治（包括外交、爵號、禮儀、及璽印，各級政府之組織等等），經濟（包括食貨、賦稅、商業、田政、泉幣等等），文化（包括宮室、科舉、教育、文學、曆法等等），社會（包括婦女、婚姻、禁革陋習等等），軍事（包括軍制，軍規，軍紀等等），及宗教、道德等等。縱的研究既有頭緒，以後乃從事橫的研究。繼續不斷的做了四年半工夫，先行重寫兩篇舊稿而成〈女位考〉與〈泉幣考〉兩篇，另新作十八篇。全書分題十五，共二十篇，另〈緒言〉一篇，都百五十萬言。命名曰《太平天國典制通考》。其間，大陸出版之太平新史料層出不窮，我盡力儘量購買以作參考。除有幾種無法購入者外，其餘重要出品，皆得之。同時又從香港大學圖書館中之「漢口藏書」蒐得不少新資料。以故中西新史料日見豐富，皆擇尤一一編入上兩書稿內。全稿殺青，即先以《典制通考》付梓。此書卒於四七年（西一九五八）七月問世。（私人出版，交由九龍集成圖書公司任總經銷，分平裝精裝）。（附錄：在香港出版關於本書之各家書評，有下列諸篇：漢宮秋，一九五六年五月《出版月刊》創刊號；王北山，一九五八、七、廿七，《華僑日報》之〈北樓隨筆〉；陳克文，一九五八、八、十六，《自由人》七七七期；王世昭，一九五八年八月《出版月刊》；于肇怡，一九五八、十一、五，《華僑日報》；靜之，一九五八、十二、十七，《華僑日報》；瑞伯，一九五九年三月《燈塔》。另有同勵之短評載美國紐約《聯合日報》（日期佚）。又有楊宗翰及蕭公權兩先生英文書評各一篇，詳下節。以上各篇多有獎勵語，謹一一致謝。）

上書脫稿後，在排印期間，仍繼續任港大東方文化研究院研究員，即進行整理《太平天國全史》全稿廿九章，有修正者，有增補內容者，有重寫者。至四十八年六月，全稿又完成。全部研究工作乃告一段落，而研究員任期已滿，另由港大續聘為名譽研究員。我又將《全史》稿付梓。至五十一年（西曆一九六二）秋，全稿廿九章，加上緒言一篇，約共一百八十萬言，排印已竣，於九月出版。蒙各親友捐助印刷費，至可感也。

會臺灣國防研宼院主任張其昀（曉峯）博士，發動及主持編印全部《清史》，成立清史編纂委員會專司其役。余備員編纂委員，負責專撰《洪秀全載記》八卷。《清史》全書〈敘例〉之一，揭櫫編纂太平天國之原則云：

洪秀全揭民族大義，建國十五年，用兵十六省，實為革命前驅。《清史稿》置諸〈列傳〉末〈吳三桂傳〉後，蓋仿《漢書》〈王莽傳〉之例，以逆臣處之，失其序矣。茲亦別立《載記》，而以楊秀清等傳附焉。凡《史稿》中書洪氏為『賊』，為『粵匪』『髮逆』者，悉予改稱，而引用官文書則仍舊貫。

此革新原則，極為合理與得體，大獲我心。由民五十年一月起至六月，特為撰《洪秀全載記》，得稿十九萬言。內容，以天王洪秀全一生事蹟為經，而以太平天國革命運動全役史事、各王事蹟，及天朝之典章、制度、理想為緯。其體裁用編年體，而於每年內仍分段敘述各方面大事，則兼為紀事本末體也。此《清史》係由修正舊《清史稿》及補充新著四篇編成，原有國定「正史」性質。是故《洪秀全載記》之作，亦站在民國修史立場，（迥不同於私家著述之性質及立場），原則上明定其為民族革命運動，而內容則只以記事為主，行文簡潔（亦因篇幅所限），平鋪直敘，於人於事，少作評論，但期表出此革命運動之真實經過以垂後世，務使全部記載有充分的學術根據而得一般人的接受（事實的考證研究將或有人為之）。復因篇幅關係，各王事蹟已大致包括於本文內，故不另作列傳焉。此《載記》實為《太平天國全史》與《典制通考》兩書之摘要。（因在臺灣倉猝付印，未及自行校對，以至錯字甚多，望讀者慎為改正。）

民國五十年（一九六一），香港大學舉行金禧慶典。中文系諸君編印《香港大學開校五十周年紀念論文集》，而徵稿於余。乃特撰此篇以作貢獻，趁此機會為海內外學人數十年來之太平天國史研究作總結算，或有裨於世之具有同樣興味而同事研究者，亦所以為將來編纂中國學術史者供給參考資料也。內容恐仍不免錯漏，閱者諒焉。

自拙著《通考》、《全史》、《載記》三編先後出版，各方友好、學者、文友等，紛紛投函致賀，或撰文評介，或作詩題贈。一時，引起個人詩興，勉成七律三首，以酬雅愛並表感想。茲附錄後方：

《太平天國全史》繼《太平天國典制通考》問世賦紀

其一

義師一旅起金田，直搗江淮豫晉燕。
漢幟鷹揚九萬里，（太平軍活動區域達十九省，連西康在內，所歷路程全部至少九萬里。）天京虎踞十餘年。
攘夷大業轟轟矣，復國丹心懍懍焉。
辛亥功成驅韃虜，（中國同盟會誓辭有曰：「驅除韃虜，恢復中華」。）
太平革命著鞭先。

其二

奉天撻伐武維揚，文物戈鋋亦裔皇。
鬥智可饒曾左駱，鬩牆應恨石韋楊。
倘無英法開花礮，何有蘇杭致命傷。
時會竟乖功不就，徒教彝鼎頌湘鄉。
（湘軍進軍與太平軍苦戰多時，莫能取勝，終藉外力收功於一旦，蓋自英法在歐勝俄而後，即移全力對付中國，攻陷北京，乃為實收條約利益計，不惲維持清廷，轉相勾結，助其平亂，以海陸軍參戰。所用大礮數百尊，分路攻陷蘇浙各郡邑。天京孤立，援盡糧絕，遂以失守。革命大運動之成敗，實由運會關係。曾國藩於事平後乃有「不信書，信運氣」之語，非刻意謙抑，蓋言道其實也。）

其三

卅載潛心醉太平，縱橫研究幾經營。
彌綸一代存真史，著作三編老此生。（余另撰《洪秀全載記八卷》，載《清史》。）
學貴識途從樸實，（陸象山曰：「今天下學者，惟有兩途：一途樸實，一途議論。」）
知求到地要專精。（戴東原曰：「知得十件而都不到地，不如知得一件卻到地也。」又曰：「學貴精，不貴博。」）
如山退筆書難盡，四百萬言差有成。（連以前有關太平史譯著合算字數四百萬有奇。）

民國五十一年（西曆一九六二年）五月，美洲華僑基督教聯合會在香港開會。蒙邀請演講，以「太平天國的基督教」為題目。內容係《典制通考》末三篇〈宗教考〉摘要。（講辭在香港《展望月刊》一九六二年九月、十月第九、十期及該會報告書發表。）

前於民國四十八年二月，應香港大學經濟學會邀請用英文講演，以〈馬克思學派之太平天國史觀〉為題，將此派作家詮釋太平革命之錯誤觀念與理論，根據史實與文獻，一一駁斥（個人意見分載《通考》及《全史》之〈緒言〉，英文講辭向未發表）。至五十一年十月，赴臺灣出席第二屆亞洲歷史學家會議，乃將全稿交出，作為論文，另用國語報告其內容大綱，以與赴會之國內學者們互相討論。事後，即由軼群君譯為中文（經由筆者自行校訂及補充），在臺灣《問題與研究》月刊發表（十二月第二卷第三期）。英文原稿則將於《會議報告書》與其他論文一併刊印。

在臺灣時，得獲《李秀成親供手跡》一冊。歸港後，以與各傳鈔本及羅爾綱、梁峪廬兩鈔本，細細校勘，撰成〈忠王李秀成親筆供辭之初步研究〉一篇，付與臺灣《思想與時代》月刊（民國五十二年二月一〇三期）發表。篇中要點，指出呂集義前赴湘鄉補錄全文，竟脫漏二千八百八十字，以故羅、梁鈔本皆沿其誤，致令讀者咸被誤導。其脫漏字句之最重要者，如（一）天王洪秀全原係臥病多日，不肯服藥，遂爾駕崩，是「壽終正寢」而並非自盡者。但曾氏刊行本則刪去原文，竄加三十三字，厚誣其「服毒而亡」。（二）忠王被俘後，早已準備「歡樂歸陰」，但於死前獻議於曾氏「收齊」舊部數十萬眾免再為害地方及人民，而曾氏刊行本則竄加「投降」「收降」字樣，是亦厚誣忠王者也。此真跡影印本大有史料價值，如前節所述。

我自遷居九龍，因環境關係，不涉外務，只埋頭治學，專心著書，於茲忽忽十四載矣。前時違難廣西，曾撰成兩書。今回亦不甘寂寞，利用時機，以寫出大半生之專門學術研究。計幽居海隅以來，筆下作品（連已出版及未出版者合算）約共達四百萬言，其有關太平史者約三百六十萬言。其餘為歷史、哲學、藝術、文學等。語曰：「文窮而後工」。就個人論，「工」則未必，但信乎文窮而後「多」；患難其奈我何！嗚呼！患難窮困其奈我何！

我多年研究太平專史的工作，今已向學術界繳卷了。雖可云告一段落，然而此後有生之日，工作未完，還要繼續「深造」。在目前計畫中，耿耿於懷者，仍有四事焉：（一）擬將《典制通考》與《全史》兩書用英文摘要寫一《太平天國簡史》，以利便外國學者研究中國近代史者之參考，因到現在尚無此一種應用之書也。（二）並將前所編成之《太平天國中西新史料》及《太平天國大事年月日》二種付梓，以供給海內研究此門專史者以多些參考資料。（三）擬繼續由外國史籍中發掘多些太平史料，一一譯出，以饗後起之太平史研究者。（四）前由一九五七年五月起在香港廣播電台演講太平天國故事，每星期三次，共一〇二次，全稿四十餘萬言，擬細加整理付梓，以作群眾簡易普通讀品，內容為《全史》與《典制通考》之摘要，籍以傳播太平革命運動之真知識。

至於拙著各種，雖是歷年研究工作之結晶，仍不能自許為完備之作。願畢餘生，繼續努力研究，隨時修正補充其內容，以期日有進步。還望中外學術界同仁，加以指正，俾收琢磨之益；更望後起之歷史學人，鑒於這一宗門史學，尚有很多的問題未解決，很多的史蹟未詳明，很多的史料仍待發掘，這一塊學術上很大的荒地仍待耕耘，將儘量善用五十年來中外學人之研究成績以作津梁，循著已鋪成的一段軌道，向前邁進，精益求精，行見將來太平史蹟之研究與太平歷史之撰著，更有比前尤為完善之成果，是下走之所馨香祝禱者。

七、海外學人之工作

自太平軍起義以至克復南京以後，歐美人士極為注意，各地報章期刊記載評論其事者連篇累牘（以上海英文周刊《華北先驅》（*North China Herald*）為最詳最多）。此外，政府公文，私人專著及論文、通訊、與史籍的部分記載之有關太平全役史事者，多為研究太平史之至有價值的史料。以後數十年，出版物目錄之多，難以盡錄，亦非本篇範圍所及，故不敘述。（詳看Cordier: *Bibiotheca Senica*太平天國部分書目，郭廷以：《太平天國史事日誌》下冊附錄之末書目西文之部及，《太平天國資料目錄》頁二〇——以下，與其他。）

近五十年來，海外學人對於太平天國史之研究興味，亦異常濃厚，專著與論文疊出，數量與成績雖遠遜於海內，然亦可見各國人士，對於太平史之注意與重視，日甚一日。以下分別舉出各國學者之工作成績。

所當先事聲明者：有好幾位中國學者是在外國服務講學，而且其研究成績是用英文發表者，故一併編入本節海外工作範圍，固非以「外人」視之也。

（一）日本

自太平天國亡後數十年，日本學人關於太平戰役的著述寥寥無幾，惟近三四十年來，則研究太平史之出版物，比任何歐美國家為多。各家作品，除三數種外，筆者多未得見，無由詳述。茲僅以搜索所得之專著及論文目錄臚列下方。以作研究者「索引」之用。

《清史攬要》，增田貢（Masuda Mitsugu）著（中文本，何人翻譯，何時何處出版未詳），卷四、五、六、一冊，以編年體簡述太平史事，因史料貧乏，不盡不實。

《粵軍志》，曾根俊虎（Sone Toshitora）著（原用漢文寫出）（光緒卅年上海廣智書局出版）。著者又有《中國近世亂紀》一書，為孫中山先生手贈與劉成禺氏作為《太平天國戰紀》之參考資料者（見上文貳），未知是否同書異名。

《太平天國之革命的意義》，田中萃一郎（Tanaka Siu Ichiro）著。（載日本《史學雜志》廿三編七號，另載田中萃一郎《史學論文集》），附天曆與陰陽曆對照表。此為最初誤以天曆與陰曆之干支及陽曆之星期為完全相同者。海內學人謝興堯等初承其說（見前節），蓋當時史料不足，難怪其錯算也。

《清朝全史》，稻葉岩吉（君山）（Inaba Iwakichi）著，但燾譯。其中一部分是敘述太平戰役的，以當時史料之貧乏，當然不完備。稻葉以為曾國藩之湘軍非勤王之師而為文化而戰，是知其一而不知其全，良以其側重宗教文化方面而忽略太平革命是民族的與政治的（包括經濟、社會、文化等）意義也。書內載太平官書《三字經》全文，是最初以太平文獻介紹國人者，大有歷史價值。

《大英博物陡所藏太平天國史料》，內藤虎次郎（Naito Torojiro）著（載一九二五年《史林》十卷三號）。

《近代中國史》，矢野仁一（Yano Jinichi）著（一九二六年出版）。內有一部分敘述太平史事。

《太平天國革命之新研究》，田中忠夫（Tanaka Tadao）著（載一九三二年《東亞》五卷十號）。

《太平天國外交史論》，秋永肇（Akinaga Hajime）著（載臺北帝大文政學部《政治學科年報》）。

《太平天國與外交關係》，鈴江言一（Suzue Genichi）著，（載一九三三年《滿鐵調查》月報十四卷十號）。

《世界歷史大概》，野原四郎（Nohara Shiro）著（一九三四年出版）。其中卷九敘述太平史。

《太平天國亂之本質》，鳥山喜一（Toriyama Kiichi）著（《東方文化史叢考》第一冊，一九三五年出版）。

《太平亂南京最後之日》，淺海正三（Asami Shozo）著（載一九三八年《歷史教育》

十二卷十號）。

《支那近百年史》，佐野袈裟美（Sano Kesami）著（一九三九年出版）。其中卷一第四章敘太平史事。》

《太平天國運動》，藤原定（Fujiwara Sadamu）著（一九三九年《滿鐵調查月報Mantetsu Chosa Geppo》十九卷七號）。

《太平天國革命》，梨木祐平（Nashimoto Yuhei）著（一九四二年，東京中央公論社出版）。

《太平天國革命》，佐野學（Sano Gaku）著（一九四七年東京文求堂出版）。

《太平天國時代》，增井經夫（Masui Tsuneo）著（載一九四七年《新中國》十七號）。

另在《東洋歷史大辭典》卷五（一九三八年出版）敘述太平史事。著者為日本馳名的太平史研究者。（以上日文書文目錄，大多數引自鄧嗣禹：《太平天國史之新光》英文原著，頁十二、十四，及注頁九三，頁一〇〇）。

本篇脫稿後，又得饒宗頤教授從日文書籍中，檢錄以下諸書文目錄見贈，足增補上文所闕，謹謝。

《太平亂與外國》，植田捷雄（Ueda Hayao）著（一九四八，一九四九年《國家學會雜誌》六二、六三期）。

《太平天國》，增井經夫著（一九五一年，岩波書店出版）。

《鴉片戰爭與太平天國》，（同上）（一九五六年弘文堂出版）。

《太平天國之性質》，太谷孝太郎（Otani Kotaro）著，（《彥根論叢》，一九五一年）。

《王韜與長髮賊》，外山軍治（Toyama Gunji）著（一九四五年《學海》雜志）。

《太平天國與上海》（同上）（一九四七年，高桐書院出版）。

《太平亂中清朝之外力援助》（同上）（一九四七年《史林》）。

《太平天國前抗糧運動之一形態》，橫山英（Yokoyama Ei）著（一九五五年《廣島大學文學部紀要》）。

《初期太平天國之宗教性》，宮川尚志（Hisayuki Miyagawa）著，（一九四六年《人文科學》）。

以上所列日本學者之中文英文姓名，得神戶大學文學部助教授山口一郎先生（Ichiro Yamaguchi）（曾在香港研究中國近代思想）一一校正，謹致謝。本篇原稿排就，始得讀鄧嗣禹教授新著：《太平天國歷史學》之第七章〈日本著述〉，其中尚有吉田松陰、市古宙三、水野梅曉、波多野善大、雪竹榮之、鳥山喜一、大島晉、小島祐馬、後藤基己、河鰭原治、鈴木正、宮版宏、小野信爾、中山八郎、伊藤三千枝、天野原之助諸學者之書文，未及編入。

（二）蘇俄

蘇俄的史學家均為馬克思主義的信徒，必以其唯物主義、經濟史觀、階級鬥爭之說詮釋世界人類的歷史，於太平天國史自無例外。是故咸以其為農民革命而自始即努力研究其史事。（朱謙之教授輯有〈馬克思論太平天國〉零星句語，在新史學會廣州分會首次學術座談會報告，載一九五一、四、十七，香港《大公報》之〈新史學〉。另見《馬克思恩格斯論中國》一書，一九五七年北京人民出版社單行本。由以上兩種可見馬克思之太平史觀。）遠在民國十一年（西曆一九二二），方我在上海英國皇家亞洲學會（RoyalAsiatic Society）圖書室檢閱太平史籍，即遇到俄國共產黨學者，同在那裡研究太平史。民國十五年，我在廣州，又與莫斯科孫逸仙大學史學教授達林（Dalin）討論在平天國問題。他堅持中國一向即有階級（經濟意義的馬克思學說），而太平天國乃階級鬥爭的農民革命。我與其辯論逾時，不歡而散。這是我初次直接得聞蘇俄學者之太平史觀。（聞後來達林教授已到美國去了，未知其史觀有所改變否。）

蘇俄學人研究太平史之最初的作品是拉狄克（Radek）之《太平天國革命運動》專書。他承認這是農民革命，「裡面藏著資產階級德謨克拉西革命的成分。它就是中國資產階級革命的暴風雷雨的先聲。」然朱謙之教授早年曾批判他「以托派的理論來解釋太平天國運動，已經錯了」，因為「太平天國不是資產階級性的革命，而為反封建的農民革命」——這是馬克思主義的太平史觀之正宗。（以上見朱著〈太平天國史料及其研究方法〉載《現代史學》五卷一期頁

十—十二）

以後蘇俄具學術性的太平史很少得見。至一九四一年，乃有卡納穆沙著有《中國之農民大戰爭及太平天國》一書（G. S. Kara-Murza: *The Taipings: the Great Peasant War and the Taiping State in China.* 在莫斯科出版）。這是蘇俄正派的官式的太平史觀之代表作。卡氏以為太平革命是真正的農民戰爭，具有蒙稚的均產計畫及懷有烏托邦目的者。據共產黨主義的正宗理論，中國一向是封建社會，農民為統治階級之佃奴。但依史太林的說法，此農民戰爭究不能有若何成就，因無勞工階級為之領導云。太平天國是企圖建設一個農民的共產社會而只流為烏托邦的空想而已。（原著頁一三七，上引自梅谷教授專著*Documentary Collection of Modern Chinese History, Journal of Asian Studies*，十七卷一號，頁六八，一九五七年十一月。）

一九四六年《蘇俄百科全書》（Soviet Encyclopaedia）初版問世。蘇俄官式的太平史觀始有正式的發表，簡略敘述太平革命為中國大規模的農民起事。一九五三年，同書再版，以太平天國為「一個偉大的農民戰爭」及「反抗封建壓迫的朝代之起事」，但又承認其中有德謨克拉西成分。（按：此不啻局部承認上言拉狄克之說。）一九五六年，同書三版，一再稱太平天國為農民革命戰爭，而側重點在農民革命而無勞工階級領導，故不能創造新的社會秩序云。（按：此即馬克思與史太林兩說之綜合也。）（引自梅谷同上專著頁六八—六九。）（按：鄧嗣禹：《太平天國歷史學》第九章，尚敘述其他數種比較重要的關於太平史的蘇俄專著，不及備錄於此。）

（三）法德

法著者梅邦：《上海法租借界史》（C. B. Maybon: *Histoire de la Concession Francais de Changhai*，一九二九年上海出版），關於太平天國外交關係，有重要的敘述。（見鄧嗣禹：《太平天國史之新光》英文原著，頁一六。）此外，有關太平史之法文書報不多見。Tong, Ling Tch'oung: *"La poliique francaise en Chine pendant les querres des Taipings"* 係一九五〇年巴黎大學博士論文，內容未詳（見鄧禹嗣：《太平天國歷史學》，頁一三九。）（袁同禮之China in Western Literature內太平天國部分只有不大重要者寥寥數種，茲不錄。）

德國的太平史，有兩種是比較重要的。一為五十年前史丕門之《中國之太平天國革命》（C. Spielmann: *Die Taiping-revolution in China* 一九〇〇Halle出版）。史氏譴責滿清之腐化及英法之助清平亂，而推許太平天國對於婦女、教育、禁鴉片、及廢奴婢等種種政策，並以為太平基督教是初期的基督教之實行共產生活者。他以為英國干涉內戰之真正原因是由於鴉片貿易。恭王之戰略，是故意容許鴉片自由輸入，所以取得英法之支援，乃利用其力量以增強滿清。如果太平革命成功，則後來之拳亂與中國人排外之態度是不至於發生的。書中對於太平天國之外交關係有重要的記載。

另一本為區略之《太平革命史》（簡稱）（Wilhelm Oehler: *Die Taiping-Bewegung:*

Geschichte eines Chinesisch-Chrlstlichen Gottesreichs）。內容資料多採自德文著述。區氏昔為在華傳教士，以為太平軍如成功，則中國變為基督教國，必得較勝於前時。所引英公使布魯斯於一八六〇年六月廿三日呈外務大臣羅素文，有謂，如太平軍佔據沿海商港，則英國將失去關稅利益云。（按：是為英國助清平亂之一重要原因。）又謂太平諸王之實行多妻制度，致令有些傳教士早年之讚許的印象一變而為反對的情調云。（又文按：余昔涉獵是書，曾採用其內容三點。其一、因天王洪秀全本命八字五行缺火，故其父母命名曰火秀（見頁十五），此說可信。其次，天王繼母李氏當為「本地人」而非「客家」，蓋以客屬女子向不肯為人後婦者云，（見頁十六）。此事是否屬實，仍待考（以上見《太平天國全史》第一章頁七、一四）。其三，在廣州街上講道派書之西教士為美國人施迪芬（Edwin Stevens），此大有可能者。（見《太平天國典制通考》下冊〈宗教考〉頁一六三）。

（四）英國

國立澳洲大學史學教授費左恪之《中國文化史略》一書（C. P. Fitzgerald: *China a Short Cultural History*）一九五〇年倫敦出版），內有部分評述太平天國事，立言及見解甚為合理，因與上世紀英政府之反對太平軍者大異其趣，殊值得研究者之參考。

福士德是格拉斯高大學神學院院長兼教會史教授，著了一篇論文〈太平革命之基督教的原始〉（John Foster: *The Christian Origins of the Taiping Rebellion* 載 *The International Review of*

Missions, Vol. XL. No. 158一九五一年）。內容研究洪氏最初時因受基督教影響而蓄志革命事。福氏首先指出中國歷史中有三次幾乎成為基督教的國家：首次為元世祖時（也里可溫，即景教），二次為南明桂王時（天主教），三次為太平天國時。有云：「在英國歷史中，一個最虔敬的軍人，力助毀滅了世界最大的民族趨向基督教的群眾運動」（頁一五七）。言下有不勝惋惜之意。

何劬力之〈百年前關於俄國動作之預言〉論文（Earnest Hoberect: *Russian Moves in China Predicted 100 Years Ago.*，轉載於香港《英文虎報》：*Hong Kong Standard*，一九五三年十月廿三），篇中指美專使馬紹爾（Humphrey Marshall）當時到中國，以為俄國有意助清平亂，乘機侵奪中國土地，故獻議美政府支持滿清以制止俄國之侵略東亞。又謂馬使思疑英政府有意支持太平軍，希望於其戰勝時得佔外交上優勢，故轉而支持滿清以抵銷其政策也。是故何氏稱馬使為預言家，所言洞中今日遠東之局勢云。（何氏國籍未詳，因本篇轉載於香港英文報，姑編比於此。）（按：馬氏之預言俄國行動遠不及英人林利之論俄國對華政策的預言之切中今日時局。看《典制通考》中冊頁七七一拙譯。）

醫學博士葉寶明醫師，原籍廣東惠州，為研究精神病學心理學專家，久任香港精神病院院長。約在十年前，我邀其共同研究天王洪秀全赴考落第後所患之精神病。經兩年苦心透徹之研究，他根據精神病理學與診症經驗，撰成專門學術性論文一篇，斷定其確曾患急性的精神病，術語稱為「夢醒狀態」（twilight-state）而屬於神經昏亂（hysterical）底質的。在此病態下，其心靈「有一連串似夢的，及滿足其向所不能實現的欲望（wish-fulfilling）之經驗」。（P. M. Yap: *The Mental Illness of HungHsiu-Chnan.* 原文初在香港中英學會講演，後在*Far Eastern Quarterly* 一九五四年五月號發表。）洪氏患病昇天的真相與難題，終得科學的斷定的答案了。然自其痊愈後，心靈中留下「受命於天」革命建國的「固定觀念」，一生不變。其後效致令其性格與情感比前強硬，堅固篤信，不可屈服，不易軟化，不能妥協，作為革命領袖之資格加強，由是使一般「從龍之士」對其信心愈堅，服從愈甚，至肯為其効死不變焉。因此，凡研究太平史者，不能以其曾患此病而輕視之及詆譭之；反之，當因其已癒之病留下特異特優之後效，至加增其革命之效能，而愈見其有特別重要之社會的與倫理的意義及價值也。（詳看《典制通考》下冊，頁一六二五以下，有葉博士原文摘譯及詳細說明。）

英領事麥迪樂為當時英人對於太平革命之同情最深、贊助最力者。嘗著《中國人及其革命》一書（Thomas T. Meadows: *The Chinese and Their Rebellions*，原著於一八五六年在倫敦出版）。此為敘述太平革命初期之最佳的書。麥氏因主張正義，竭力請求英政府保持中立，至為其時親清之政客所忌而受排擠，卒由上海調派牛莊，鬱抑以終。一九五四年美國加利福尼亞州士丹福學術機關再印其原著行世，故列舉於此。（*Academic Reprints*, Stanford, Calif., U.S.A.）可見此書在學術上大有價值也。（詳看費正清教授論文John K. Fairbank: *Meadows on China: A Centennial Review*, *The Far Eastern Quarterly* 一九五五年五月。又看《典制通考》中冊〈外事考〉頁九四六以下。）

安德生夫人著了一本敘述天王洪秀全一生的事蹟的書，原名直譯曰：《叛黨皇帝》（Lady Flavia Anderson: *The Rebel Emperor*，一九五八年倫敦出版）。我讀了這書以後，許久許久還不能判斷這是一本小說，抑或是一本歷史（傳記）。因為內容有許多是穿鑿附會而非證實的史事——簡直是虛構杜撰的小說。然而其中又有一部分是根據可靠的史料而寫的紀實歷史。無疑地，安夫人對全部太平史曾下過多少研究工夫，所參考的史料書約五十種，所以內容一部分確有學術性，且能將全役經過按年期先後編比為整個連貫的故事（雖其中有些重大事件敘述過於簡略），有足多者。不過，她不是純為學術而研究，而且不是以撰著學術性的傳記為目的，顯而易見。所以只可稱其為一本歷史的小說。可惜她未曾作深邃的研究工夫，不能直接引用最近蒐集的新史料與海內學人的研究成績——至多不過間接由濮友真（F. P. Boardman詳後）及鄧嗣禹兩人的近著而得有多些真實的新知識，以故關於洪氏一生及太平史蹟錯誤良多，尤其在上半部。如果書中減去虛構、渲染、穿插、附會的成分而充實以真正可靠的史料，復一一注明出處，使讀者可引用其句語於研究文中，但仍用此體裁寫出來，則大可改稱為小說化的歷史了。

全書雖有缺憾，而優點亦不少。第一、著者開宗明義即能透徹了解太平革命的性質與理想根本是宗教的（視為「聖戰」）不徒是民族的、社會的、政治的。全書以此為主題，是正確的，不過對於民族與政治革命兩方面未免忽略了。其次、有關外交關係的事蹟，因為她能廣用英政府的公文及書報記載，所以敘述一一有據，而且她更能本著正義感，主張公道，敢於直言譴責當時英國軍政人員之錯誤，暴露洋軍在華之醜惡，譏彈英美傳教士之過失（按：後一點容有過火之處）。復次、她又秉公正之筆，儘量表白太平人物（行為）及典制之優良處，而每為其作合理的解釋。因此，我相信中西史料，愈多發現，太平革命之真相必愈能大白於天下。

　　楊宗翰教授有英文書評一篇，評述拙著《太平天國典制通考》者，在香港大學東方文化研究院編印之《東化文化》五卷發表。

（五）美國

　　上節所述史不亞博士之《世界傳教史》一書之外，另有鄧乃德著《美國人在東亞》一書（T. Dennett: *Americans in East Asia*, 1922），內有關於美國對太平天國之關係及態度，可供此方面外事之參考。但這兩書均不是研究太平史的專著。

　　近五十年來，美國學人之以太平戰役為專門研究者，當自海爾始。所著《曾國藩與太平天國革命》一書（Wm. J. Hail: *Tseng Kuo-fan and the Taiping Rebellion.* 一九二七年耶魯大學出版社出版），原為其在耶魯大學考取哲學博士論文，後增加數章而成此作。海氏早年曾在湖南長沙之湘雅大學（耶魯大學學生捐資主辦，即Yale-in-Chtna）服務，崇拜曾氏至甚。本書多取材於曾氏遺書（如《曾文正公全集》、《家書》、《大事記》、《日記》等）及當時流行的清人著述，史料有不可靠者。其第三章〈被壓抑的領袖〉，竟堅信〈洪大全供辭〉為真品，且以天德王洪大全即朱九濤，實太平革命最初之首領，與天王洪秀全並肩稱尊，天地會與太平軍先合作，後分化，卒被壓抑云云。此為全書最大之錯誤。至其所引外文史料之部分，尚差強人意。綜之，此書之撰著乃在卅餘年前，在各種太平文獻與新史料發現之先，根據不足，錯誤難免，在今視之早已成為過時作品，歷史陳蹟了。海氏憑片面不盡不實的史料，對於曾國藩一生未能描述其全貌，尤未能揭出其真面目，且懷偏頗成見，推崇過甚，竟至為曾氏「多殺人」、「力謀誅滅」（引其致弟書）、及在他處之殘殺，（甚至並為李鴻章之在蘇州殺降事，）極力洗刷，評為正當，謂殘忍好殺為中古時代之心理，非曾氏本性之特殊殘酷冷硬。尤甚者，竟以「太平軍不只是尋常的仇敵，且是於叛逆清廷之外，褻瀆古聖的經典，毀棄正統的信仰（名教）而屬於人類之外者，猶之身體中之毒素，務須根本清除」云云（見原著頁三五八—三五九）。至終乃稱頌曾氏為「孔子之理想君子」（全書末語）。立論如此，出諸宣揚以愛人為主旨的基督教福音之傳教士手筆，真匪夷所思！歷來中外人士為曾氏李氏殘忍濫殺之罪行辯護洗刷者亦有之，而曲筆之曲，無逾此者，可謂怪人怪事！豈真有殘忍冷酷好殺的「孔子之想理君子」耶？敢問！

上海聖約翰大學史學系麥教授（中文原名未詳）所著之《中國近代史》（H. F. Mc Nair: *Modern Chinese History*，一九二七年商務印書館出版）之第九章簡略敘述太平天國史。

莫爾斯（H. B. Morse）前著有《中國的國際關係》專書（*The International Relations of the Chinese Empire*, 1910, 1918），其一、二卷關於太平天國之紀述者有四章。復著《太平軍時代》一書（*In the Days of the Taipings*，一九二七年The Essex Institute, Salem, Mass, U.S.A）內容係根據當時常勝軍官佐歷充華爾與戈登之翻譯官丁建章（？）所述編成。「書為歷史小說體，但記事多可信，詳於太平天國晚期」（評語見郭廷以《太平天國史事日誌》下冊附錄，頁二六五。）

耶魯大學神學院教會史教授賴多理博士所著《基督教在中國傳教史》（K. S Latourette: *A History of Christian Mission in China*, 1929）之第十八章為關於太平天國事者，因著者於此專史無深邃研究，且史料不足，內容平凡，故容有失實之處。至其在傳教史立場與觀點，評論太平天國與基督教之關係，立論亦仍如前之不能稱為完備。但謂「這個團體（指拜上帝會）的來源，部分是由於基督教的傳教事業」，則為正確的斷語。（看拙著《典制通考》下冊頁二〇一三—二〇二四）

賈希爾著有《華爾傳》（Holgar Cahill: *A Yankee Adventurer*, 1930）。著者為美人，忿英人之過分尊崇戈登助清平亂之功，寖假演成神話，至奉其為乃神乃聖的人物，而掩沒篳路襤褸、創建常勝軍、攻復多城、戰績烜赫之同國人華爾，乃特為著此傳記以表揚其功勳，簡直以其為超邁戈登之大英雄。所敘華爾之出身及戰事，均鑿鑿有據，翔實可信。然其書有一內在的大矛盾：彼既盛稱華爾之功績，但因對全部太平天國史事及真相有深邃之研究，透徹的了解，對此革命大運動卻有極同情的態度，且揄揚備至。在其末章以客觀態度論及太平天國性質，極端反對英國當時軍政界敵視太平革命運動之論調，力為其辯護，詞鋒銳不可當，但理由充足，見解合理，足見真理必彰，此大革命運動之真相行將大白於天下也。（請看拙著《典制通考》上冊〈緒言〉頁四二，及下冊宗教考頁二〇一五以下，摘譯二段，可明其理論。）

有卞氏著有〈培理、馬紹爾與太平天國革命〉一篇，（Chester G. Bain: *Commodore Mathew Perry, Humphrey Marshall and the Taiping Rebellion, Far Eastern Quarterly*, May, 1951）詳述當時美國駐華專使馬紹爾與美遠東海軍司令培理之衝突事。馬氏主張親清助清，而培氏則主張中立觀望。此為太平之役初期外交關係之好資料。（看拙著《典制通考》中冊〈外事考〉貳之一，頁七七六以下，參用卞文）

威士康孫州立大學史學教授濮友真博士（Eugene P. Boardman）昔在哈佛大學研究漢文及中國史，以「基督教對於太平天國之影響」為考取博士論文題目。先將內容摘要發表（在*Far Eastern Quarterly*, Feb., 1951）。一九五一年，來香港繼續研究，持其全部原稿請我評閱。我為其修正、補充及建議多點，並代譯中文各名辭以及書名，助其完成全書。歸國後即以付印出版。（*Christian Iufluence Upon the Ideology of the Taiping Rebellion*, Univ. of Wisconsin Press, 1952.）書中敘述一八五三年以前天王洪氏領導太平軍起義之大事（多引用拙著《太平軍廣西首義史》）及致力於研究初期宗教信仰之內容。此書之精彩處得力於由美國哈佛大學圖書館及他處所獲中國教會最初期之出版物（如梁發之《勸世良言》，初期翻譯之《聖經》，及各教會宣道手冊等）以與太平文獻之有關宗教信仰者幾乎逐字逐句校勘，而後斷定其其所得於基督教者若干成分，及未得自基督教者若干成分。其結論則以為太平基督教得自《舊約》首幾本書為多，而未嘗吸收基督教教義與信仰中幾種普遍常有的「元素」（如仁愛，「金誡」，為他人謀幸福，上帝國、謙虛等），故雖由基督教「借用」了好些成分，但「太平天國的宗教仍然不是基督教」云（見原書之六）。我雖欣賞此書為研究力作，學術價值甚高，而於此結論卻不能苟同，蓋基督教自有發生長成之進化史，隨時隨地而演進，而變化，——常在製造中——固無一成不變固定不易的「元素」；其實，在一時代、一地方的基督教各有其元素。因此，二千年來，有多種多式的基督教，內容外相，各有異同，而太平基督教則是於基督教全部歷史中在中國演化而成之一特種的流派，謂其有異於羅馬宗（天主教），希臘宗，或改正宗（及其下各派）之傳統的正統的信仰與典制可也，然謂其不是基督教不可也。（按：此為宗教學與基督教神學一個特殊問題，請看拙著《典制通考》下冊〈宗教考〉，頁一七三五以下詳論進化的基督教觀，尤其頁一七四一至一七四三評論本書之說。）

濮友真教授又與蘇均煒氏合著《洪仁玕評傳》（*Hung Jen Kan, Harvard Journal of Asiatic Studies*, June, 1957）茲不及評述。

古力歌理之論文：〈英國之干涉太平革命〉（John S. Gregory: *British Intervention Against the Taiping Rebellion, Journal of Asiatic Studies*, Nov. 1959），於當年英國政府及其駐華軍政人員助清平亂之經過有翔實的敘述，多引公文為證。其研究本題之結論，甚為公平與正確，堪稱的論，文曰：「英國的干預政策也許是基於對太平天國之錯誤的觀念、觀感，但必然是基於純然顧全自己的權益而成的政策。」（拙著《典制通考》第廿三章頁一九九三以下節譯全文）

吾國歷史學者在美國執教鞭而對於太平天國史研究最勤成績最著者，當以印迪安納州立大學史學系之鄧嗣禹教授首屈一指。他曾為美國國會圖書館所編印之《中國清代名人傳》

（*Eminent Chinese of the Ching Period*, edited by A. W. Hummel, 1943, 44）撰有太平天國時代重要人物傳記共四十餘篇（包括太平軍及清軍兩方面），正傳外附次要人物，極利便於研究中國現代史者之參考。又有《太平天國史事日誌》（郭廷以著）書評一篇（載一九四七年天津《民國日報》〈圖書〉四一期）。其第一本專著《太平天國史之新光》（書名代譯，Ssu-Yu Teng: *New Light on the History of the Taiping Rebellion*, Harvard University Press, 1950）係研究太平史的文獻學，將世界各國，尤其中國內，史學界關於太平天國的研究成績系統地評述。內容簡述全役事蹟（初期較詳）及各種難題之解答，與夫各研究者之意見，以為世界學人研究太平史之津梁。因近年新史料之發現甚多，各學人之研究亦有新成績，致令其內容（以及上言各傳記中）多點應有修正之處。另新著有《捻軍與游擊戰》一書（*The Nien Army and Their Guerrilla Warfare*，一九六一年巴黎Mouton & Co.出版）。其中一部分是有關捻軍與太平軍合作之史蹟。全書於捻軍之原始、發展、組織、人物、戰蹟、戰術以至最後之消滅等等，均有詳明的、系統的報導。鄧氏根據豐富的中西參考資料，施用科學歷史的考證方法，以寫成此反清運動的歷史，可說比之時下其他之捻軍史書為優焉。又在一九六一年暑假期間，鄧教授特應哈佛大學之約，專著《太平天國歷史》一書（書名代譯）（*Historiography of the Taiping Rebellion*），於一九六二年出版。內容包括太平全役之簡略史蹟，列舉中西史料，及各研究專題，是為西方學者研究遠東史及中國史之有用的參考書。此外，鄧教授前由歐洲各國政府檔案中，蒐羅有關太平戰役之史料，至為完備，擬撰《太平天國外交關係考》專著。拙著《太平天國典制通考》內有〈外事考〉三篇，史料多由中西史籍得來，英美各國政府之外交檔案，雖有引用，而所得無多。亟盼此專著早日完成問世，以補充拙著之不逮，並以使現代史學者得見此方面之全豹，則對於此一方面之學術貢獻亦鉅矣。（附言：鄧教授又曾為拙著《太平天國全史》作序，約略表現其對於研究太平天國史之意見。）

近十餘年來，美國有多家大學（約十餘家）努力於中國文化之專門研究（此專門學術向稱為Sinology），共同擬訂計畫，分區研究，庶免工作重複，而收合作共進之效。因各有專門範圍，各羅致中西學者與專門人才，集中力量，自訂計畫，從事專精的研究工作，成績大著。華盛頓州立大學開設遠東研究院（Far Eastern Institute），規模宏遠，以近代中國為其專門範圍，實則以太平天國史為其工作核心（主題）。中西學人，濟濟多士，聚首一堂，分題研究，各有成績，或為個人專著與論文，或為集體編撰及翻譯。（看梅谷等：〈合作的分區研究〉Michael & Sector: *Cooperative Area Research in World Politics,* Vol.2 No. 1 1949）。十餘年來，因知識興味相投與研究範圍相同，我常與他們互相通訊聯絡、會面（在香港）、討論、切磋、鼓勵，以故深知其成績。茲彙錄其全院各員之出版品如次。

院長戴德華教授（George E. Talyor，前譯作戴樂）早年曾到北平留學，研究中國文化。根據外文史籍及當時已發現的太平文獻（如林利原著《太平天國史》，及太平官書《天朝田畝制度》等等），著有〈太平革命之經濟背景及社會理論〉一篇。（*The Taiping Rebellion, Its*

Economic Background and Social Theory, in the *Chinese Social & Political Review*, 16.4, 1933）。是為外國學人首先施用分析及綜合的科學方法，配合新史料以研究太平天國之經濟、政治、社會的典章制度之作。對於太平天國所給予婦女之新地位（平等）尤大加稱頌，許為具有革命性者（頁六〇二）。關於林利之原著《太平天國史》，歷來外人之評論者多以其為偏袒天朝不可輕信之書，惟戴教授則獨具隻眼，而重新估定其真價值，謂其「所引的資料是可信可靠的，而且對於氣氛及觀點兩者亦有興奮作用。他的陳詞（理論）常得其他觀察者之證實為真的」，及「關於外國干預內戰及輿論（按：此指英政府英軍）均有極好的討論」云（頁六〇〇—六〇一）。此篇雖屬初期作品，而能以正確史料為根據，有真實的報導及獨到的見解，尚不失為很有價值的研究論文。

衛德明教授，原籍德國，精研漢學，造詣甚深，著有〈曾國藩的觀念形態之背景〉一篇（Hellmut Wilhelm: *The Background of Tseng Kuo-Fan's Ideology*）原係美國歷史學會於一九四八年十二月在華盛頓州西雅圖開會時宣讀之論文（載*Asiatische the Studien*, Vol. 3）。內容以曾氏之觀念形態，源於桐城派，及宋學末流之過度的權威主義哲學，崇尚禮治，而成為極端的權威主義者（ultra-authoritarian）。其所要保存者不是帝國，抑不是異族（滿州）的皇朝，而為文化（原注：「名教」；又注：不用「儒教」或「正教」兩名辭）。在〈討粵匪檄〉中充分表現這一觀念，甚至忘卻論語「四海之內皆兄弟也」之寶訓。此獨具卓見之論，揭露曾氏之真面目，真靈魂，夫豈止「賢者誅心」之論而已？（看拙著《典制通考》下冊〈宗教考〉頁

一六一二）

吳大琨博士著有〈太平天國革命對於清朝財政之衝擊〉論文（James T. K. Wu: *The Impact of the Taiping Rebellion Upon the Manchu Fiscal System*, in *Pacific Historical Review*, 1950）內容未詳。

施友忠博士對太平天國研究之精勤與成績之優異，在美國之中國學人中與鄧嗣禹教授並駕齊驅，足稱一時瑜亮。惟其研究之重心則在理論、典制與觀念形態方面，而由社會學途徑用歷史科學方法出發。先有論文〈非共產主義派的中國著者對於太平天國之詮釋〉（文題直譯）（Vincent Yu-Chung Shih: *Interpretation of the Taiping Tien Kuo, by Noncommunist Chinese Writers*, in *Far Eastern Quarterly*, Vol. 10, No. 3, May, 1951.），內容將百年來中國著者多人對於太平天國革命運動的性質與意義之論斷，一一簡述。復有〈太平天國之觀念形態〉一篇（*The Ideology of the Taiping Tienkuo*, in *Sinological*, Vol.3 No.1 1651.《中國文化學報》），內容將太平天國之家族、道德、社會、經濟、政治、及軍事各方面的觀念形態，一一作分析的簡略評述。以上兩篇為其專著《太平天國之觀念形態》（*The Ideology of the Taiping Tienkuo, Its Origins and Interpretation*）全書之部分。聞此書不久可出版問世，信為極有貢獻於太平專史研究之力作，拭目俟之。

賴義輝博士前在加里福尼亞州立大學考取博士之論文為《太平革命中兩粵水寇之活動》（代譯）（Laai Yi-faai: *The Part Played by the Pirates of Kwangtung and Kwangsi Provinces in the Taiping Insurrection*）。其後，曾加入華盛頓州立大學之遠東研究院，著有〈太平軍之河面戰略〉論文（River Strategy: *A Phase of the Taipings'Military Development*, in *Oriens* Vol 5 No. 2, 1952），內容未詳。

遠東研究院副院長梅谷教授（Franze Michael），於中國歷史文化有深博的研究。所著論文〈太平天國時代中國之兵制〉（文題代譯，*Military Organization and Power Structure of China During the Taiping Tienkuo*, in *Pacific Historical Review* Vol. 28 No. 4, 1949）及近年大陸出版之《太平天國史料》四種之書評（即神州之《太平天國》八冊，開明之《太平天國史料》，上海之《太平天國革命文物圖錄》共三編，及神州之《太平天國史料譯叢》）（為*Documentary Collection on Modern Chinese History*之一部分，載*Journal of Asian Studies*, Vol. 17, No. 1, Nov. 1957）。述評有得，適中肯棨，非於太平史研究有素者，不能為此。又與張仲禮先生（Chang Chung-Li）合編《太平天國之史蹟與文獻》（書名代譯）（*Documentary History of the Taiping Rebellion*）。費了七年心力，成此巨著，行將出版。據梅谷教授函告，全書內容前部有〈導言〉由其執筆，將太平全役史蹟分五時期簡略敘述，以後則為全部太平文獻，於翻譯原文外，每篇加以說明及腳注。全書問世後對於各國研究中國史者，尤其注重太平史者，將有大貢獻，可預卜也。

蕭公權教授近年任職華盛頓大學遠東研究院，前歲曾發表書評一篇，評論拙著《太平天國典制通考》（載一九五九年八月分*Journal of Asian Studies*, Vol. 18 No, 4）。其內容，除了一頭一尾有相當褒讚語外，中間直白指出，我個人不能盡依所揭櫫寫作此書的「歷史的方法」，以民族主義為太平革命之原則，但不免為「先入之見」（成見）所蔽，在在為其各種典製作辨正，而指謫一般反對之者。又謂我所持的「客觀的態度」每為「熱烈的同情」所凌駕，而至過度估計太平典制之各種優點云云。於此，我借此機會以申明我一向研究太平史的態度與方法。我始終以為太平天國革命運動之是非問題，不能與其典章、制度、政策，或戰略、設施、事為、甚至人物等之善惡、優劣、智愚、工拙問題，相提並論。我以為太平天國的根本性質是宗教的、民族的、政治的（包括經濟，社會，文化等）三合一的革命大運動，而其民族革命與政治革命是我所熱烈同情的，蓋以其宗旨在恢復大漢河山，推倒滿清統治我中國二百餘年的政權而建立新國，施行種種新政。我相信這是無可非議及不能妥協的大原則。不過，其所創製之典章、制度……等等，自然有精有麤，有優有劣，其所以產生則各自有其原因與背景，即同一制度中亦有優點劣點之並在，斷不能加以籠統的論斷。既是瑕瑜並見，不能互掩，故我一一分別加以讚揚或貶謫。我所用之「歷史的方法」，即是一一溯本尋源，闡明其所以產生之由，和盤托出，使人對於太平天國真相之知識得以加增。我一向忠於史料、誠實坦白，見好說好，見歹說歹。相信歷來發現其優點者，或暴露其劣點者，都沒有人比我之多，對各點之評論亦沒有人比我之深刻，（即如蕭君所提出幾點均我所坦白指出者），但皆一一先發現史實，先有充足憑據，然後下以優劣褒貶之論斷。自信這是符合「客觀的態度」的。至於我所揭出的各優點皆有確鑿史實及充分理由為根據，彰彰可考，殊非由熱情而偽造的或過度估計的。若只見其劣點而不提其優點，而且若一提出其優點便以為偏私的「成見」，那倒是不「客觀」了。

試以蕭教授所指出之兩點而論，男女平等是其根據宗教教義的根本原則，是為文化特優點，此蕭君同事戴、施、兩君所共認者。即蕭君在前著《中國政治思想史》書中，又何嘗不強調判斷平等原則為其政治理想？（見上文肆節。）但多妻制度又是其另一種社會制度。從他們當時的社會標準與宗教知識而論，他們認為多妻是他們應當享受的權利，一如數千年來之富貴人家，尤其帝王家。然而他們卻運用男女平等的原則於此制度中，廢除妃嬪婢妾之名稱，而各妻統稱「娘娘」或「貞人」。其身分、地位、彼此平等，互稱姊妹，而天王之眾娘娘一律皆為天父上帝之媳婦。此固是怪異制度，為近代文化所不容，然在當時尚無背於男女平等之大原則也。至「女館」中婦女之迫充兵役，亦為男女平等之實施，不過因江南婦女多柔弱及纏足者，自不能如粵桂婦女，尤其太平軍中之客家婦人——之壯健天足、慣於勞工者可比。若一視平等，驅其任勞苦粗重工作，是不明社會背景，故流為弊政，至怨聲載道耳。至在政治上及權力上，男女確未曾絕對平等，惟婦女有軍職，有丞相以下之官職，及有爵位之封——與男子同等，則已達到很高之平等程度矣。關於鄉治制度，原為太平政制之優點，此無能非議者。不過，在軍事倥傯、軍人操權之條件下，措施亦不能盡使理想一一實現。此在革命戰爭中為無可奈何之事，未能為其鄉政制度詬病也。（我們憶起在抗日大戰期間，各省縣官所負責的兵役，便能了解此點。）雖在此不良不利的條件下，鄉政府仍能造益人民，服務地方，成績斑斑可考，此亦無能否認之事實也。綜之，我一本忠誠與公允之原則，於各典制優劣並陳，毫無掩飾，此蕭教授所明見而引出者，故自信全書內容不至自違「歷史的方法」與放棄「客觀的態度」焉。無論如何，各典制之理想與實行既兼有精麤優劣之處，其優良者自為太平革命之文化特色，而其粗劣者可視為建設新國家新制度之初級進化程序中幼稚不完備之表現，而殊不能作為評定整個運動之是非之辯據也。

前幾年，主編香港《自由學人》（月刊）之史哲學者李捷謀先生關於拙著〈曾國藩與湘軍軍紀〉一篇曾有小評曰：

當史學家處理史料時，他固然不能沒有科學方法和科學的態度，然而一史學家卻亦不能沒有情感，否則即不能成為卓越的史學家。然而史學家的情感，卻不同一般人的情感；史學家的情感，必須是恢廓的和淘鍊過的。因為一方面要有情感，而另一方面又須能超越此一情感。（《自由學人》三卷六期〈編後記〉，一九五七，十二月）

我並不否認我之研究及撰述太平史，原具有豐富的熱烈的情感。所以老友楊宗翰先生稱之為「愛情的工作」（Work of love，見上言之書評）。我的情感有二。第一是正義感，因憤百年來詆譭此民族革命運動者普遍中外，滔滔皆是，顛倒是非，沉寃莫雪，故儘量引用中西史料以為之辯證。如果太平天國革命運動是合法、合理、合情之舉，則一個歷史學人為之翻案、辯正、洗寃，是不是應該擔負的責任與義務呢？其次是求真感，因覺百年來此偉大運動之史蹟與其真相尚未大白於天下，譌誤的知識及印象與觀念尚普遍於中外，所以為學術、為真理，我貢獻大半生以專任此一門歷史之研究，以期發揚革命真相而增加歷史知識。由於這兩大情感之鼓動於心中腦中，所以我研究的興味由弱冠至老年屹屹不倦。我又承認，熱烈情感不時流露於筆端，所寫出的文字並不是完全乾燥冷酷無情無味的科學作品，這是拙著自有「個性」之表現。此則歷史——社會科學——究竟有以異於自然科學也。然而我一向約束我的情感，——甚至我的民族主義的思想，從不許其凌駕或掩蔽科學方法與態度，必俟蒐討研究已得了真實可信之史實在手，然後據所知所信而寫出來。那時，縱有奔放的情感流露於楮上，但誠如李先生所言，一切情感已經「淘錬過」的了。如此又無背乎「歷史的方法」與「客觀的態度」。如果我們甚至不承認太平天國為民族革命運動，還要推許滿清朝廷與曾國藩等人之「勦平粵匪」「平靖髮逆」為是，那便無話可說，只有從頭翻案，將此百年來的歷史公案，筆墨官司，再接再厲的打下去而已。但如果我們承認其為合法、合情、合理的民族革命大運動而運用宗教信仰為推動力及維持力（此為自然發生之事實，非由人意選擇）以革新政治、建設新國為目的，則應予讚許。在此大原則下，對於其一切制度、典章、文物、政策、軍略、設施、事為，甚至有些人物等等，當表揚其優良者，而原諒其在創業與戰爭期間所不能苟免之幼稚的、粗率的、簡陋的、不完備的，甚或錯誤的種種惡劣點。世無完人，事無完善，但求其大義正確，宗旨崇高，當得後人之同情。此亦是「歷史的方法」之要端也。綜而言之，我於研究太平史的工作，在民族鬥爭中，左袒漢族，決不能妥協中立；但在學術立場上，敘述史實，卻必要公正無私。這是我一向固定的原則也。再有一點，不得不贅言者：大凡研究歷史必須分辨史之詮釋（interpretation）與史事之敘述。關於詮釋，各人因思想不同，看法不同，意見容有相異之處，惟史事則有客觀的真實性，不容置辯——除非能辨正其譌誤，或提出懷疑問題仍待解決。今蕭教授雖於拙著二十篇二千餘頁中獨挑出上言兩點與詮釋相異之見解，惟於全書所敘述之事實，尚未見指出譌誤之點，甚且一再褒讚其大量史料之蒐集而稱許此作為「毫無問題的有價值的貢獻」，誠足引為自慰而深心感謝的。

【補遺】全縣王恢先生撰有〈繫太平天國興亡的蓑衣渡〉一篇，載香港《人生》半月刊一四九期，附全縣及蓑衣渡詳明地圖，述太平軍在全縣及蓑衣渡兩役甚詳。以本縣人寫鄉土史地，語有所本，足供研究者之參考。

本篇稿校後，始收到耶魯大學史學教授Mrs. Mary C. Wright所著《同治中興》一書*The Last Stand of Chinese Conservatism*, 1957, Stanford Univ. Press。其中第六章有一節，略敘平定太平軍史事。內容及立論，未及述評。

一九六一年七月杪脫稿　一九六三年四月杪最後修補及校正

於香港大學東方文化研究院

血歷史175　PC0887

新銳文創
INDEPENDENT & UNIQUE

簡又文談太平天國

原　　著	簡又文
主　　編	蔡登山
責任編輯	許乃文
圖文排版	詹羽彤
封面設計	劉肇昇
出版策劃	新銳文創
發 行 人	宋政坤
法律顧問	毛國樑　律師
製作發行	秀威資訊科技股份有限公司 114 台北市內湖區瑞光路76巷65號1樓 電話：+886-2-2796-3638　傳真：+886-2-2796-1377 服務信箱：service@showwe.com.tw http://www.showwe.com.tw
郵政劃撥	19563868　戶名：秀威資訊科技股份有限公司
展售門市	國家書店【松江門市】 104 台北市中山區松江路209號1樓 電話：+886-2-2518-0207　傳真：+886-2-2518-0778
網路訂購	秀威網路書店：https://store.showwe.tw 國家網路書店：https://www.govbooks.com.tw
出版日期	2020年3月　BOD一版
定　　價	460元

國家圖書館出版品預行編目

簡又文談太平天國 / 簡又文原著 ; 蔡登山主編.
-- 一版. -- 臺北市 : 新銳文創, 2020.03
面 ;　公分. -- (血歷史 ; 175)
BOD版
ISBN 978-957-8924-88-8(平裝)

1.太平天國

627.74　　109001646

讀者回函卡

感謝您購買本書，為提升服務品質，請填妥以下資料，將讀者回函卡直接寄回或傳真本公司，收到您的寶貴意見後，我們會收藏記錄及檢討，謝謝！

如您需要了解本公司最新出版書目、購書優惠或企劃活動，歡迎您上網查詢或下載相關資料：http:// www.showwe.com.tw

您購買的書名：________________________________

出生日期：________年________月________日

學歷：□高中（含）以下　□大專　□研究所（含）以上

職業：□製造業　□金融業　□資訊業　□軍警　□傳播業　□自由業

□服務業　□公務員　□教職　□學生　□家管　□其它____

購書地點：□網路書店　□實體書店　□書展　□郵購　□贈閱　□其他

您從何得知本書的消息？

□網路書店　□實體書店　□網路搜尋　□電子報　□書訊　□雜誌

□傳播媒體　□親友推薦　□網站推薦　□部落格　□其他__________

您對本書的評價：（請填代號　1.非常滿意　2.滿意　3.尚可　4.再改進）

封面設計____　版面編排____　內容____　文／譯筆____　價格____

讀完書後您覺得：

□很有收穫　□有收穫　□收穫不多　□沒收穫

對我們的建議：________________________________

____

____

____

請貼
郵票

11466
台北市內湖區瑞光路 76 巷 65 號 1 樓

秀威資訊科技股份有限公司　　　收

BOD 數位出版事業部

....

（請沿線對折寄回，謝謝！）

姓　　名：＿＿＿＿＿＿＿＿　年齡：＿＿＿＿　性別：□女　□男

郵遞區號：□□□□□

地　　址：＿＿＿＿＿＿＿＿＿＿＿＿＿＿＿＿

聯絡電話：（日）＿＿＿＿＿＿＿＿（夜）＿＿＿＿＿＿＿＿

E-mail：＿＿＿＿＿＿＿＿＿＿＿＿＿＿＿＿